Ijoma Mangold

Der innere Stammtisch

EIN POLITISCHES TAGEBUCH

Rowohlt

Originalausgabe
Veröffentlicht im Rowohlt Verlag, Hamburg, Oktober 2020
Copyright © 2020 by Rowohlt Verlag GmbH, Hamburg
Satz Chronicle bei Pinkuin Satz und Datentechnik, Berlin
Druck und Bindung CPI books GmbH, Leck, Germany
ISBN 978-3-498-00119-3

Die Rowohlt Verlage haben sich zu einer nachhaltigen Buchproduktion verpflichtet. Gemeinsam mit unseren Partnern und Lieferanten setzen wir uns für eine klimaneutrale Buchproduktion ein, die den Erwerb von Klimazertifikaten zur Kompensation des CO_2-Ausstoßes einschließt.
www.klimaneutralerverlag.de

«Und dies Mit-sich-selbst-Sprechen ist
ja im Grunde das Denken.»

Hannah Arendt

2019

Dienstag, der 17. September

Noch drei Tage bis zur großen Fridays-for-Future-Demo. Die vierjährige Tochter meiner Nachbarin ist ganz aufgeregt: Ihre Kita legt zwar nicht die Arbeit nieder, möchte aber ein Zeichen setzen, deshalb sollen die Kinder an diesem Tag in grünen Kleidern zur Kita kommen. Da kaum einer was Grünes im Kleiderschrank habe, fügt die Mutter hinzu, würden alle vorher noch hektisch shoppen gehen.

Mittwoch, der 18. September

Mein Charaktermakel ist Trotz. Was habe ich nicht schon für Unbeherrschtheiten aus Trotz begangen. Eigentlich bin ich auf Harmonie aus und eher konfliktscheu, aber was politische oder weltanschauliche Meinungen betrifft, ertrage ich Harmonie so wenig wie der Teufel das Weihwasser. Wenn Leute in Gesellschaft ihre Ansichten vortragen, als wären sich im Raum alle einig, man ist ja unter seinesgleichen, kriege ich Beklemmungszustände – sogleich vertrete ich die Gegenposition. Was für unsinnige, gewollt originelle Thesen habe ich nicht schon aus Trotz in die Welt posaunt ... Es wäre zu viel der Ehre, mich deshalb als einen Garanten von Pluralität zu sehen, in Wahrheit sind meine Motive niedrig: In meinem Herzen verspüre ich eine tiefe Befriedigung darüber, meinem Gegenüber seine Borniertheit vorgeführt, ihm gezeigt zu haben, dass man die Dinge auch anders sehen kann. Lebte er bis eben doch in dem Irrtum, dass man unter zivilisierten Menschen gar nicht anders könne, als seiner Meinung zu sein. O doch. Und sei es aus Trotz. Auch der Ketzer, leider, ist ein Besserwisser.

Früher ließ ich Abendgesellschaften fremdeln, indem ich für Steuersenkungen eintrat oder über die hohe Staatsquote schwadronierte. Man kann es sich kaum mehr vorstellen, aber über solche Fragen wurde tatsächlich einmal gestritten. Kopfpauschale oder Bürgerversicherung, Austeritätspolitik oder Schuldenerlass für Griechenland – solch trocken-sachliche Problemfelder mobilisierten vor noch gar nicht so langer Zeit politische Emotionen.

2015, im langen Herbst des Missvergnügens, konnte man dann jede Party crashen, indem man sich für den befestigten Grenzschutz aussprach, ja schon das Wort mit seinem DDR-Schießbefehl-Sound in den Mund zu nehmen war eine Provokation. In letzter Zeit jedoch unterlaufen mir gewisse Entgleisungen, wenn das Gespräch auf ökologische Fragen zusteuert: also ständig, weil die beliebtesten Tischgespräche mittlerweile um Essen und Reisen kreisen, und die stehen unvermeidlich im Zwielicht von Massentierhaltung und Easy-Jet-Wahnsinn. Ich bin dann jedes Mal in Gefahr, aus nichts als Trotz den Klimaskeptiker zu geben – was selbst die Leute, die es gut mit mir meinen, nicht lustig finden. Irgendwo hört der Spaß auf.

Ich kann sie verstehen. Ich möchte auch nicht zum Geisterfahrer werden, der sich gegen 99 Prozent der Wissenschaft stellt in einer Sachfrage, von der ich keinen blassen Schimmer habe. Ich möchte kein Klimaskeptiker sein, aber der selbstgerechte Gewissheitston, zu dem das Thema einlädt, *triggert* mich.

Und damit sind wir beim Thema dieses Buchs. Wenn wir aufmerksam in uns hineinhorchen, wissen wir eigentlich ziemlich gut, was uns triggert. Aber wir neigen dazu, es zu verdrängen, denn es will nicht zu unserem Selbstbild eines autonomen Vernunftwesens passen, ein Reflexbündel zu sein, das getriggert wird – und deshalb verleugnen wir es. Bei den Menschen, über deren politische Ansichten wir bloß den Kopf schütteln können, begreifen wir dafür umso genauer, was die so triggert. In jedem dritten Satz werfen wir ihnen Reflexhaftigkeit vor; wenn sie sich polternd verteidigen, erkennen wir auf Schnappatmung. Über die Affekte der anderen sind wir meistens viel besser im Bild als über die eigenen.

Ich möchte mich in diesem Buch selbst beobachten, um den Zusammenhang zwischen Reflexen, Emotionen, Affekten, weltanschaulichen Überzeugungen und politischen Urteilen genauer zu begreifen. Wie ticke ich als politischer Bürger? Es wäre ja lächerlich, sich vorzumachen, ein ausschließlich vernunftgeleitetes Wesen mit hohen moralischen Standards zu sein.

Im 18. Jahrhundert, in der Epoche der Empfindsamkeit, erfreute sich das Tagebuch in pietistischen Milieus großer Beliebtheit; man wollte sich vor Gott ehrlich machen und jede Seelenregung, jede Anfechtung und Schwäche, jeden Gedanken an ein Laster akkurat notieren, um sich über die eigene Sündennatur nicht zu täuschen (es könnte sonst am Tag des Jüngsten Gerichts zu bösen Überraschungen kommen); Bekenntnis, Reue, Läuterung, das war das Programm, das damals zu einer Explosion von Subjektivität führte.

Goethe spricht im ‹Wilhelm Meister› vom «Tagebuch einer schönen Seele». Ich möchte in meinem Fall lieber vom Tagebuch einer unreinen Seele sprechen, denn was mich interessiert, ist der Schmutz, auf dem meine Standpunkte blühen wie Blumen auf dem Mist. Ich fürchte, vom pietistischen Tagebuch unterscheidet meines sich durch einen Mangel an Zerknirschtheit – aber man möge mir zugute halten, dass ich es wirklich wissen will.

Donnerstag, der 19. September

Ich kann nicht genug bekommen von Greta-Thunberg-Fotos. Spätestens seit sie mit diesem einfach nur geilen Gerät den Atlantik überquert hat, bin ich ihr erlegen. Jetzt muss ich alles lesen, was über sie geschrieben wird. Staunend stehe ich vor ihrer Bild-Produktion: Mit schlafwandlerischer Unbeteiligtheit bringt Greta am laufenden Band ikonische Bilder hervor, ihr Gesicht ist schön wie das einer frommen Jungfrau, als könnte von ihr eine Renaissance der Ikonen-Malerei ausgehen.

Sie hat die Obamas in Washington besucht. «Eine der größten Verteidigerinnen unseres Planeten» sei sie, sagt der Präsident außer Dienst. «Verteidiger des Planeten», das klingt wie ein Titel, mit dem sich einst Könige schmückten (und Elisabeth II. bis heute): Verteidiger des Glaubens. Auch das passt: Wie der Erzengel Michael ist Greta auf ihrer Segelyacht über den Atlantik gefegt, das Schwert, mit dem sie das Ungeheuer der Apokalypse niederringen würde, unsichtbar in der Hand … «Niemand ist zu klein, um Einfluss zu nehmen und die Welt zu verändern», sagte Greta beim Treffen mit den Obamas. Dass das Kleinste das Größte und das Größte das Kleinste sein möge (und die Ersten die Letzten, und die Letzten die Ersten), ist eine uralte Sehnsucht; das Kleine ist unschuldig, und wenn das Kleinste das Größte würde, gäbe es endlich unschuldige Größe.

Zum Repertoire des pietistischen Tagebuchs gehört die Selbstanklage: Ja, ich habe gesündigt. Ja, ich bekenne: Ich habe über Greta gespottet. Nun lese ich auf Facebook und Twitter, dass vor allem alte weiße Männer von Greta getriggert werden, ich vermute, sie meinen Typen wie mich mit meinem sarkastischen Greta-Fantum. Wer sich über sie lustig mache, sei misogyn und *ableistisch* – dabei bin ich nur halbalt (das macht es bloß schlimmer!), nicht weiß, und für misogyn halte ich mich auch nicht – was, zugegeben, nichts heißt, denn jemand, der zugäbe, misogyn zu sein, wäre bereits etwas anderes, irgendwie Komplexeres, Verspulteres, Kaputteres.

Triggert mich Greta? Ich würde sagen: Nein. Ich möchte sie ja nicht missen. Sie ist ein echtes Phänomen, ein Hingucker, und was sie mit den Menschen anstellt, welche Emotionen und Hoffnungen sie weckt, ist ein Schauspiel, ein wirklich außeralltäglicher Vorgang – ich bin ein ästhetischer Greta-Fan. Authentische Greta-Fans dürften meine Haltung als zynisch zurückweisen.

Das sehe ich nicht so. Ich finde nicht, dass man ein pathologischer HATER ist, wie ich jetzt im Netz lese, bloß weil man darauf hinweist, dass das Phänomen Greta tatsächlich nur noch in religiösen Kategorien zutreffend zu beschreiben ist. Mit Greta kehrt das Unbedingte in unsere Welt unerlöster Relativitäten zurück: Radikalität statt Abwägen, Maximalismus statt Kompromiss. In der Logik der Bußpredigt ist jeder Verzicht noch zu halbherzig, um Gottes Strafe zu entgehen. Greta predigt Umkehr, aber wir Sünder haben den Bauch zu unserem Gott gemacht, wir kriegen den Arsch nicht hoch, wir buchen stattdessen online den nächsten Ryan-Air-Flug. Eure Rede sei: Ja, ja; nein, nein. Was darüber ist, ist vom Übel. Weil es um nicht weniger als den Weltuntergang geht, speit Greta die Lauen aus ihrem Mund.

Vielleicht sollte ich mich nicht herausreden: Ja, Greta triggert mich wie kein Kinderstar vor ihr. Ich: Verteidiger der Lauen, Anwalt des Graubereichs; Extremismen schrecken mich, im Durchwurschteln sehe ich das eigentlich Menschliche. Aber wenn das Weiterwurschteln zur Sintflut führt, sollte ich vielleicht langsam mal umdenken?

Mein Problem: So viel Konsens wie in Klimafragen hat es seit dem Sommermärchen 2006, als plötzlich alle meinten, die Deutschlandfahne sei nur Ausdruck eines unverkrampften Nationalgefühls, mit dem die wiedervereinte Nation die Welt umarme, nicht mehr gegeben. Jetzt wird man mir entgegenhalten, dass schon meine Formulierung irreführend sei; von einem Konsens könne bei der Anerkennung eines Faktums nicht sinnvoll die Rede sein, die Polkappen schmelzen, darüber könne man schlecht diskutieren. Ja, stimmt. Aber es bleibt ja nicht beim Faktum des Klimawandels, sondern dieser wird so umfassend als ein Faktum behandelt, das keiner weiteren Interpretation bedarf, dass daraus mit der Unausweichlichkeit reiner Kausalität lauter Konsequenzen gezogen werden, die nun ihrerseits die Aura der Unbestreitbarkeit und Alternativlosigkeit genießen. Die Herausforderung verlange nach Mitteln jenseits der demokratischen Meinungsbildungsprozesse, ist zu lesen. Wer nicht maximale Gegenmaßnahmen fordert, gilt als Problemverschlepper, ihm ist das Schicksal der Welt egal.

Natürlich, die ökologische Frage ist die zentrale Herausforderung des 21. Jahrhunderts; aber ich mag die Verhaltensweisen nicht, die aus dieser Einsicht hervorgehen. Mein Trotz hat auch mit Verachtung zu tun, Verachtung für die Inszenierung der eigenen Besorgtheit, für den Gratis-Mut, mit dem man auf Facebook die Plastikfolie ums Gemüse im Supermarkt postet. Für die Feier des eigenen, richtigen Bewusstseins. Und vor allem für das Ausmaß demonstrativen Symbolhandelns, das mit tatsächlicher CO_2-Reduktion nichts zu tun hat. Ich will meinen CO_2-Fußabdruck nicht kleinreden, aber immerhin sind die Mangolds, und zwar schon in dritter Generation, autolos.

Sagen wir es so: Jeder muss in diesem Leben schauen, wie er es schafft, auf irgendein Plateau zu kraxeln, von dem aus er auf andere herabschauen kann; die einen halten sich für was Besseres, weil sie von ihrem ökologischen Gewissen auf die fleischfressenden SUV-Fahrer herabschauen, ich halte mich für was Besseres, weil ich nicht wie solche bigotten Musterschüler meine öko-moralische Rechtschaffenheit zur Schau trage (auch mit seinem Taktgefühl kann man angeben). Wenn jetzt wer sagt: «*Fair enough*, aber deine Position ist bloß geschmäcklerisch, während die Bigotten wenigstens das Heil der Welt im Blick haben», gebe ich zu: Da ist was dran, und ja: das gibt mir zu denken, und vielleicht liegt darin tatsächlich das entscheidende Argument – und doch ...

Kürzlich auf dem Geburtstagsfest von Margaux, die Schweizerin ist mit vielen Verbindungen nach Frankreich. Bernd hielt eine fabelhafte Rede auf seine Frau, in der er deren Fähigkeit hervorhob, Freundschaften zu stiften und zu pflegen. Was man auch daran erkennen könne, wie viele Menschen «trotz Flugscham» aus fernen Städten nach Berlin gekommen seien, wie er genüsslich formulierte.

Die Pointe war gut gesetzt, denn natürlich war jedem klar, dass die Flugscham, von der nun so viel die Rede ist wie früher von der *German Angst*, einfach mal gar nichts mit irgendeinem realen Verhalten zu tun hat – es gibt die Flugscham (die man schamlos ausstellt), und es gibt unser Meilenkonto: zwei voneinander unabhängige Sphären.

Ich hingegen kenne eher die Heuchelscham.

In meiner Nachbarschaft lebt ein kämpferischer Professor, der mit seinen Büchern wichtige Denkanstöße geleistet hat für ein ökologisches Umdenken; ihm geht es vor allem um die Praxisfähigkeit eines neuen, nachhaltigen Lebensstils, alles eigentlich sehr vernünftig. Einmal flog ich von Berlin nach Wien, beim Boarding standen wir plötzlich nebeneinander, ich war aufrichtig überrascht. Ich hatte wirklich geglaubt, nach allem, was ich von ihm gelesen hatte, er würde zu den Bahnfahrern gehören. Irgendetwas musste ihn ja von mir unterscheiden. Mit aufrichtiger Überraschung stotterte ich: «Wie, Sie nehmen das Flugzeug?» Er wirkte nicht, als hätte ich ihn bei einem Seitensprung erwischt, er war keineswegs peinlich berührt, sondern meinte nur: «Na ja, mit dem Zug nach Wien ist schon ein bisschen weit.» Wäre das ein Flieger nach Lissabon gewesen, ich wäre nicht nachdenklich geworden. Aber Wien? In dem Moment dachte ich, dass mein pubertäres Öko-Ketzertum in der Sache harmlos ist.

Mit einer Freundin unterhielt ich mich kürzlich über Wochenendhäuser auf dem Land. Es ziehe mich in die Uckermark, unbändig. Auch meine Freundin kannte diesen Drang in die Natur, aber Brandenburg sei am Ende eben

Brandenburg, ein gemeinsamer Bekannter habe ein Haus auf den Kanaren, vielleicht sei das doch die bessere Lösung für unsere Natursehnsucht? Ehe ich mit dem Tau auf den Wiesen der Uckermark und ihren *rolling hills* gegenhalten wollte, zögerte ich kurz, weil ich mir sicher war, dass vorher noch ein Nachsatz zur Klimabilanz eines solchen Kanaren-Zweithauses kommen würde. Überraschenderweise aber kam nichts. Na, wenn das so ist, sagte ich mir, dann ist es diesmal *for the very first time* deine Pflicht und Schuldigkeit: «Ja, aber die Klimabilanz!», rief ich mit leicht verstellter Stimme aus, doch das war nur für mich selbst zu hören. Ich war ernstlich gespannt, wie es sich anfühlt, so einen Satz zu sagen – jetzt hatte also auch ich einmal diesen Knopf gedrückt. Während ich mir noch die Entgegnung meiner Freundin ausmalte, hatte die mir allerdings schon den Namen einer Nachhaltigkeitsorganisation genannt, an die man für jede Meile, die man fliege, spenden könne. Sicher macht sie das auch, aber als Lösung eines apokalyptischen Problems kam mir ihre Spendenlösung dann doch zu schnell über ihre Lippen.

Noch ein Beispiel: Eine Kollegin erzählte mir stolz, ihre Tochter mache jetzt ein soziales Jahr in Bolivien. Dann fügte sie mit Kummer im Gesicht hinzu: Leider habe die Tochter ihr untersagt, sie zu besuchen – wegen des CO_2-Ausstoßes einer solchen Flugreise. Ich bin der Letzte, der jemandem Inkonsequenzen vorwürfe, Kompromisse haben meine volle Sympathie, siehe Durchwursteln. Was mich indes irritierte, war die Kaltschnäuzigkeit, mit der die Tochter die emotionalen Kosten ihrer moralisch vorbildlichen Entscheidung ganz bei der Mutter abgelegt hatte.

Dass man mich nicht missversteht: Ich werfe niemandem vor, ein Haus auf den Kanaren zu haben oder nach Wien zu fliegen, ich fliege ja selber nach Wien. Aber ich schmiere auch nicht jedem bei jeder Gelegenheit meine Alarmiertheit aufs Brot. Als die Kirche noch eine gesellschaftliche Macht war, gab es immer die Bigotten, die gar nicht genug daran erinnern konnten, wie sündhaft die Welt geworden sei. Heute haben wir Gott abgeschafft, von der Bigotterie können wir uns allerdings noch nicht lösen.

Samstag, der 21. September

Besuch von Helena.

Helena: «Irgendwie gebrauche ich die Worte immer falsch. Also für mich fühlt es sich richtig an, aber ich merke dann, dass die anderen sie anders gebrauchen.»

Ich: «Welche Worte?»

Helena: «Zum Beispiel Feminismus. Ich würd schon auch sagen, dass ich Feministin bin, aber ich meine dabei irgendwie etwas sehr Weibliches.»

Ich muss lachen. Das stimmt. Wenn Helena, mit ihren russlanddeutschen Wurzeln, mit dunkler Stimme sagt, sie sei Feministin, klingt es so, als würde sie sagen: Ich bin eine Frau, ein Naturereignis.

Die Wörter ein bisschen versetzt zu gebrauchen, leicht verrückt, aber nicht als ideologische Geste, sondern wie eine natürliche Regung, die einem unterläuft, das ist Helenas Spezialität, deswegen bin ich so gerne mit ihr befreundet.

«Helena, das kann man so nicht sagen!», rufe ich oft in unseren Gesprächen aus.

«Warum?», sagt sie dann, «ich finde, es klingt stimmig!»

Helena lauscht den Resonanzräumen von Worten nach. Sie ist Sängerin. Eigentlich ausgebildete Opernsängerin, aber jetzt macht sie vor allem Schlager der zwanziger Jahre und Chansons. Sie gibt auch Gesangsunterricht. Manchmal schickt sie mir kurze Videos von den Gesangsstunden. Dann beobachte ich sie, wie sie ihre Schüler dazu bringt, einen vollen Ausdruck zuzulassen. Die größte Herausforderung: die Gehemmtheit des Körpers zu überwinden, die Scham, durch Loslassen peinlich aufzufallen.

In meiner Lieblingssequenz will sie ihre Schülerinnen dazu bringen, von der Kopfstimme in die Bruststimme zu wechseln. Sie sollen den Unterkiefer locker lassen, damit die Stimme mehr Tiefe gewinnt. Die Frauen trauen sich nicht so recht. Helena: «Formt euren Mund so, als würdet ihr an der Straße stehen und rufen: ‹Hey, Taxi!›» Das *Hey, Taxi!* kommt so tief, fordernd und verwegen aus ihrem Mund, dass alle lachen müssen. Als hätte sie sich für einen Moment in einen Godard-Film der sechziger Jahre versetzt.

Wenn man etwas will, erläutert Helena, dehne man den Ton. Damit verlängere sich die Resonanz. Man komme in einen Gesangsmodus. Wie kleine Kinder, die schreien, aber niemals heiser werden.

«Die meisten Frauen», sagt Helena, «haben keine Verbindung zu ihrer Brust.» Die Bruststimme werde als männlich empfunden. Umgekehrt sängen Männer automatisch in der Brustlage und müssten erst angeleitet werden, in die Kopfstimme zu wechseln. Zu vieles, was man ist und kann, bleibe unentdeckt im Leben.

Helena, die Ausleberin.

Eigentlich, stelle ich mir vor, könnten ihre Gesangsstunden auch Seminare für Führungskräfte sein. Wie man aus der Tiefe der Bruststimme Durchsetzungsstärke gewinnt. Und wie Stimmigkeit und Überzeugungskraft, Atemtechnik und Selbstbewusstsein zusammenhängen. Und dass sich Identität aus gegensätzlichen Elementen zusammensetzt. Das Männliche im Weiblichen und umgekehrt.

Sonntag, der 22. September

Ich habe einen Bekannten, von dem ich gerne prahlerisch sage (denn es zeichnet einen ja selber aus, die Intelligenz eines anderen anzuerkennen), er sei der intelligenteste Mensch, dem ich je begegnet bin. Wenn wir uns unterhalten, bin ich von dem, was er sagt, häufig regelrecht geblendet, ja aus dem Häuschen, welche Gedankenverbindung er schon wieder aufgemacht hat. Er ist Staatsrechtler, er beschäftigt sich also viel mit politischen Fragen. Politische Fragen sind solche, zu denen jeder eine Meinung haben darf. Und an dieser Stelle taucht für mich jedes Mal ein Problem auf, von dem ich glaube, dass es charakteristisch für das Wesen der Politik ist: Wenn Politik das ist, wozu jeder eine Meinung haben sollte, dann kann es nicht sein, dass der Intelligentere gewinnt. Es kann nicht sein, dass ich meinem Reflex nachgebe und mich der Sichtweise meines Bekannten füge, nur weil ich weiß, dass er wie ein Jongleur mehr gedankliche Bälle gleichzeitig in der Luft halten kann als ich.

Und wie verhalte ich mich konkret? Beim Lunch höre ich mir schwer beeindruckt seine Thesen an, auf dem Heimweg ist mir nun klar, dass meine alte Position nicht zu halten ist, mein Bekannter hat mich überzeugt, ich strecke die Waffen und sehe die Verhältnisse in diesem Punkt nun doch mehr so wie er. Es ist der sprichwörtliche Abschied von lieb gewordenen Wahrheiten. Aber tatsächlich wurde ich in diesem Moment nur gerade frisch eingenordet. Je mehr ich mich zeitlich und räumlich von meinem Bekannten entferne, desto schwächer wird sein Einfluss, meine eigenen Präferenzen, seiner Einflusszone entzogen, melden sich zurück – und nach ein paar Tagen bin ich wieder der Alte. Und manchmal kommt dann sogar der Punkt, an dem ich sage: «Ich komme gegen seine Argumente zwar nicht an, aber seine Position entspricht mir einfach nicht.» Und interessanterweise komme ich mir dabei keineswegs wie ein irrationaler Fanatiker vor, sondern denke mir: Politik hat mit Präferenzen zu tun, die nie vollständig argumentativ aufzuklären sind.

Als ich ein junger Redakteur war, sagte mir ein von mir verehrter älterer Kollege, er sei meistens der Meinung, die er zuletzt gehört habe. Beeindruckt, dass man das einfach zugeben konnte, wollte ich es ihm nachtun und stellte fest: Ja, man fühlt sich dann gleich viel freier.

Montag, der 23. September

Zum politischen Modus gehört die Wutrede, sie ist so unvermeidlich wie das Husten in klassischen Konzerten zwischen den Sätzen. Aber viel wäre gewonnen, wenn wir unsere Wutreden im Bewusstsein hielten, dass es sich dabei auch um Rollenprosa handelt. Als stünde ein zweites Ich, während man noch schimpft, neben einem und sagte: «Guck ihn dir an, wie der auf die Pauke haut!»

Dienstag, der 24. September

Der Oberste Gerichtshof des Vereinigten Königreichs hat Boris Johnson in die Schranken gewiesen und die Zwangspause, in die der Premierminister das Parlament geschickt hatte, für ungültig erklärt. Die Überschriften in den Medien lauten: «Schallende Ohrfeige für Johnson». Ja, das ist es wohl, aber man spürt doch auch, wie sehr wir danach dürsten, eindeutige Niederlagen identifizieren zu können. Meistens liegen die Dinge ja so verwickelt, dass man sie so, aber eben auch anders lesen kann. Das Wort «Wahlschlappe» ist deshalb so überstrapaziert, weil jede Seite der anderen eine solche nachsagen will, während diese dann irgendeine andere Referenzgröße heranzieht, wonach das Ergebnis alles andere als eine Wahlschlappe darstelle, vielmehr in Wahrheit, angesichts des Gegenwindes aus Berlin und im Vergleich zu den Europawahlen vor drei Jahren, eine eindrucksvolle Bestätigung des Wählervertrauens und ein klarer Regierungsauftrag sei ...

So macht das natürlich keinen Spaß. Ungetrübter Triumphgenuss, der wie ein Schnaps den Rachen freiputzt, verlangt nach Anerkennung der Niederlage durch den Gegner. Stattdessen besteht Politik zu 80 Prozent darin, dass sich jede Seite die Wirklichkeit zu ihren Gunsten schönredet: emotional unbefriedigend.

Schön also, wenn es ein Oberstes Gericht gibt, das in letzter Instanz über die Wahrheit entscheidet. Jetzt also: «schallende Ohrfeige». Eine «schallende Ohrfeige» lässt keine Fragen offen und keine Ausreden zu. Der solcherart Gescholtene kann, die roten Striemen glühen noch auf seiner Wange, nicht behaupten, es habe gar nicht weh getan.

Aber aus Erfahrung wissen wir, dass auch schallende Ohrfeigen manchmal nach nur drei Wochen in neuem Licht erscheinen – irgendein kluger England-Kenner wird schon eine Deutung anbieten, wonach Johnsons Niederlage vor allem eine Niederlage des Gerichts gewesen sei ... Politik ist, was sie ist, weil es keine Eindeutigkeit gibt. Dass man die Welt so, aber auch anders beschreiben kann, dadurch entsteht allererst der politische Streit. Gäbe es eine klarere Lagebeschreibung, dann würden sich sämtliche weiteren Schritte mit Notwendigkeit daraus ergeben, dann wäre Politik in Wahrheit gar keine dauernde Auseinandersetzung, sondern logisches Denken, das man zuletzt einem Algorithmus überlassen könnte – der Staat als selbstfahrendes Auto.

Nur manchmal suggeriert die Wirklichkeit Unzweideutigkeit. In Fukushima zum Beispiel – Angela Merkel hat es zumindest so gelesen. Der Erste Weltkrieg war es nicht («Dolchstoßlegende»), der Zweite («Stunde null») schon, darin aber eine ziemliche Singularität.

Wir dürsten nach schallenden Ohrfeigen, weil sie die Wirklichkeit vereindeutigen. Weil dann endlich klipp und klar da steht, wer recht und wer unrecht hat, und darum erfreuen wir Kontinentaleuropäer uns am Urteil des Obersten Gerichtshofs, weil es uns mit maximaler Deutlichkeit in unserer Position bestätigt, dass der Brexit ein Wahnsinn ist.

Ich merke in diesem Moment natürlich, warum ich mich in erkenntnistheoretische Spitzfindigkeiten flüchte, statt mich mitzuerfreuen. Wir betreten ein mir peinliches Gebiet, ich gestehe: Boris Johnson ist meine Schwachstelle. Ich habe ihn lange verteidigt, heute muss ich einräumen, dass ich im Irrtum war.

Für ein politisches Tagebuch ist der Irrtum ein wichtiges

Thema. Wie gehen wir damit um? Auf jeden Fall auf zweierlei Art: nämlich anders anderen als uns selbst gegenüber. Nicht alles, was wir uns selbst eingestehen, geben wir auch anderen gegenüber zu – warum sollten wir auch, die anderen tun es ja auch nicht. Zweifel sind etwas Intimes.

Laut reden wir über Sachen, bei denen wir ins Recht gesetzt worden sind, über Sachen, bei denen wir falschlagen, schweigen wir lieber. Oder noch komplizierter, was wieder etwas mit fehlender Eindeutigkeit zu tun hat: Sehr oft passieren Dinge, von denen andere finden, dass sie uns ins Unrecht setzen, während wir selber gar keinen Zusammenhang zwischen dem Ereignis und bestimmten Ansichten, die wir irgendwann zum Besten gegeben haben, erkennen können. Ein gesellschaftspolitischer Breitensport: wen man für was verhaften darf.

Ich erinnere mich noch gut an die Tage, als es in Fukushima zu Komplikationen kam und Düsterkeit über der Welt hing. Ich hatte zwar im Leben noch nichts über Atomkraft geschrieben, spürte aber, wie mich meine Kollegen in der Redaktion anschauten, als gäbe es keinen Zweifel, dass diese Katastrophe auf meine Rechnung ging. Das wurde natürlich nicht ausgesprochen, ich wurde nur so angeschaut, als sei es höchste Zeit, mich zu erklären und aus freien Stücken ein umfassendes Geständnis abzulegen. Beziehungsweise als deutete man mein Schweigen als Ausdruck von Reue. Plötzlich saß die Generation Golf auf der Anklagebank. Ich fand das im ersten Moment absurd, auf dem Nach-Hause-Weg allerdings dachte ich mir: Eigentlich haben sie recht, die lieben Kollegen, natürlich ist dir die Atomkraft in Stunden der Schlaflosigkeit, wenn der Mensch sich schwach und ohnmächtig fühlt, unheimlich, aber bei Tageslicht warst du nie ein engagierter Atomkraft-Gegner; du bist aufgewachsen umgeben von Volvo-Kombis mit «Atomkraft? Nein, danke!»-Aufklebern, hast aber die Frisuren der Wagenbesitzer nie gemocht. Irgendwie haben die Kollegen doch recht: Fukushima ist eine schallende Ohrfeige für die Generation Golf, die sich immer über die Frisuren der Volvo-Fahrer lustig gemacht hat.

Doch kaum löste sich die radioaktive Wolke auf und die Sonne kam wieder hervor, verunklarten sich die Dinge ... Was wir erlebten, wurde wieder komplexer, die Pariser Klimaziele nach Merkels Atomausstieg illusorischer, die Schuldzuweisungen schwieriger. So ist es immer: Die Guten und die Bösen sitzen im selben Boot und können sich nicht einigen, wer welche Rolle spielt.

Zurück zu Boris Johnson. Wer sich selbst beobachtet, kennt die Muster der eigenen Fehleranfälligkeit, also weiß ich, ich bin ja nicht blöd, dass ich zu den Typen gehöre, die auf Typen wie Boris Johnson und Jacob Rees-Mogg reinfallen. Ein Wort wie *Eton* geht mir runter wie Butter. Ich habe eine Schwäche für Traditionen und Rituale. England, «this precious stone set in the silver sea», ist eine Wunderkammer an herrlich verstaubten, aber immer noch gepflegten Traditionen. Den exzentrischen Individualismus der Briten, den Johnson und Rees-Mogg wie in einer spätdekadenten Prachtblüte noch einmal entfalten, liebe ich, als würde sich an ihnen der globale Konformismus die Zähne ausbeißen. Und natürlich sagen die beiden Clowns keine Plastiksätze wie die meisten Politiker. Man kann auch nicht Johnsons Roman ‹72 Jungfrauen›, eine Politsatire aus dem Jahr 2004, lesen, ohne dem Verfasser zuzugestehen, ein wirklich eigenwilliger Kauz zu sein. Damals war Johnson Bürgermeister von London, bekannt dafür, immer mit dem Fahrrad unterwegs zu sein und den britischen *shabby look,* kleiner Marmeladenfleck auf der Krawatte, Hemd aus der Hose, Haare wuschig, bis zur Perfektion zu beherrschen. In ‹72 Jungfrauen› hängte Johnson dem Protagonisten und unverkennbaren Alter Ego, einem verpeilten Tory-Abgeordneten, genau die schlechten Eigenschaften an, die über ihn selbst in Umlauf waren – bis hin zu einer außerehelichen Affäre, über die er die Öffentlichkeit belog. Der Roman besteht aus unendlich vielen ungehörigen Bemerkungen über Muslime und Feministinnen, aber mindestens so sehr bekommt der Protagonist, Ebenbild des Verfassers, sein Fett ab für seine reaktionären Ansichten.

Jeder Mensch hat Glaubensgewissheiten, die er nur, wenn es eben gar nicht mehr anders geht, über Bord wirft, und bei mir gehört dazu die Überzeugung, dass ein Mensch, der zu Selbstironie fähig, also ein souveräner Beobachter seiner selbst ist wie Johnson, kein ganz schlechter Mensch sein kann.

Und deswegen bin ich auf ihn reingefallen. Jetzt ist meine Wut auf Johnson und Rees-Mogg manchmal inbrünstiger als die ihrer traditionellen politischen Gegner, denn nun, da sie sich als Geschöpfe einer idiosynkratischen Luxusklasse entpuppen, haben sie meine Liebe zu Eton, *debating club,* Oxford English und anachronistischer Unangepasstheit verraten und mich blamiert.

Aber weil man sein Ich nicht einfach aufgeben kann, gebe ich mich noch nicht ganz geschlagen. Jeden Morgen, wenn ich die Zeitung aufschlage, hoffe ich auf eine Lesart Boris Johnsons, die an ihm doch noch ein gutes schmutzig blondes Haar lässt. Kurzum, im Brexit-Kontext herrscht bei mir eine labil-hysterische Gefühlslage voll gegensätzlicher Affekte;

ich bin überzeugter EU-Anhänger, ich halte den Brexit für einen Fehler; ich verhöhne das Vereinigte Königreich aber nicht, denn eine EU mit Großbritannien entspricht meinen politischen Vorstellungen viel mehr als eine ohne den Marktindividualismus der Briten. Und sicherheitspolitisch kann die EU ohnehin nichts ausrichten ohne das einzige europäische Land, das tatsächlich noch einen Krieg führen könnte. Charles de Gaulle, Frankreichs Flugzeugträger, der sich auf den Weltmeeren blicken lässt: nie und nimmer entzündet der meine strategische Phantasie.

Wenn ich mir die deutschen Kommentierungen des Brexit anschaue, stelle ich fest, dass ich den Brexit zwar für einen geschichtlichen Fehler halte (wie so vieles, was aus Plebisziten hervorgeht), aber mich als EU-Bürger nicht in dem Maße narzisstisch gekränkt fühle wie viele meiner Landsleute, die jetzt förmlich danach lechzen, dass die Briten die Suppe, die sie sich eingebrockt haben, auslöffeln bis zum bitteren Ende.

Ich bin hin- und hergerissen. Ich hatte durchaus Verständnis dafür, dass ein Land, zu dessen Nationalcharakter der Westminster-Parlamentarismus gehört, sich schwerer mit Weisungen aus Brüssel tut als, sagen wir mal: Berlin oder Lissabon. Ich bin generell fast immer auf der Seite der Institutionen. Wer die Institutionen angreift, den halte ich für gefährlich, weswegen ich empört war, als ausgerechnet der Mann, der den EU-Austritt einst mit dem Satz forderte, «to take back control», das Parlament in den Zwangsurlaub schickte, dessen Handlungsfähigkeit er doch gerade noch wiederherstellen wollte.

Mach dich ehrlich! Abschied von Boris Johnson!

Doch der Abschied von politischen Irrtümern ist eine

zweischneidige Sache – der Irrende hängt ja an seinen Irrtümern, er hält sie für seinen Charakter. Das ist wie bei einem Mann, der immer wieder auf dasselbe Genre Frau reinfällt; er mag sich am liebsten in den Arsch beißen, wenn er mal wieder der Gelackte ist, er wird seine Schwäche gleichwohl nicht verdammen, denn es ist diese Schwäche, die ihn aus- und liebenswürdig macht.

In diesem Sinne: Auf welche Typen falle ich in der Politik rein? Diese Frage zuzulassen heißt nicht, der eigenen Schwäche abzuschwören, aber doch seinen Blick zu schärfen für die Anfechtungen, denen man ausgesetzt ist.

Mittwoch, der 25. September

Manchmal frage ich mich: Bin ich vielleicht gar kein politischer Kopf?

Was meint das eigentlich – politisch sein? Woran misst man das? An einer Parteimitgliedschaft? Am Engagement in einer Bürgerbewegung? An starken utopischen Sehnsüchten? Am Grad der Informiertheit und Kompetenz, mit der man Lösungen für die Probleme der Gesellschaft durchdenkt? An einer vernehmbaren Moral, mit der man die Leute in gute und böse einteilt? Oder am Umstand, dass man das Private für politisch hält und deshalb global denkt, aber lokal handelt? Dass man auf Flugreisen verzichtet? Oder aber daran, dass man sich schnell aufregt und zu so gut wie jedem Sachverhalt eine Meinung hat?

Bis auf den letzten Punkt trifft das alles auf mich eher nicht zu. Gleichzeitig bin ich aber auch kein Eskapist, der nichts wissen will von dem, was die Gesellschaft umtreibt, im Gegenteil. So wie andere auf die nächste Staffel ihrer Lieblingsserie bei Netflix warten, verfolge ich jeden Tag den Nachrichtenstrom, weil ich es kaum erwarten kann, welchen Klops sich Politiker X wieder erlaubt hat bzw. welch kometenhafter Wiederaufstieg Politikerin Y gelungen ist (man hat sie doch wirklich unterschätzt!). Ich stöhne innerlich auf, wenn ich in Wahlkampfzeiten an Plakaten der Parteien vorbeiradle, auf die ich nicht gut zu sprechen bin; ich jubel, wenn in einer Talkshow ein Politiker, den ich aus irgendeinem Grund für satisfaktionsfähig halte, seinen Kontrahenten durch ein geistreiches Wort auf die Plätze verweist; ich schüttele den Kopf, wenn von der Kanzlerin mal wieder nur Phrasen am semantischen Nullpunkt kommen, und bei nächster Gelegenheit schätze ich mich glücklich, von einer Frau regiert zu werden, von deren IQ wir alle nur träumen können. Kurz, im einen Moment verachte ich die politische Klasse für ihre Biederkeit und Angepasstheit, im nächsten denke ich, dass wir ihnen, den Politikern, auf Knien danken sollten, dass sie einen Job machen, der ihren Lebenswerten nicht guttut und für den sie keine Dankbarkeit, aber verlässlich Spott und Verachtung ernten.

All das interessiert mich, ich brauche es wie die Luft zum Atmen. Man könnte es den inneren Stammtisch nennen. Wie der Fußballfan die Sportschau, so verfolge ich die Politik-Nachrichten. Und wie der Fußballfan, während er sich noch die Haare rauft über den Trainer seines Lieblingsclubs und dessen geisteskranke Mannschaftsaufstellung, im Innern weiß, dass er es selber nicht besser könnte, bin ich zwar auch oft rechtschaffen entgeistert über die mut- und phantasielosen Entscheidungen der Politiker, käme aber nicht auf die Idee, mich für den besseren SPD-Vorsitzenden zu halten.

Vermutlich würde ein politologisches Seminar bündig beweisen, dass genau dies, dieser innere Stammtisch, gerade nicht Ausdruck eines politischen Bewusstseins ist, sondern dessen blinde, unreflektierte Schwundstufe.

Einspruch: Ich glaube, das Gegenteil ist wahr. Genau das, die Schwundstufe, dieses Unreine, Unreflektierte, Instinkthafte, diese Affekte und Ressentiments, diese schlechten Angewohnheiten (wie es hieß, als man noch stärker zwischen Tugenden und Lastern unterschied), eben dieser Stammtisch ist genau das, was im Tiefsten das Politische derer ausmacht, die an den politischen Vorgängen teilnehmen, ohne unmittelbar in sie verwickelt zu sein: der normalen Bürger also. Und darum möchte ich mit diesen Meditationen über mich selbst der vegetativen Ebene des Politischen nachforschen. Um sie zu beobachten, muss man sich – ohnehin ein anmutiger Tanzschritt im Leben – für einen Moment neben sich stellen und sich von außen betrachten: Dann sieht man, wie viele Verhaltensauffälligkeiten man unabhängig von Inhalten, Positionen oder Meinungen mit jenen teilt, deren Ausübung des Wahlrechts man in finsteren Stunden für ein Unglück hält. So vieles im Bereich des Politischen folgt Reiz-Reaktions-Schemata und wird deshalb mehr vom Sympathicus als vom Verstand gesteuert, dass es sich lohnt, sich auch mit Blick auf die eigenen Überzeugungen davon Rechenschaft abzulegen.

Wenn ich hier also wie jeder Mensch, von sehr vornehmen Geistern abgesehen, zu Gott und der Welt eine Meinung habe, so geht es mir dabei eigentlich nicht um das, was ich meine, den Inhalt der Meinungen, sondern ich möchte im

Selbstversuch herausfinden, warum und wie wir Meinungen haben, wie Meinungen uns mit dem Ganzen verknüpfen – aber auch, wie es uns gelingen kann, von ihnen loszukommen, damit wir nicht sklavisch an sie gebunden bleiben.

Ich möchte meine Reflexe notieren. Meine ersten Gedankenreaktionen auf eine Nachricht festhalten, meine positiven und negativen Gefühle beschreiben – ich möchte beobachten, was in mir vorgeht, wenn mein Bewusstsein in diesem unreinen Sinne in den politischen Modus schaltet. Ich möchte mich dabei beobachten, wie meine Hände zu schwitzen beginnen, weil im Fernseher gerade jemand die Welt erklärt, von dem ich finde, dass er keine Sekunde Sendezeit verdient hat: Es ist dieser Schweiß, der zum Politischen gehört wie Sex zur Liebe, auch wenn in den hohen Definitionen der Politik wie der Liebe von beidem allenfalls verschämt und am Rande die Rede ist.

Aristoteles hat den Menschen bekanntlich als *zoon politikon* bestimmt. Man denkt dann immer gleich an die griechische Polis, in die sich jeder Bürger (allerdings nicht die Frauen und nicht die Sklaven, wie neuerdings regelmäßig angemerkt wird) in Sorge um das Gemeinwesen einbringt – weil der Mensch den Logos habe, also Sprache und Vernunft, könne er sich, so Aristoteles, über das höchste Gut des Gemeinwesens austauschen und dieses anstreben. *Zoon politikon*, das klingt heute so, als gehörte das Prinzip der partizipativen Demokratie zum Wesen des Menschen.

Und auch ich glaube, dass der Mensch ein *zoon politikon* ist, aber ich denke da weniger an partizipative Demokratie und Zivilgesellschaft als an das griechische Scherbengericht, den Ostrakismos, bei dem jeder Bürger den Namen des Mannes auf eine Scherbe ritzen durfte, der, falls sich eine

Mehrheit gegen ihn aussprach, für zehn Jahre in die Verbannung geschickt wurde; selbst Themistokles, den Sieger der Schlacht von Salamis, traf dieses Los. Ja, der Mensch ist ein *zoon politikon*, weil er *every now and then* die Nase eines Mächtigen einfach nicht mehr sehen kann, die Wut kocht schon länger in ihm, endlich kommt der Tag des Ostrakismos, und befriedigt kann er Dampf ablassen, indem er den Namen des Mannes, der ihn eben noch vor den Persern gerettet hat, auf eine Scherbe ritzt – oder einen kleinen Galgen bastelt, an den er eine Kanzler-Puppe hängt. Der Mensch ist ein *zoon politikon*, weil er ein Dampf ablassendes Geschöpf ist. Weil er überzeugt ist, dass die Angelegenheiten besser geregelt wären, wenn er nur mehr zu sagen hätte und außerdem dieser Themistokles, der wohl wirklich glaubt, die Weisheit mit Löffeln gefressen zu haben, endlich den Marsch geblasen bekommt.

Und auch hierin hat es Aristoteles fast erwischt: Der Mensch ist ein *zoon politikon*, weil er über den Logos, die Sprache, verfügt und weil die Sprache das Medium des Recht-behalten-Wollens ist, der üblen Nachrede, der Aufpeitschung von Gefühlen, der Verleumdung, der falschen Versprechen und selig ausgemalten Zukunftshoffnungen. Die Sprache ist das Medium, mit dem wir uns Luft machen, und insofern ist Politik die Kunst des Affektmanagements, und der Staatsmann muss uns so behandeln, dass die inneren Druckverhältnisse nicht zu heftig ansteigen.

Der Mensch ist ein Affektwesen – es kann nicht schaden, sich das in Momenten der Klarheit bewusst zu machen. Vielleicht können wir so unsere eigenen Affekte relativieren und unsere Mitbürger mit Nachsicht behandeln. Wir haben Nachsicht ja selber nötig.

Donnerstag, der 26. September

Noch immer hallt die Blitz-und-Donner-Rede in mir nach, die Greta vor zwei Tagen vor den Vereinten Nationen gehalten hat. Sie wird in die Geschichte der großen Reden eingehen: «How dare you ...» Ihre Augen schleuderten Blitze, als sollte Donald Trump unter ihnen zerrieseln wie eine Zeichentrickfigur unter dem Strahl eines Laserschwerts.

«You have stolen my dreams and my childhood with your empty words ...» Wie das *dies irae* aus Verdis Requiem donnerte Gretas Stimme, ihr Geduldsfaden war gerissen, ihr Zorn zu keiner Versöhnung mehr bereit.

Von ihrer Unbedingtheit ging eine reinigende Kraft aus – auch auf mich. Es fühlte sich gut an, so richtig den Kopf gewaschen zu kriegen.

Es ist wie der alte feuchte Traum von der Säuberung des Augiasstalls, den die Menschheit mal von links, mal von rechts träumt: dass irgendwann Schluss sein müsse mit den «leeren Worten» und der ganze Saustall ordentlich ausgemistet gehöre ... Donald Trump trat mit dem Versprechen an, den Washingtoner Sumpf trockenzulegen. Dass die Dinge zum Himmel stinken, scheint eine universale Intuition zu sein, und ebenso universal das Bedürfnis nach dem großen Aufräumer.

Das mythische Bild vom Augiasstall bedient aber mehr als nur eine ordnungspolitische Phantasie, es hat auch eine moralische Dimension. In gewisser Weise ist der Augiasstall der kleine Bruder des Jüngsten Gerichts. Weniges ist für uns schwerer zu ertragen als der Verdacht, dass es am Ende wurscht sein könnte, wie wir uns verhalten. Dass man ein Halunke sein und trotzdem damit durchkommen könnte;

dass die Rücksichtslosen triumphieren und nie zur Rechenschaft gezogen werden könnten. Früher tröstete man sich, indem man sagte: Dermaleinst, wenn die Posaunen erklingen, dann bekommen alle die Rechnung präsentiert, und dann wird Heulen und Zähneklappern sein. Seit keiner mehr den *dies irae*, den Tag des Zorns, fürchtet, bleibt als säkularer Ersatz nur die Hoffnung auf einen Herakles, der endlich einmal den Stall ausmistet.

Aber die Sache ist doch noch etwas vielschichtiger. Das Jüngste Gericht stand dafür ein, dass man für seine Sünden einen Preis zu zahlen habe; der große Aufräumer ist der säkulare Ersatz von rechts. Aber es gibt ebenso einen von links – und das ist die ökologische Apokalypse. Unverkennbar schwingt ja in der Beschwörung steigender Wasser nicht nur ein Ton der Warnung, sondern auch ein Unterton der Befriedigung mit, dass die Menschheit jetzt endlich die Rechnung für ihre Sünden präsentiert bekommt. Dass künftig nicht mehr jeder täglich Fleisch essen und nach Rio de Janeiro fliegen darf, ist die Ausmistung des Augiasstalls von links. Endlich einmal Politik, die man am eigenen Leib zu spüren bekommt! Schluss mit den ewigen Abstraktionen, die nichts anderes als Ausreden waren, «leere Worte»!

Wir frohlocken: Ende des Wachstums! Konsum als Ausdruck des sündigen Fleisches! «Wir stehen vor einem Massensterben, und das Einzige, worüber ihr redet, ist Geld …», sagt Greta. Das Ende des Wachstums, das jetzt nötig wird, ist deshalb gar nicht so sehr eine bedauerliche Einschränkung als eine überfällige Reinigung für ein dann endlich wieder gottgefälliges Leben.

Freitag, der 27. September

Ein alter Freund, er geht auf die neunzig zu, und ich verehre ihn sehr, verfügt über viele dezidierte Meinungen, die er auch gern in herausfordernder Weise den Leuten unter die Nase reibt. Wenn wir aber tratschen, uns über irgendwelche Leute unterhalten, die seinen Lebensweg in den vergangenen Jahrzehnten gekreuzt haben, dann beurteilt er sie nie, wirklich nie nach ihren ideologischen Positionen oder politischen Standpunkten. Es ist ihm gar nicht bewusst, aber wenn er mir sagen will, was er von jemandem hält, dann gibt es eigentlich nur zwei Sorten von Menschen: Die einen haben «so was Verkniffenes» oder auch «Betuliches», und damit ist das Urteil über sie gesprochen, und die anderen eben nicht; Letztere können ansonsten tun und lassen, denken und schreiben, was sie wollen, der Mangel an Verkniffenheit genügt ihm, um sich an ihrer Existenz zu erfreuen. Nicht links oder rechts, gut oder böse, fortschrittlich oder reaktionär, Kommunist oder Neoliberaler, sondern: verkniffen oder nicht verkniffen.

Und tatsächlich hat seine Art der Menschenbeschreibung immer etwas unmittelbar Einleuchtendes.

Politik hin oder her, ob wir einen Menschen respektieren und sagen: «Der ist in Ordnung!», hat nichts mit seinen politischen Ansichten zu tun – jedenfalls nicht von dem Moment an, in dem wir ihn persönlich kennenlernen und uns nicht nur aus Funk & Fernsehen, wo jeder mit weltanschaulich grundierten Meinungen um sich werfen muss, ein Bild von ihm gemacht haben.

Wir sagen nicht: «Ich mag ihn, er ist so links.» Wir sagen hingegen durchaus: «Ich mag sie, sie hat so was Furchtloses.»

«Ich mag ihn, er hat so etwas Klares.» «Er verführt mich mit seiner Ritterlichkeit.» «Ich erliege ihrem boshaften Witz.»

Genau betrachtet sind es keine moralischen Kategorien, sondern ästhetische, mit denen wir auf andere Menschen reagieren. Eine anmutige Geste kann jeden ideologischen Graben für einen Moment überbrücken. Und Mut, von dem Isaiah Berlin einmal gesagt hat, er halte ihn für den einzigen universellen Wert, gesteht man auch dem Gegner zu.

Könnte das nicht ein Rat für unsere Zeit sein: Courtoisie statt Moralisierung?

Samstag, der 28. September

Helena bringt Lilien mit. Weil meine Vase nicht hoch genug ist für die langen Stiele ihrer beiden Lilien, fallen sie in einem weiten Winkel auseinander und bilden ein Kreuz.

Helena: «Was für eine Kampfansage!»

Ich: «Wie kommst du denn jetzt auf Kampfansage?»

Helena: «Die Lilien, die sehen doch aus wie zwei gekreuzte Lanzen. Die geschlossenen Blüten sind die Ausbuchtungen an der Klinge der Lanze.»

Ich: «Du bist ja kriegerisch drauf! Dabei bist du doch immer für – wie heißt das?»

Helena: «GFK. Gewaltfreie Kommunikation.»

Helena interessiert sich generell für Lebenskonzepte. Ich rümpfe dann die Nase, aber nur ein bisschen, denn in der Sache sehe ich es meist wie sie, nur fällt es mir schwer, bei solchen gruppendynamischen Konzepten nicht die Nase zu rümpfen. Und als staatlich geprüfter Intellektueller darf man ohnehin alles, was nach Lebenshilfe aussieht, nur mit spitzen Fingern anfassen.

Ich: «Stimmt: GFK. Schon die Wortbildung!»

Helena: «Ich bin auch keine GFKlerin, ich sehe es nur als Bereicherung für mein eigenes Verhalten, weil ich oft schneller rede als denke, und da hat es mir geholfen, mich genauer zu beobachten. Aber ich will auch nicht, dass ich mich nur noch beobachte und dadurch Impulsivität verliere.»

Ich: «Da mache ich mir eigentlich keine Sorgen.»

Helena: «Kürzlich sagte eine Bekannte zu mir, wir benützten zu oft Wörter, die Gewalt beinhalten, auch in ‹Granate› stecke zu viel Gewalt.»

‹Du bist eine Granate› heißt eines meiner Lieblingslieder von Helena, sie singt es auf die Melodie von ‹Hava Nagila›. Ein mitreißender, selbstironischer Song, der die Energie des Lebens feiert: «Du bist eine Granate, eine Granate, sagt deine Schwester gern zu dir.»

Helena nickt jetzt nachdenklich, in sich hineinhorchend, sie will den Einwand nicht einfach wegbügeln, auch wenn er ihr nicht einleuchtet. Eine andere Freundin, erzählt sie weiter, habe sogar besorgt darauf hingewiesen, dass man ‹Hava Nagila› ja mit Israel assoziiere, Israel wiederum mit den Palästinensern, und ob es nicht ein bisschen gespürlos sei, in diesem Kontext von Granate zu singen?

Ich: «Die spinnen, die Römer! Jetzt erklär mir aber noch mal dieses GFK-Ding, klingt ja schon wieder irre trendy.»

Helena: «Im Kern geht es um wertschätzende Kommunikation. Ich-Botschaften statt Du-Botschaften. Nicht sagen: ‹Du machst mich wütend!›, sondern: ‹Ich bin traurig.› Nie pauschal werden. Nie *immer* sagen. Meine beste Freundin Caro war lange mit einem Mann zusammen, der total in GFK war. Einmal schlug ich vor, ob wir nicht alle zusammen in den Urlaub fahren wollen, da antwortete er mit einer genau strukturierten E-Mail, in der er ellenlang zum Ausdruck brachte, wie sehr er meinen Vorschlag zu schätzen wisse. Er rechne es mir hoch an, dass ich mit ihnen zusammen den Urlaub verbringen wolle. Dann berichtete er von Mobbing-Erfahrungen, die er früher häufig in Gruppen erlitten habe, und deswegen sei die Idee eines gemeinsamen Urlaubs für ihn eher verstörend, das möge ich jetzt aber bitte nicht falsch verstehen.»

Ich: «Und wie hast du es verstanden?»

Helena: «Na ja, ihm gelang es, seine Gefühle immer ganz sanftmütig vorzutragen, aber so, dass ich am Ende manchmal ein schlechtes Gewissen hatte, als würde ich nicht ausreichend bedenken, wie es in anderen aussieht. Mich hat das nicht befriedet, sondern aggressiv gemacht. Ich habe GFK als ausbremsend empfunden. Ich hatte das Gefühl, dass ich vor lauter Mitgefühl meinen eigenen Gefühlen keinen freien Lauf mehr lassen konnte.»

Einmal, erzählt sie dann, hätten Caro und ihr Freund sie in Berlin besucht (sie lebten in Süddeutschland), und im Auto habe er immer («Nicht *immer* sagen, Helena!») geklagt: «Furchtbar, furchtbar, wie rücksichtslos Radfahrer sind!»

Mit Caro habe sie in dieser Phase auf keine Party mehr gehen können, weil sie nur noch an Gesprächen zu zweit interessiert gewesen sei, in denen es «in die Tiefe» ging.

Ich: «Aber warum hast du dich denn dann überhaupt auf GFK eingelassen?»

Helena: «Ich glaube, es hat mir auch gutgetan. Ich neige ja zum Theatralischen. Du magst das, andere finden es prätentiös. Weil es so was Raumgreifendes hat. Das war mir immer bewusst. Ich wusste, das gehört nur auf die Bühne, im sonstigen Leben muss ich es zurücknehmen, sonst kriegen die anderen keine Luft mehr. Ich muss auf die anderen Rücksicht nehmen, damit ich nicht selbstverliebt wirke. Und da haben mir Gespräche mit GFKlern und diese Form der Selbstbeobachtung schon geholfen. Man kann da Dinge aussprechen, vor denen man sonst zurückscheut.»

Ich: «Selbstbeobachtung ist gut.»

Helena: «Eben!»

Mittlerweile hängt schwerer Lilienduft im Raum.

Helena: «Wenn die Blüten aufgehen, sehen sie übrigens nicht mehr wie Lanzen aus, sondern wie ein Feuerwerk, dessen Raketen in alle Richtungen losschießen.»

Wir wollen kein Leben ohne Schießpulver.

Sonntag, der 29. September

Komisch. Einerseits verlangt der Kreativitätskapitalismus von seinen Mitspielern, «out of the box» zu denken, andererseits gleichen gesellschaftspolitische Auseinandersetzungen einem Wettstreit darum, wer möglichst schnell möglichst viele Schubladen rausziehen kann, um die Wirklichkeit darin portionsgerecht zu verstauen. Mündigkeit meint in erster Linie das Nachplappern von Kampfbegriffen. «Das ist CULTURAL APPROPRIATION», «das ist WHITE PRIVILEGE», «das ist HATE SPEECH», «das ist DDR 2.0», «das ist MEINUNGSDIKTATUR»! Glaubt irgendwer wirklich, mit diesen Worthülsen einem Gedanken zum Ausdruck verholfen zu haben? Es sind geschlossene Sprachspiele, die das

Denken formatieren. Sie sind konsistent und schlüssig wie ein Kartenspiel, solange man dessen Regelwerk akzeptiert. Und sie sind epidemisch: Innerhalb kürzester Zeit plappern sie alle nach. Man erinnere sich nur an den neoliberalen Neusprech der späten neunziger Jahre, als die Leute bei Sabine Christiansen oft klangen, als redete gerade Hans-Werner Sinn aus ihnen. Ziemlich oft war es tatsächlich Hans-Werner Sinn. VERKRUSTETE STRUKTUREN, REFORMSTAU, FLEXIBILISIERUNG, LOHNSTÜCKKOSTEN, STANDORTVORTEIL ... Ganze Epochen sind im festen Griff bestimmter Sprachspiele, musikalischen Moden vergleichbar.

Je frischer und neuer eine Terminologie ist, umso mehr Anfangserfolge feiert sie. Kraft des Überraschenden: «Interessant! So lassen sich unsere Erfahrungen also auch beschreiben!» Die neuen Begriffe versprechen intellektuelle Erneuerung, doch der Fluch des Erfolgs folgt auf dem Schritt; das Sprachspiel erstarrt schneller zu einer Stereotypie, als Beton hart wird. Sein Sound wird dogmatisch. In seiner Spätphase verliert es dann völlig seine lebendige Evidenz, und zwar einfach dadurch, dass man es zu oft gehört hat.

Heute gibt es rechts das Anti-PC- und links das *Wokeness*-Sprachspiel. Das Anti-PC-Sprachspiel ist im Wesentlichen eine Reaktion, ein Gegenangriff auf das *Wokeness*-Sprachspiel, wobei *Wokeness* einen Zustand der Wachsamkeit meint, ein Bewusstsein für gesellschaftliche Ungerechtigkeiten. (Ich versuche das möglichst unpolemisch zu notieren, denn diese Sprachspiele setzen sich ja nicht deshalb durch, weil sie gänzlich absurd wären, sondern weil sie, im Gegenteil, einen bestimmten Ausschnitt der Wirklichkeit erfolgreich bearbeiten, den sie dann allerdings totalisieren.) Bei *Wokeness* könnte man auch von sittlicher Achtsamkeit sprechen;

es ist ein extrem westliches Konzept, denn es geht von einer westlichen Norm als Negativmaßstab aus: Privilegiert sind Weiße, Männer, Heteros usw. Je weiter unten in dieser Privilegienkaskade eine Gruppe sich hingegen verortet, umso berechtigter ist ihr Anspruch, endlich gehört zu werden, sich zu *empowern* und in dem Maß moralisch im Recht zu sein, in dem sie historisch den Kürzeren gezogen hat.

In diesem Sprachspiel gibt es eigentlich nichts mehr zu diskutieren außer der Frage, wer sich in der Privilegienkaskade wo genau befindet. Im Moment stehen weiße Feministinnen, so scheint mir, stark unter Druck, weshalb sie ihre *Wokeness* standardmäßig durch den Satz zu retten versuchen, dass ihnen klar sei, dass nichtweiße Frauen noch einmal ganz anders benachteiligt seien.

Für die Klärung dieser Opfer-Hierarchiefragen, ob sich nun eine lesbische Feministin oder eine Frau mit Migrationshintergrund stärker benachteiligt fühlen darf, sind die Intersektionalitätstheoretiker zuständig, sie spielen die Rolle von Kassationsgerichten, die die sich überlagernden Formen von Diskriminierung durch Rasse, Klasse, Gender und Religion sowohl addieren als auch gegeneinander abwägen. Sie sind Erben des Heroldsamtes, das zu Kaisers Zeiten über den Status von gesellschaftlichen Gruppen und deren Rangfolge protokollarisch bindend entschied.

Und ist es einem erst gelungen, von sich selbst als Vertreter einer benachteiligten Gruppe zu sprechen, ist im entsprechenden Sprachspiel, was aus dieser Perspektive gesagt wird, automatisch im Recht. Gegen Wirklichkeitsbeschreibungen aus der Opferperspektive sind Einwände nicht nur sinnlos, sondern herzlos. Da wolle, heißt es dann, nur jemand seine Privilegien verteidigen.

Im Kern des *Wokeness*-Sprachspiels aber steht ein bestimmtes Vokabular; wer es verwendet, gibt sich als moralisch achtsam zu erkennen. Und dies Vokabular dient nicht der Beschreibung von Wirklichkeit, sondern ist ein performativer Vorgang, mit dem der Sprecher zu erkennen gibt, eine gewisse gesellschaftspolitische Bewusstseinsstufe erreicht zu haben. Wer hingegen bei der altertümlichen Ausdrucksweise verharrt, drückt in fast schon aggressiver Weise aus, dass es ihm zu blöd ist, sich der Mühe zu unterziehen *zu reflektieren*. Mangelnde Bereitschaft zu *reflektieren* ist ein Schlag ins Gesicht der Opfer, ein Ausdruck von Empathielosigkeit; dass man immer *reflektieren* und Empathie zeigen muss, gehört zu den Kern-Werten des *Wokeness*-Sprachspiels. Ein Satz, dieser Tage auf Twitter zu lesen, drückt das mustergültig aus: «Menschen ohne Empathie wählen rechts.» Gern wird auch gesagt: «Klar kannst du das anders sehen, aber dann hast du halt keine Empathie.»

Dort, wo man rechts wählt, hält man die Empathieforderung hingegen für moralische Erpressung und Heuchelei. Das Anti-PC-Sprachspiel will die Dinge beim Namen nennen, wie sie sind, ohne falsche Rücksicht auf die Gefühle von Minderheiten; es sieht die Welt im Griff einer Sprachregulierung, die nur einem Idealbild dient, nicht der Beschreibung realer Konflikte. Während die *Wokeness*-Anhänger sagen, politische Korrektheit sei nichts anderes als Höflichkeit, Umsicht, gutes Benehmen, sehen die Anti-PC-Ritter darin eine konformistische Gleichschaltung des Bewusstseins, durch welche freies wildes Denken unterbunden werde. Beide Seiten haben interessanterweise eine starke Affinität zum sogenannten N-Wort, die einen sprechen das Wort *Neger* aus, um ihren kühnen Mut unter Beweis zu stellen, die anderen können gar nicht oft genug «N-Wort» sagen, weil es sie jedes Mal, begleitet von einem Mini-Orgasmus, daran erinnert, dass sie bewusstseinsmäßig weiter sind als die Ignoranten, die sich nicht in andere hineinversetzen können. «Das ist SEXIS-TISCHE KACKSCHEISSE», «das ist RASSISTISCH», «das ist KLASSISTISCH», «das ist BODY SHAMING», «das ist LOOKISM», «das ist AGISM», «das ist EMPATHIE-LOS», «das ist SLUT SHAMING». «Das ist NAZIKEULE», «das ist TUGENDTERROR», «das sind ZWANGSGEBÜH-REN», «das ist MEINUNGSDIKTATUR», «das ist MULTI-KULTI». Ich wundere mich über die, denen diese Formeln so leicht von den Lippen gehen. Fällt ihnen die Mühelosig-keit dieser Schuldzuweisungskultur nicht auf? Müsste man nicht schon aus intellektuellem Sportsgeist davon ablassen, weil in einer Schublade, die sich so leicht ziehen lässt, kein Gedanke sein kann?

Montag, der 30. September

Nancy Pelosi hat sich entschieden, ein *Impeachment*-Verfah-ren gegen Donald Trump einzuleiten trotz geringer Aussicht auf Erfolg. Die Demokraten, finde ich, haben in den letzten zwei Jahren den Kampf gegen Trump sehr schlecht geführt, auch weil sie zu sehr auf ein illusorisches *impeachment* setz-ten – das hat Kräfte gebunden. Und doch glaube ich jetzt, dass es richtig ist, was Pelosi tut. Manchmal kommt es auf eine symbolische Tat an, und es kann nicht sein, dass in der verehrungswürdigen amerikanischen Demokratie der Kon-gress aus machtrealistischer Resignation die Hände in den

Schoß legt, wenn der Präsident sich über sämtliche Regeln und Satzungen hinwegsetzt; gewonnen hätte der Präsident erst, wenn die Institutionen nicht einmal mehr zu dieser symbolischen Gegenwehr fähig wären.

Trump ist für mich eine absolute Zäsur – ich verstand die Welt nicht mehr, als er gewählt wurde. Seither muss ich mir Meinungen über eine Welt bilden, von der ich einräumen muss, sie nicht mehr zu verstehen. Denn bis zu seiner Wahl 2016 hielt ich mich an die Grundeinsicht: Die Welt ist nicht schwarz-weiß, sie besteht aus unendlich vielen Grautönen, also dämonisiere niemanden, sieh niemanden als Inbegriff des Bösen und absoluten Feind. Seit Trump Präsident wurde, ist diese Überzeugung lockerer geworden: Infolgedessen ist auch meine Trotzlust zum Erliegen gekommen; so gut wie nie habe ich aus Trotz oder eitlem Distinktionsstreben ein gutes Wort über Trump verloren. Obwohl ich bei manchen Abendessen fürchtete, gleich einen Hörsturz zu bekommen, weil man sich derart einhellig über den Trump-Wahnsinn entrüstete, musste ich feststellen, dass mir nichts anderes übrigblieb, als zuzustimmen. Oder einfach gar nichts zu sagen. Was mir noch immer besser schien, als allgemein geteilte Offensichtlichkeiten im Brustton der Erschütterung zu wiederholen.

Aufgewachsen in den achtziger Jahren in der verbreiteten Überzeugung, dass Reagan die Verkörperung des Bösen und Kohl die der Dummheit war, begriff ich die Lebensleistung der beiden später als durchaus vielschichtig. Seither misstraue ich dem linken Alarmismus. Doch dann kam Trump. Danach war nichts mehr so wie vorher.

Ich weiß noch, wie ich mich im Dezember 2016 auf der ZEIT-Weihnachtsfeier mit dem israelisch-amerikanischen

Theatermacher, Freestyle-Reporter und Weltenbeobachter Tuvia Tenenbom unterhielt. Er ist eine Erscheinung: groß, gewaltiger Bauch, über den sich die Hosenträger dehnen. Sein schütteres blondes Haar sieht nicht aus wie auf dem Rückzug, zweite Lebenshälfte, sondern wie Babyflaum, ganz frisch gesprossen, noch flauschig, aber gib ihm ein bisschen Zeit, dann wird es bald auch die kahlen Stellen des Schädels überwuchern. Tenenbom ist auffällig, man kann ihn nicht übersehen. Zugleich geht etwas Zartes von ihm aus. Wenn er sich mit dem Taschentuch die Schweißperlen von der Stirn wischt, wirkt er nicht leidgeprüft, als zöge die Schwerkraft ihn zu Boden, eher von Vorfreude erregt, was wohl das nächste Jahr, der nächste Monat, die nächste Stunde bringen mögen. Er gehört zu den Autoren, deren Texte man erst einmal mit Neugier liest, weil sie die übliche Blickrichtung umdrehen, das Geschehen anders sehen, als man es gewohnt ist – und die Dinge anders zu sehen ist ja schon der erste Schritt, der Langeweile zu entgehen. Allerdings haben solche Autoren häufig ein Problem: Ihr andersgearteter Blick verblüfft nur bis zum fünften Artikel, danach fühlt sich der Leser nicht mehr überrascht, sondern, im Gegenteil, bestätigt, dass der Autor die Dinge auch diesmal wieder genau umgekehrt sieht als alle anderen.

Auf der ZEIT-Weihnachtsfeier herrschte schwere Depression, uns saß Trumps Wahlsieg in den Knochen. Und zwar aus zwei Gründen: weil wir die Welt in Gefahr sahen, noch mehr aber, weil wir sie nicht mehr verstanden. Es war etwas eingetreten, das keiner auf der Rechnung gehabt hatte, das Schiff der liberalen Demokratie war auf einen Eisberg gerammt, der trotz seiner Größe in den Vermessungen der Politologen und Demoskopen nicht verzeichnet gewesen war, ja, den es nach allgemeiner Lehre nicht hätte geben dürfen, schließlich war seit Jahren von einem Goldenen Zeitalter für die Demokraten die Rede gewesen: Die Republikaner mit ihrem konservativen Gesellschaftsbild und ihrer weißen Kernwählerschicht, hieß es, würden schon aus demographischen Gründen aussterben, weil das Land kulturell wie ethnisch immer diverser werde. Eigentlich brauchte man nur noch zuwarten, die Verhältnisse würden sich mit demographisch-biologischer Notwendigkeit in die Richtung des Wahren-Schönen-Guten entwickeln.

Und dann das: Während im Salon noch die flotte Melodie von der strukturellen Mehrheit der Demokraten geklimpert wird, fährt das Staatsschiff auf den Eisberg Trump. Die Karten stimmten offensichtlich nicht.

Eine ganze Erzählung, das «liberale Narrativ», galt nicht mehr als realistischer Roman, sondern als Legende: überzeugend nur für die, die daran glaubten oder selber eine Rolle darin abbekommen hatten; stattdessen hatte nun ausgerechnet der Mann, der aus dem Reality-TV kam und von dem kaum zu sagen war, ob er *fake news* produzierte oder eher selber *fake news* war, eine Wirklichkeit erkannt und bewirtschaftet, die in Hillary Clintons Weltbeschreibung als vernachlässigbare Größe, als Relikt der Vergangenheit vorkam: «the Deplorables», die «Abgehängten» – die zornigen, weißen Männer und ihr verletzter Stolz, weil sie, obwohl ersichtlich zu den bedrohten Tierarten zählend, in keinem der angesagten Diversityprogramme mehr vorkamen. Der Prolet-Kult: über die Jahrzehnte lautlos, aber konsequent durch die Minderheiten-Andacht ersetzt. War man so blind gewesen, dass man diese Wirklichkeit übersehen hatte? Mit Trump jedenfalls war nicht einfach der politische Gegner an die Macht gekommen, sondern eine Parallelwelt; etwas, das man eben noch für eine vulgäre Aberration gehalten hatte, ein Strickfehler im Geschichtsmuster – nun setzte es seinen Anspruch durch, Wirklichkeit zu sein. Zu diesem Zeitpunkt war der zornige weiße Mann eigentlich lediglich noch eine Kontrastfolie gewesen, ein pädagogisches Abschreckungsprogramm, das, was man nicht sein durfte. Ein Relikt, kaum mehr am Sein partizipierend. Wenn die Vernunft das Reale ist, dann bewegte dieses Relikt sich am äußersten Rand des Ontologischen, kurz davor, ins Nichts wegzukippen. Nun plötzlich war die evolutionäre Sackgasse zum geschichtlichen Subjekt geworden: Zombies im Weißen Haus! Der Boden unter unseren Füßen wankte, weil wir feststellen mussten, dass nicht einmal mehr die Frage als geklärt gelten konnte, in welcher Wirklichkeit wir überhaupt standen.

Interessant, sich in diesem Zusammenhang die Karriere des Begriffs *postfaktisch* genauer anzuschauen. Er bot sich an, um jene Trump-Welt zu beschreiben, in der Fakten nur noch Effekte von Twitter-Nachrichten und die selbstbeweihräuchernden Superlative durch keinen Faktencheck mehr an die kurze Leine zu legen waren.

Der Begriff *postfaktisch* war aber auch deshalb so beliebt, weil er wie ein Abwehrzauber funktionierte: Er verwies das, was man selber übersehen hatte, ins Reich des Irrealen. Was einem nicht gefiel, hielt man sich auf diese Weise vom Leib. War nicht sogar Trumps Wahlsieg *postfaktisch*? Nach Stimmen *(popular vote)* wäre doch Hillary Clinton die legitime Herrscherin? *Postfaktisch* war eine Trostformel, mit der man den faktischen Triumph des Donald Trump zumindest normativ entwerten konnte; seufzend konnte man festhalten: Würden sich die Menschen an die Fakten halten, wäre das nicht passiert. Wenn man schon untergeht, will man wenigstens recht behalten.

Wenige Wochen zuvor, am Morgen des 9. November 2016, war ich in einem Hotelzimmer in Hamburg aufgewacht. Acht Uhr, und sofort mein Versuch, die Geräusche aus dem Treppenhaus zu deuten. Als müsste das Hintergrundrauschen des Universums anders klingen, falls die Welt aus den Angeln gehoben war. War der Lärmpegel nicht deutlich niedriger als sonst? Hatten die Stimmen vor der Tür nicht etwas Gedämpftes, Gebrochenes? Wussten die anderen Hotelgäste schon, was die Stunde geschlagen hatte, bekamen sie deshalb, niedergeschlagen, zerrüttet, keinen Piep mehr heraus? Aber das konnte doch nicht wahr sein! Ein Wahlsieg Trumps wäre so krass, absurd und grotesk, das konnte einfach nicht der Fall sein! Und doch schwante mir Schlimmes, und ich zögerte, mein Smartphone einzuschalten, wenigstens für einige Sekunden wollte ich in der Welt, wie sie gestern war, weiterleben. Dann Durchatmen, ich schaltete mein Smartphone ein. Doch. Es war passiert. Plötzlich war man in einer Welt, die man nicht mehr verstand.

Dabei hatte mich zeit meines Lebens nichts mehr abgestoßen als politischer Miserabilismus – diese ewige Klage der schönen Seelen über die Prosa der Wirklichkeit. Jetzt gehörte auch ich zu den Heulbojen.

In dieser Stimmung also rannte ich Tuvia Tenenbom in die Arme. Der hatte mir gerade noch gefehlt. Auf nichts hatte ich weniger Bock als auf jemanden, der die Lage anders sah als ich selbst, aber wenn man eh nicht gut drauf ist, bleibt einem bekanntlich nichts erspart. Tenenbom fragte mich, wie es mir gehe, und da sagte ich einen der Sätze, die man damals auf Partys eben so sagte, wenn man nach dem eigenen Befinden befragt wurde: «Na ja, wie wohl? Mäßig, angesichts der Lage!» Und das, obwohl ich es immer verachtet hatte, wenn Leute ihre schlechte Laune weltpolitisch begründeten; nun machte ich es selber.

«What?», entgegnete Tenenbom entgeistert, als hätte er mir mehr Witz zugetraut, das könne er gar nicht verstehen, es seien doch herrliche Zeiten, gerade für Journalisten, alles sei in Bewegung, nichts mehr verstehe sich von selbst, alle Routinen könne man vergessen, es sei richtig was los! Und er streckte die Finger seiner beiden Pranken genussvoll auseinander, als wollte er die Körperoberfläche maximal ausdehnen, um möglichst viel Weltkontakt herzustellen, vibrierend vor Lebenshunger wie ein Kind, das an einem Sonntagnachmittag schon vor Langeweile zu sterben fürchtet, als die erlösende Wohnungsklingel doch noch geht und draußen die Freunde warten. Dass es der Horror-Clown Donald Trump war, der vor der Tür stand und für Abwechslung zu sorgen versprach, schien ihn nicht zu bekümmern.

Meine erste Reaktion, innerlich: Natürlich, Tenenbom, er muss es mal wieder genau andersrum sehen als wir! Aber sein strahlendes Gesicht vergaß ich nicht, und in den nächsten Wochen, während Obama die Koffer packte und wir vor Sorge ein Magengeschwür zu bekommen fürchteten, dachte ich wiederholt an Tenenbom zurück: Hatte er nicht recht? Lag im Ende unserer Gewissheiten nicht auch ein Moment der Freiheit? War das nicht tatsächlich das Beste, was einem Intellektuellen widerfahren konnte: die Welt nicht mehr zu verstehen? Weil man nur dann genötigt ist, noch einmal ganz von vorne zu denken. Die Idole sind abgeräumt, man muss sich die Welt neu zusammensetzen.

Ausgerechnet Trump, der sich die Wirklichkeit erfand, wie es ihm passte, zwang uns zu überdenken, ob nicht auch wir zu lange in einer Wirklichkeit gelebt hatten, die wir uns als die passende Kulisse unseres Lebensgefühls selbst errichtet hatten, in der aber unfairerweise auch jene leben mussten, die mit unserem Lebensgefühl absolut nichts anfangen konnten?

Beim ersten Epochenbruch in meiner Lebensspanne, dem Mauerfall, war ich noch zu jung, um ein richtiger Beobachter, und das heißt ja immer auch: ein Selbstbeobachter zu sein. Vielleicht war dies nun meine zweite Chance, mal am eigenen Leib zu erfahren, wie es sich anfühlt, wenn einem der Teppich unter den Füßen weggezogen wird? Vielleicht hatte Tenenbom recht, und etwas Besseres konnte gar nicht passieren, weil endlich wieder neu gedacht werden musste? Dass alles immer in Veränderung sei, war eine gebetsmühlenartig wiederholte Formel unter wachen Zeitgenossen, aber in Wahrheit war damit nur gemeint, dass sich unser Zustand im Rahmen des Masterplans, den man einmal abgesegnet hatte, laufend verbessern würde – ganz so, wie es in der Bibel heißt: auf dass die Schrift erfüllet werde. Aber die wirkliche Veränderung, das echte Neue erfüllt eben keine Schrift. Es ist ein rohes Ereignis, durch keine geschichtsphilosophische Wettervorhersage angekündigt; und war das nicht auch eine Intensitätserfahrung?

Dienstag, der 1. Oktober

Armin Laschet über den von Ibiza-Gate nicht mit in den Abgrund gerissenen Sebastian Kurz und dessen Erfolgsstrategie: Er habe «nicht den politischen Gegner beschimpft, sondern für seine Ideen geworben». Wenn's stimmt, eine positive Entwicklung: Nach den Jahren der Polarisierung hätte sich das Prinzip Selbstfindung durch Feindbestimmung erschöpft.

Carola Rackete, vom Meer zurück aufs Land gekommen, erklärt derweil bei einer Fridays-for-Future-Veranstaltung: «Nur Blockaden, die wirtschaftlichen Schaden anrichten, können noch helfen.» Das ist die Logik des zivilen Widerstands: Wenn man die Wahrheit kennt, darf man selber über die Mittel entscheiden, die bei der Verhinderung von Unheil die angemessenen sind. Moralischer Notstand. Den Reiz dieser Logik kann ich theoretisch nachvollziehen, praktisch bin ich dafür taub, weil mir die Vorstellung, im Besitz einer Wahrheit zu sein, so – wie kann ich es möglichst konkret ausdrücken? – unwahrscheinlich vorkommt. Kommt ein kluges Wort von der einen Seite, richte ich mich danach, kommt ein kluges von der anderen, dreht sich mein Fähnchen im Wind. Vielleicht ist das, was ich meinen Skeptizismus (meine Lernfähigkeit) nenne, bloß kraftloser Opportunismus, und die wahren Helden der Gegenwart tragen jenen Ausdruck von Klarheit im Gesicht, der an Carola Rackete, der furchtlosen Kapitänin, so fasziniert? Hatten Geschichtsbeweger nicht von jeher eine Wahrheit, an der sie nicht zweifelten?

Die Natur verhandle nicht, heißt es jetzt, wo man der Ansicht ist, dass unsere Prozesse politischer Kompromissfindung nicht mehr zeitgemäß seien angesichts des neuen

Problemniveaus; dass die parlamentarischen Institutionen zu langsam arbeiteten in einer Situation, in der die Polkappen schmelzen. Wenn ich so etwas höre, sträubt sich alles in mir. Dass die Institutionen die Prozesse verlangsamen, gerade dafür hat man sie ja geschaffen! Weil wir davon ausgehen, dass Wahrheit uns nicht zugänglich ist und die Einsicht von heute nicht die Einsicht von morgen sein wird. Gewissermaßen aus Skeptizismus, aus Selbstmisstrauen. Es soll nicht durchregiert werden, als kennte irgendwer die Wahrheit. Dass bürokratische Mühlen langsam mahlen: nicht Ausdruck von Ineffizienz und Beamtenlahmarschigkeit, sondern gewollt, Verlangsamung aus Einsicht in die Begrenztheit unserer Erkenntnismittel.

Und trotzdem muss gehandelt werden.

Bin ich mit diesem Skeptizismus möglicherweise nicht mehr auf der Höhe der Zeit?

Mittwoch, der 2. Oktober

You can't always get what you want. Die Politik ist die Adresse, bei der wir unseren Frust darüber ablegen, nicht alles bekommen zu haben, was wir wollten. Irgendwer muss für unsere schlechte Laune ja verantwortlich sein. Also das System. An die eigene Nase fassen muss sich heute niemand mehr, um Gottes willen! Dass man selbst für sein Leben verantwortlich sein könnte, ist doch ein infames neoliberales Narrativ, um die Schuld bei den Subjekten abzuladen, wo eigentlich der Kapitalismus in Haftung zu nehmen wäre!

Obwohl es annähernd jedem völlig klar ist, dass die

Politik gut darin ist, für regelmäßige Müllabfuhr, für Alterssicherung, Straßenbau und Nachrüstung zu sorgen, hingegen schlecht darin, unser Lebensglück zu erhöhen, muss sie trotzdem so tun, als nähme sie die schlechte Laune der Bürger ernst, sonst würde sie als abgehoben gelten.

Eigentlich ist das der Kern der sogenannten guten Kinderstube: Sie bringt dir bei, dich mit Enttäuschungen abzufinden, ohne mit den Füßen zu strampeln oder einen roten Kopf zu bekommen wie ein Wutbürger. Durch die Bank erinnern wir uns, wie schwer es für uns als Kind war, nicht zu bekommen, was wir wollten; seither ist die Lernkurve nicht so steil verlaufen, wie wir meinen; allenfalls haben sich die Sublimierungen, unter denen wir unsere üble Laune verstecken, verfeinert. Nicht quengelnd sagen: «Ich will aber!» Sondern entrüstet: «Es ist ein Skandal!»

Donnerstag, der 3. Oktober

Wenn ich durchs Netz strolche: weiterhin überall Klimawandel-Protest-Bilder, ich bleibe daran hängen. Auf einem Foto eine junge Frau mit weit aufgerissenem Mund; welche Parole sie ruft, können wir nicht hören. Ihr Blick ist kraftvoll, konzentriert, erfüllt. Dahinter ein Plakat: «Wake up».

Um einen politischen Impuls zu setzen, muss man die Lage so beschreiben, als schliefen die anderen, nur man selber hätte die Gefahr erkannt. Ich finde das schon statistisch eher unwahrscheinlich. Warum sollte ausgerechnet ich wach sein?

Aber vielleicht bin ich da jetzt auch unaufrichtig: Im

Tiefsten glaube ich schon auch, dass die anderen Schlafmützen sind und nur ich das Gras wachsen höre. Mag die Gesellschaft noch so heterogen sein, in einem Punkt ähneln sich die Menschen: Wir sind der festen Überzeugung, dass es um die Welt besser stünde, wenn alle so einsichtsvoll wären wie wir selbst. Dabei ist jedem mit Blick auf sein Leben klar, wie oft wir Dinge versemmelt, Vertrauen enttäuscht, vernünftige Entscheidungen torpediert haben aus Trägheit, aus Dummheit, allzu großer Selbstgewissheit, Niedrigkeit, Neid und Rachsucht, aus Selbstliebe, ganz normaler Faulheit – aber ausgerechnet mit Blick auf Staat und Politik sind wir uns sicher, dass es um das Gemeinwesen besser stünde, wenn die anderen so dächten wie wir, wenn sie so fair am Wohl der Gesamtheit interessiert wären wie wir, wenn sie ihre Verstocktheit aufgäben und sich höheren Einsichten beugten, wenn sie nicht immer allein auf ihren Vorteil aus wären, sondern, wie wir selbst, das große Ganze im Blick hätten.

Bekannter Reflex; schwierig, sich nicht als reine Seele zu betrachten. Nur den Figuren in Dostojewski-Romanen gelingt es, sich zu ihrer Boshaftigkeit zu bekennen. Dabei wäre viel gewonnen, wenn man es zumindest so weit brächte, sich nicht für eine reine Seele zu halten, bloß weil man sich subjektiv so vorkommt.

Die treuherzige Doofheit, mit der wir davon ausgehen, wir könnten kein Wässerchen trüben, während wir dem Rest der Menschheit finsterste Machenschaften zutrauen! Gierig sind die Banker (nicht wir mit unserem Shanghai-Composite-ETF), fremdenfeindlich das AfD-Milieu (nicht wir, die wir unsere Kinder auf die französischsprachige private Grundschule schicken), CO_2-Monster die Nachbarn mit ihrem neuen SUV (nicht wir, die wir im November, wenn uns in Deutschland die inneren Dämonen befallen, zur Art Miami fliegen). Als Mittel gegen diese optische Selbsttäuschung sage ich mir: Es ist schon statistisch sehr unwahrscheinlich, dass ausgerechnet du der moralisch bessere Mensch sein solltest als dein Nachbar, den du seit eurem Streit über die Überdachung der Mülltonnen nicht mehr grüßt.

In der Politik, und das macht sie so tricky, gibt es keine schnellen Auswege aus Paradoxien. Man muss in ihr den eigenen Willen zugleich vernehmbar machen und sich selbst relativieren. Überzeugungsstärke und Geschmeidigkeit braucht es. Diese gegenstrebigen Bewegungen gewissermaßen in einem flüssigen Ablauf, in einer anmutigen Geste zusammenzuführen, das wäre dann die hohe Kunst und vielleicht sogar die Schönheit der Politik.

Freitag, der 4. Oktober

Aufwachen durch ein Schippgeräusch, und für einen Moment der Gedanke: Schnee! Aber es waren bloß Bauarbeiter, die an der Straße rumwerkelten. Dann plötzliches Unglücksgefühl: Nie wieder die Augen aufschlagen und aus dem Fenster schauen, um zu sehen, wie die Welt weiß und wie aus einem Guss ist. Als Kind hieß das manchmal, selber anpacken, zur Schippe greifen, denn in kleinen Ortschaften waren solche Hausbewohnerpflichten damals noch nicht outgesourct – einige der wenigen Pflichten, denen ich gern nachkam. Und es musste gründlich geschippt werden, das Salzstreuen war schon damals verpönt.

Es sind bestimmte atmosphärische Geräusche, die uns

mit unserer Umgebung verbinden, für Beständigkeit und Wiederkehr sorgen. Obwohl wir dauernd vom Neuen, von Zukunft, Veränderung, Innovation und Disruption reden, ist es das Wiederkehrende, das uns tröstet. Und die größte Zyklusmacht ist das Wetter, sind die Jahreszeiten; deshalb berührt der Klimawandel einen Paniknerv: Nie wieder weiße Weihnacht? Warum dann noch leben?!

Der Klimawandel führt uns vor Augen, wie schmal die atmosphärische Zone ist, in der Leben gedeiht. Nimmt die Eisfläche, die das Sonnenlicht reflektiert, ab, verwandelt sie sich in Wasser, das, dunkel wie es ist, die Wärme der Sonne aufnimmt, schon erhitzt sich der Globus. Unwahrscheinlichkeit von Leben: Menschen trippeln seit je über einen schmalen Grat.

Von jeher haben sie deswegen am liebsten über das Wetter geredet. Klar kann man sich darüber lustig machen, aber es ist das Medium, in dem wir uns alle bewegen, es lässt die Saat sprießen oder vernichtet die Ernte und beeinflusst maßgeblich unsere Stimmungen. Der Klimawandel berührt unsere atmosphärische Verletzlichkeit, und zwar umfassend, kosmisch. Ich verstehe vollkommen, warum alle vom Wetter reden.

Samstag, der 5. Oktober

Seit Tagen Empörung über den Fernseh-Kabarettisten Dieter Nuhr. Facebook: Hochintelligente Leute, die über Hannah Arendt promovieren könnten, nehmen sich die Zeit, um ellenlang ihren Abscheu über Nuhr abzuhandeln – und das wegen eines Satzes, dessen kriminelle Energie sich in Grenzen hält. Was wohl Greta mache, fragte Nuhr, wenn es kalt werde: «Heizen kann es ja wohl nicht sein!» Diejenigen, die ob dieser Ungeheuerlichkeit außer sich sind, betonen dann, dass es obendrein ganz schlechter Humor sei.

Das war doch früher anders? Früher hat man sich doch über etwas, das man für unter seinem Niveau hielt, nicht so zitternd aufgeregt? Es war einem wurscht. Heute ist einem nichts mehr wurscht. Man erträgt es nicht mehr, dass andere Leute über andere Witze lachen als man selbst; die einzige Sache, bei der man nicht möchte, dass die anderen zu denselben Einschätzungen und Lebenseinstellungen kommen wie man selbst, ist die Wahl des Urlaubsziels.

Große Mengen unserer seelischen Energie fließen in Empörungswellen. Fragt sich denn keiner: Wozu? Ob es irgendeinen Unterschied macht, dass sich die einen über Nuhr aufregen und die anderen über die, die sich über Nuhr aufregen? Wenn man drei Wochen in die Ferien verschwindet und währenddessen Digital Detox macht, verpasst man solche Aufreger. Hatte man je das Gefühl, dadurch etwas versäumt zu haben? Natürlich nicht. Weil es völlig wurscht ist. Aber die Leute regen sich auf, als würden sie sich anders nicht spüren können.

Vielleicht war es nie anders. In meiner Kindheit, den siebziger Jahren, gab es noch Männer, die sich mit hochrotem Kopf über die Bild-Zeitung beugten und angesichts der Zustände des Landes aufstöhnten: «Armes Deutschland!» Ehefrauen versuchten zu beschwichtigen: «Reg dich nicht so auf, das ist nicht gut für deinen Blutdruck!» Heute liest kaum mehr jemand die ‹Bild›, aber durch die sozialen Medien hat sich das Land noch mehr als früher in eine einzige Erregungsgemeinschaft verwandelt. Für den gesellschaftlichen Blutdruck ist das kaum gut.

Mir kommt es so vor, als hätte es zwischen beiden Hochspannungsphasen eine Epoche des Gleichmuts gegeben, in der man den Ketzer für einen erfrischenden Hofnarren hielt, während man in ihm heute ein Krebsgeschwür sieht, das man gar nicht früh genug erkennen kann. Merkwürdiges Paradox: Je stärker das Selbstbild, eine pluralistische Gesellschaft zu sein, sich durchsetzt, desto weniger ertragen wir Abweichungen; dass jemand zu Wort kommt, den man verurteilt, gilt als Skandal, denn es wurde ihm «eine Bühne geboten». «Einfach mal die Klappe halten», lautet deshalb in Twitter- und Facebook-Zeiten die beliebteste Botschaft an den politischen Gegner. Dass wahlweise alte weiße Männer oder junge *social justice warriors* einfach mal die Klappe halten sollen, drückt die Zumutung aus, dass andere die Welt anders sehen als wir – und es auch noch sagen. Die Schwelle, ab der man «so was von kotzen könnte», liegt niedrig, und Ungerührtheit als Haltung der Distanz und der snobistischen Gleichgültigkeit scheint kein Coolness-Ideal mehr zu sein.

Sonntag, der 6. Oktober

Fluctuat nec mergitur. Meine Sympathie für den alten Leitspruch der Stadt Paris, die in ihrem Wappen ein Segelschiff führt. «Sie schwankt, doch geht nicht unter»: Das Motto ist nicht triumphalistisch, es hat ein feines Gespür für den wankenden Boden, auf dem wir stehen. Sich unter diesen Bedingungen in der Balance zu halten ist schon aller Ehren wert. Heute stöhnt man, wie polarisiert die Gesellschaft sei und dass diese Spaltung überwunden werden müsse, doch es ist schon ein Erfolg, wenn wir schwanken, aber nicht untergehen.

Montag, der 7. Oktober

Was mir, mit Wolfgang Herrndorf zu sprechen, den Stecker zieht, ist die Vorstellung, dass Trump jeden Skandal, den man ihm nachweist, in Eigenstärke verwandelt, als wären die Angriffe gegen ihn der Zaubertrank, der ihn allererst stark macht. Die Judo-Strategie. Geht das ewig so weiter? Dass es überhaupt funktioniert, hat mit der Auflösung eines gemeinsamen Referenzrahmens zu tun; anders als zu Zeiten Richard Nixons und des gegen ihn betriebenen *Impeachment*-Verfahrens gibt es keinen allgemeingültigen Maßstab für politische Verfehlungen mehr. Falsch und richtig sind relativ geworden – nämlich relativ zur Unterstützergruppe. Ost- und Westküste glauben, ein Präsidentschaftskandidat müsste erledigt sein, nachdem Videomitschnitte bekannt geworden sind, in denen er sich rühmt, Frauen zwischen die Beine gegriffen zu haben. In Wahrheit aber verschreckt das seine Anhänger nicht, sondern befeuert ihre Begeisterung für den Regelbrecher, den sie verehren, weil er sich den Mühen der Heuchelei nicht unterzieht.

Um auch mal feierlich zu werden: Nancy Pelosi muss Trump *impeachen*, einfach um geschichtlich Zeugnis davon abzulegen, dass der Kongress nicht tatenlos zugeschaut hat, als alles auf den Kopf gestellt wurde und keine Regeln mehr galten. Sie musste es tun, weil es keine Instanz gibt, die die Autorität hätte, über wahr und unwahr zu entscheiden – wahr ist, womit man durchkommt. Nein, nerviger noch: Jeder kommt mit seiner Wahrheit durch, solange er nur die eigene Blase bei Laune hält. Wahrheiten gibt es so viele wie Blasen.

Zwischen solchen Gedanken: die Serie ‹The Loudest Voice›, die die Erfolgsgeschichte des Senders Fox News erzählt. Eine ziemlich genaue Beschreibung, wie die Radikalisierung des Lagerdenkens und die Relativierung des Wahrheitsbegriffs ineinanderwirken. Trump vollzieht eigentlich nur nach, was Roger Ailes, der Fox News 1996 für Rupert Murdochs Medienimperium aus dem Boden stampfte, mit dem Nachrichtensender beispielhaft vorgemacht hat.

Ailes hatte erkannt, dass es in der politischen Berichterstattung eine Lücke gab; dass ein Zuschauerreservoir brachlag, medial nicht repräsentiert wurde, weil sämtliche Fernsehsender allzu gleichlautend sendeten. Man könnte nun sagen, der Gleichklang sei ein Effekt der Wahrheit, auch die Frage, was 2 + 2 ist, kann man nur gleichlautend beantworten – Ailes sah das anders, für ihn war der Gleichklang ein ideologischer Effekt. Und diese grobe Analyse, vermutlich nicht ganz aus der Luft gegriffen, hat er dann konsequent umgesetzt: Wenn sämtliche Sender annähernd denselben liberalen Inhalt senden, ist es im Sinne der Symmetrie zwingend, eine mindestens ebenso verlässlich wiedererkennbare patriotische Gegenstimme zu etablieren; und weil sowieso kaum zu bestimmen ist, was wahr, was falsch ist, kommt es hauptsächlich auf diesen symmetrischen Ausgleich an – auf Teufel komm raus. Verbreiten die linken Kanäle linke Meinungen, müssen die rechten Kanäle rechte Meinungen verbreiten, *what ever it takes.*

In ‹The Loudest Voice› weisen Ailes' Untergebene ihren cholerischen Chef darauf hin, dass es keinerlei Zusammenhang zwischen al-Qaida und dem Irak gebe. «Wir dürfen», sagen sie, «nicht als die angesehen werden, die Bushs Propagandamaschine antreiben, das ist nicht unser Job.» Doch Ailes ist seit dem 11. September wie auf Wolke 7 und für Faktenrückbindung nicht mehr zu haben, er wischt den Einwand im Namen des Patriotismus hinweg.

Dann die Behauptung, Saddam entwickle Massenvernichtungswaffen: falsch, sagen die Mitarbeiter, und einer merkt zögernd an: «Nun, wir haben uns da sehr weit vorgewagt, und es entbehrt jeder Grundlage. Wir sollten einen Gang runterschalten.» – «Einen Gang runterschalten? Was sind Sie? Ein Cheerleader beim ersten Date? Kommen Sie, das halbe gottverdammte Land schaltet uns ein, um zu sehen, ob Saddam die Welt in die Luft jagt. Das ist eine großartige Story. Einen Gang runterschalten – *fuck you!*»

Später, 2007, will Ailes Barack Hussein Obama, wie er auf Fox News konsequent genannt wird, um jeden Preis anhängen, als Kind auf eine Koranschule gegangen zu sein, und dass es für diese Unterstellung keine Evidenz gibt, soll für ihn, Ailes, kein Hinderungsgrund sein: «Barack Obama hat mit seinen miesen Tricks alle Medien, außer uns, so beeinflusst, dass Sie hinter ihm und seinen sozialistischen Ideen stehen. Die letzten Typen, die das geschafft haben, waren Hitler und Stalin, okay?» Wenn man erst einmal Hitler und Stalin entsichert hat, ist ein Faktencheck nur noch etwas für Kleingeister. Und wenn man der Meinung ist, die Gegenseite lüge, geht man mit den eigenen Lügen gleich viel nachsichtiger um.

Von heute aus gesehen: Es ist den Rechten gelungen, ihr

eigenes Sprachspiel durchzusetzen. Sie haben das linke Sprachspiel nicht verdrängt, aber ihr eigenes, gewissermaßen absolut autark, danebengestellt. Danach war die politische Welt zweisprachig geworden. Neben den linken Konformismus war ein rechter getreten: tektonische Verschiebungen der Diskurslandschaft.

Man kann das für Deutschland am Beispiel des Begriffs Gutmensch zeigen. Der Gutmensch war bis weit in die neunziger Jahre ein real existierender Typus, der im Leben nicht damit gerechnet hatte, auf einen kritischen Begriff gebracht zu werden, zu sicher wähnte er sich auf der Seite der Rechtschaffenheit. Die Rede vom Gutmenschen war deshalb erst einmal als Reflexionsbegriff gedacht, um einen bestimmten, allzu selbstbesoffenen Moraldiskurs auf die Schippe zu nehmen, der bis dahin gar nicht wusste, dass man ihn auch parodieren könnte: ein aufklärerischer Vorgang. Allerdings hatte der Ausdruck eine so schlagende Evidenz, dass er sich allmählich bis runter auf die Ebene des Kabaretts durchsetzte, das sich nun nicht mehr über Ökos und Müsli-Esser in Norwegerpullover und Latzhose lustig machte, sondern eben über Gutmenschen. Aus einem Reflexionsbegriff war ein abrufbarer Witz geworden – eine normale Wortkarriere. Dann aber griffen die Rechten, die in den nuller Jahren begannen, sich für Diskurse zu interessieren, Gramsci lasen und über kulturelle Hegemonie nachdachten, die Wortprägung auf und setzten sie im Modus des Flächenbombardements ein, um jeden Anspruch auf ethische Legitimation von Politik in Schutt und Asche zu legen; alles, was nicht stramm rechts war, wurde fortan linksgrün versifften Gutmenschen zugerechnet. Weil es den Typus des nervenden Gutmenschen, der sich seiner eigenen Privilegien und moralischen Selbstgefälligkeit nicht im Geringsten bewusst ist, aber wirklich einmal gegeben hatte, konnte diese Strategie eine gewisse Plausibilität für sich beanspruchen. Seither bekämpfte die Rechte genüsslich ihre Lieblingskarikatur.

Tatsächlich allerdings existierte der klassische Gutmensch, der seine Betroffenheit für ein authentisches Gefühl hielt, in der Wirklichkeit der späten nuller Jahre kaum noch; denn zwischenzeitlich hatte eine junge Generation von Antirassisten, die sehr geschmeidig das Wort *dekolonisieren* einzusetzen wusste, von Netzfeministinnen und *social justice warriors* das Erbe des Gutmenschen angetreten und die Zurschaustellung der eigenen moralischen Achtsamkeit durch *virtue signalling* auf Twitter sogar noch auf die Spitze getrieben; ein anderer Sound und ein anderer Phänotyp, weshalb sich die *social justice warriors* vom altbackenen «Gutmenschen» keineswegs getroffen fühlten, auch wenn sie dessen Radikalisierung waren.

Und nachdem das mit dem Gutmenschen für die Rechte so überraschend gut gelaufen war, fand sie Geschmack an der Prägung von Kampfbegriffen, die etwas, was es gefühlt durchaus gab, ins Betonhafte vergröberten. Akif Pirinçci, Meister seiner Klasse, setzte in seinem sagenhaften Gossen-Pamphlet ‹Deutschland von Sinnen› den Begriff «linksgrün versifft» zur Kennzeichnung eines ganzen Mehrheitsmilieus durch, das durch diese Namensgebung erst so richtig an Realität gewann.

Regelmäßig haben Kampfbegriffe einen wirklichen Bezugspunkt, der dann aber ins Monströse totalisiert wird. Natürlich gab es die Nazikeule, und natürlich war die Nazikeule kein Ruhmesblatt liberaler Intellektualität; die neue

Rechte nutzte den Begriff und sein Körnchen Wahrheit jedoch, um jede Kritik an neurechten und rassistischen Positionen lächerlich zu machen! Irgendwann wird Björn Höcke mit Hinweis auf die Nazikeule die Abrissbirne für das Mahnmal der ermordeten Juden in Europa fordern.

Als ich 2012 Akif Pirinçcis Buch für die ZEIT besprach, war das ein einschneidendes Erlebnis für mich: mein Erstkontakt mit dem neuen rechten Milieu und seinen gut geölten Sprachspielen, das sich gewiss schon Jahre vorher herausgebildet hatte, allerdings in eher geschlossenen Echokammern, mit Akif Pirinçci war es plötzlich allgemein vernehmbar. Baff vom demagogischen Elan, mit dem Pirinçci wie in Zungen sprach und gegen Schwule, Frauen und Ausländer hetzte, von dem rhetorischen Overkill, den er dabei an den Tag legte, sah ich mich tatsächlich, in einem streng philologischen Sinn, an Hitlers ‹Mein Kampf› erinnert, und also schrieb ich das hin. Ich bekam, wie es früher hieß, wäschekörbeweise Leserbriefe aus jenem Milieu, von dem ich bis dahin gar nicht gewusst hatte, dass es sich selbst längst gefunden hatte. Wurde beschimpft, bei einem Neger müsse man sich nicht wundern – aber vor allem hatte der Vergleich mit ‹Mein Kampf› die Leute getriggert; sie fühlten sich keineswegs beleidigt, eher umgekehrt: Sie konnten sich vor Lachen kaum die Bäuche halten, denn der Vergleich war in ihren Augen nur die 1001. Nazikeule, die ihnen der linksgrün versiffte deutsche Journalismus über die Rübe zog. In ihren Augen hatte ich mich mit dem Hitler-Vergleich selbst diskreditiert. Vielleicht hatten sie in diesem Punkt sogar recht, aber während rechts ein hermetisch geschlossenes neues Sprachspiel entstand, war man auch links nicht faul. Im Gegenteil, auch dort wurde mit Hingabe daran gearbeitet, dass sich das Milieu an seiner Sprache erkannte und die richtige Wortwahl die richtige Gesinnung zum Ausdruck brachte. Von da an standen sich diese beiden Sprachspiele gegenüber, füreinander unübersetzbar.

Und dann kam Steve Bannon. Sicherlich eine der faszinierendsten Gestalten, die im letzten Jahrzehnt die Bühne der Politik betreten haben, und wäre er kein Demagoge, könnte er auch ein surrealistischer Skandalkünstler sein. Bannon: «Evil is good!» Womit er ausdrückte: Ich unterwerfe mich weder eurer Sprache noch euren Werten, ich versuche nicht, mich so zu verbiegen, dass ich vor euch bestehen kann, ich erkläre eure Maßstäbe für schlechterdings ungültig für mich; ihr seid die Gutmenschen, ich bin das Gegenteil, ich bestreite es nicht – und jetzt wollen wir doch einmal sehen, auf welcher Seite die Wirklichkeit steht.

«Evil is good.» Ist das reine Destruktion? Oder eine nietzscheanische Umwertung aller Werte? Wenn ich versuche, mich in einen Bannon-Anhänger hineinzuversetzen, dann stelle ich mir vor, dass er dem Satz aus vollem Herzen zustimmt, weil er Aufsässigkeit gegen die Definitionsmacht der liberalen Medien über Gut und Böse für absolut erfrischend hält. Er dürfte in diesem Satz kein Bekenntnis zu reiner Destruktion sehen, sondern einen Befreiungsschlag aus einer Heuchel-Welt, in der zu bewegen er sich bisher verdammt sah.

Bannons Satz hat es in sich. Strategisch bedeutet er: Moralische Erpressung funktioniert nicht mehr. Gleichzeitig zementiert er die Aufteilung der Welt in zwei Lager, die sich nicht in der Absicht beobachten, einander zu verstehen, vielmehr einander zu vernichten. Und schließlich kokettiert der Satz auch noch mit einem diabolischen Twist: «Wenn ihr das Gute für euch reklamiert habt, nehmen wir eben das Böse, bevor wir gar nichts mehr vom Kuchen abkriegen.»

Es war noch nicht lange her, da habe ich, in der Pose des Dandys, gern für Baudelaires ‹Blumen des Bösen› plädiert – Aufgabe der Literatur könne es schließlich nicht sein, sich zum Sprachrohr des emanzipatorischen Fortschritts zu machen, ihre Sphäre sei das Zwielichtige, Fragwürdige und Abgründige –, aber da ging es um poetische Subversion. Bannon hingegen kam «zwar» aus Hollywood, strebte aber Richtung Weißes Haus und erklärte mit spürbarem Genuss über den *shock and awe*, den sein Satz auslöste, dass der nächste Krieg im Südchinesischen Meer stattfinden werde. Wenn so jemand sagte: «Evil is good», dann war das was anderes als Baudelaires ‹Blumen des Bösen›.

Blieb nur zu hoffen, dass noch ein paar Gutmenschen überlebt hatten.

Dienstag, der 8. Oktober

Wenn Preise aufgerufen werden, kriege ich normalerweise gute Laune. Sowie etwas einen Preis bekommt, denke ich: Jetzt wird's REAL. Und eine Formulierung, wie sie an der Börse üblich ist, nämlich dass bestimmte Entwicklungen «schon eingepreist» seien, finde ich herrlich! Preise sind Informationen: Davon kann man gar nicht genug bekommen.

Der Klimapakt der Bundesregierung (bestimmt zu Recht von allen Seiten kritisiert) sieht jetzt einen Preis für CO_2-Emissionen vor. Zehn Euro pro Tonne ist gewiss viel zu gering, aber immerhin, es wird über Zahlen geredet. Selbstverständlich müssen externe Umweltkosten internalisiert werden – so macht selbst mir Greta-Muffel die Klimawende Spaß. In einer Welt von Kosten und Preisen fühle ich mich wohler als in einer von apokalyptischen Donnerpredigten. Generell: Jeder soll am Ende seine Rechnung bezahlen – und das gilt natürlich auch für Umweltkosten.

Mittwoch, der 9. Oktober

Terror-Anschlag in Halle auf eine Synagoge. Zwei Tote. Noch ist die Nachrichtenlage unklar. Schock der Gewalt; der erste Gedanke: Lass es bitte keinen Täter mit muslimischem Hintergrund sein! Nicht schon wieder die rechte Kloake mit ihren Krokodilstränen, die dann sämtliche Flüchtlinge triumphierend unter Generalverdacht stellt und die Toten für die eigene düstere Rechthaberei ausschlachtet.

Aber ist das nicht auch absurd, auf einen rechtsradikalen Tathintergrund geradezu zu hoffen?

Im Lauf des Nachmittags wird dann klar, dass es ein Nazi-Einzeltäter war, und bei aller Trauer: Erleichterung. Seltsame Dialektik: Für das AfD- und Pegida-Milieu, das den Antisemitismus unter Muslimen benutzt, um sich zum Fürsprecher des christlich-jüdischen Abendlandes zu erklären, ein verheerender Tag: ihr strategischer Philosemitismus – außer Kraft gesetzt. Nachdem es dem Täter nicht gelungen war, in die Synagoge einzudringen, war sein nächstes Ziel ein Döner-Laden.

Aber ist man mit solchen Gedanken nicht schon Teil

eines gespenstischen Lagerdenkens? Egal, ich muss meine Erleichterung zur Kenntnis nehmen.

Und so schweigen heute die Alice Weidels dieser Welt, die sonst jede islamistische Gewalttat als Beleg dafür nehmen, dass sie in der Wirklichkeit leben und das bundesrepublikanische Establishment im moralisch aufgeladenen Nirgendwo.

Auch das Kubitschek-Milieu träumt von Gewalt, aber von einer anderen: vom Volkszorn, der sich entlädt. Die Tat von Halle hingegen wird, vermute ich, die Stabilität des Staates stärken. Auch hier Erleichterung: Der Rechtsradikalismus hat seine Leute nicht im Griff, ist keine strategisch handelnde Einheitsfront; kann nicht unterbinden, was ihm schadet.

Auch dürften sich nach Halle die Rituale der Äquidistanz, mit der man sich von jeder Form der Gewalt distanziert, erübrigen – ihnen eignete ja stets etwas Gefühlloses, Mechanisches. Es versteht sich doch von selbst, dass, wer rechtsradikale Gewalt verurteilt, deshalb nicht islamistische Gewalt begrüßt, warum es also sagen? Es ist die Vertiefung des Lagerdenkens, die zu solchen absurden Zuschreibungen führt – nur weil sich jemand in der Willkommenskultur engagiert, toleriert er doch nicht islamistische Gewalt, nur weil jemand die Flüchtlingspolitik von 2015 kritisiert, ist er doch kein klammheimlicher Sympathisant neonazistischer Anschläge auf Flüchtlingsunterkünfte. Diese Annahmen arbeiten nur einer Bürgerkriegsstimmung zu.

Erleichterung also ... In meiner Twitter-Timeline indes herrscht umgekehrtes Alice-Weidel-Triumphgeheul. Wessen Herz nicht schon immer für die Antifa schlug, solle jetzt bitte seine Klappe halten ... Die bürgerliche Mitte, der man schon immer eine eingebaute Tendenz zum Extremismus nachgesagt hat *(law and order!)*, habe kein Recht auf Erschütterung ... Die, die es für einen demokratietheoretischen Fehler hielten, dass die AfD-Fraktion keinen Platz im Präsidium des Bundestages bekommen hat, brauchten angesichts des Anschlags von Halle jetzt kein Entsetzen vorzutäuschen ... Wer je mit Rechten geredet habe, solle im Büßerhemd gehen. Dmitrij Kapitelman: «Hauptsache AfD nicht ausgrenzen. JETZT sind alle schockiert. Fuck off.»

Mich empört eine andere Offensichtlichkeit. Hätte der Täter statt einer Synagoge ein Flüchtlingsheim angegriffen, die Entsetzensreaktion wäre weniger staatstragend gewesen. Und ich erwische mich bei dem Gedanken, dass es fast eine List der Vernunft war, dass der Täter einen Döner-Laden UND die Synagoge angegriffen hat, ich fühle mich elend bei diesem Gedanken, aber ich kann ihn nicht unterdrücken. Julian Reichelt auf Bild.de spricht ausschließlich von dem Anschlag auf die Synagoge, die Döner-Bude, in der eines der beiden Todesopfer erschossen wurde, wird mit keinem Wort erwähnt. Ich verstehe nicht, was in diesem Kopf vorgeht.

Nur ein Sprecher der Polizei-Gewerkschaft scheint überhaupt auf dem Schirm zu haben, dass sich der Terror gegen Juden und Muslime gleichermaßen gerichtet hat. Auf die Frage eines Fernseh-Journalisten, ob die Synagoge nicht ausreichend bewacht gewesen sei, antwortet er, dann müsste die Polizei ja alle Synagogen und Moscheen im Land bewachen.

Jörg Meuthen und seine Leute haben mit Erfolg darauf hingearbeitet, Rassismus und Antisemitismus so vollständig zu trennen, als wäre das eine auf keinen Fall eine Untergruppe des anderen, ihr Ziel: dass der Ausländerfeind als der beste Judenfreund durchgeht – und die AfD als Erbe Stauffenbergs. Erstaunlich, wie weit Meuthen damit gekommen ist. Trotzdem ist es ihm nicht gelungen, den Antisemitismus in seiner Partei mundtot zu machen; dass es die Gideons in der AfD gab, zeigte, dass die Trennung von Antisemitismus und Rassismus ein so unnatürlicher Zustand ist wie Luftanhalten – man hält nur eine gewisse Zeit durch.

Die Trennung von Antisemitismus und Rassismus gründet auf dem Konstrukt des Visibilitätsausländers. Der Visibilitätsausländer schafft Scheinevidenz, jeder kann ihn auf der Straße erkennen und sich ein Urteil bilden. Deswegen waren die sogenannten Döner-Morde des NSU so besonders infam, weil sie genau diese Sichtbarkeit zur Logik ihrer Taten machten. Aber der Visibilitätsausländer gerät zwar schnell ins Fadenkreuz, auf Dauer ist er jedoch ein ödes Ziel, eben weil sichtbar und folglich für Spekulationen ungeeignet. Juden hingegen sind, wenn sie keine Kippa tragen, Invisibilitätsausländer. Weil man sie nicht auf den ersten Blick erkennt, eignen sie sich umso mehr für Verschwörungstheorien. Man sieht sie nicht, also müssen sie hinter allem stecken. Für Hitler hinter dem Bolschewismus *und* der internationalen Hochfinanz, das erschien ihm kein Widerspruch. Der Neonazismus braucht den Antisemitismus, weil mit den Inhabern von Döner-Imbissen keine anständige Weltverschwörung zu besetzen ist.

Meuthen: Wenn er in Stuttgart über die Straßen laufe, erkenne er das eigene Land nicht wieder. Meuthen hat sich auf den Visibilitätsausländer eingeschossen – und hätte dieses Kriegsfeld gern begrenzt gesehen. Der Visibilitätsausländer ist natürlich nicht nur ein Phänotyp, das ist er auf den ersten Blick, sondern auch ein Sozialtypus. Lebt er nicht im Problemviertel, sondern in einer bürgerlichen Sphäre, nimmt seine Sichtbarkeit ab. Obwohl: Alexander Gauland wollte da durchaus strenger sein, als er betonte, dass die Leute einen Boateng zwar als Fußballer schätzten, ihn aber nicht als Nachbarn wollten. Der Millionär Boateng wohnt im Münchner Villenvorort Grünwald. Auch ein großes Vermögen, so muss Gaulands Überzeugung sein, könne die Sichtbarkeit nicht unsichtbar machen, den schwarzen Fleck nicht weißwaschen.

Die Nürnberger Rassegesetze reagierten auf die Unsichtbarkeit der Juden. Im Übrigen täuscht der retrospektive Blick: Nur die assimilierten Kulturjuden waren in diesem Sinne unsichtbar. Die osteuropäischen Juden im Berliner Scheunenviertel wurden auch phänotypisch als Fremdkörper wahrgenommen, arm, unzivilisiert, weil seltsamen Sitten folgend und in diesem Sinne klassische Ausländer wie in meiner Kindheit die Italiener, in meiner Jugend die Griechen, in meiner Studentenzeit die Türken, in den nuller Jahren die Libanesen und heute die Nafris.

Die AfD arbeitet mit Hochdruck an dem Move, Antisemitismus als ein Importprodukt durch Ausländer darzustellen, das man in Deutschland nur vom Hörensagen kenne. Ja, das wäre ein Wunschkonzert· im Namen der Juden rassistisch sein zu dürfen! Aber weil das, was logisch nicht hinhaut, auch praktisch irgendwann zerbricht, quietschte es trotz «Juden in der AfD» schon immer an allen Ecken und Enden, die Taten von Halle beweisen es nur noch einmal.

Ich muss an den Newsletter des NPD-Mannes Udo Voigt denken, den ich, ohne ihn je bestellt zu haben, erhalte. Oft reist Voigt in die arabischen Länder und zelebriert wie nur irgendein Multikulti-Schwärmer die deutsch-arabische Völkerbruderschaft. Es geht offensichtlich einfach nicht ohne Judenfeindschaft, und für einen NPD-Mann wie Voigt ist die Treue zum Antisemitismus so groß, dass er dafür auch schon mal seinen ganz normalen Rassismus gegenüber Arabern aussetzen kann.

Donnerstag, der 10. Oktober

Wir leben in einer Zeit des Umbruchs. Was eben noch galt, gilt heute nicht mehr. Noch bis in die frühen neunziger Jahre galt: Nudelwasser war mit einem Schuss Öl zu versetzen und die abgegossenen Nudeln mit kaltem Wasser abzuschrecken. Dann plötzlich: Kehrtwende um 180 Grad.

Das fiel zusammen mit einer anderen kompletten Neueinschätzung der Lage: Hatte es in den Achtzigern mahnend geheißen, die Italiener äßen ihre Spaghetti keineswegs mit Messer und Gabel, sondern mit Gabel und Löffel, hieß es nun: Völlig falsch, sie essen ihre Spaghetti in Wahrheit nur mit der Gabel.

Im Ernst?

Ja, natürlich, du Depp!

Noch heute, wenn ich Nudeln abgieße, denke ich: Wahnsinn, früher glaubte man doch im Ernst, man müsse sie mit kaltem Wasser abschrecken!

Freitag, der 11. Oktober

Gestern mit Helena aus gewesen. Wir saßen in einer Kneipe, und Helena sagte mit dem Gesichtsausdruck, mit dem man ein interessantes Experiment einleitet, dessen Ergebnis einem selber völlig unklar ist: «Ich mag Männer mit Macht.» Keiner der anderen Gäste um uns herum würde diesen Satz laut sagen. Powerfrauen sind okay, aber die Macht der Männer gilt als toxisch, und wenn eine Frau diese nicht ablehnt, gibt sie ihr Selbstbestimmungsrecht auf und ordnet sich unter. *Das geht ja gar nicht!*

Das Komische: Wenn Helena so einen Satz sagt, klingt er nicht nach Unterordnung, eher nach Verwegenheit. Als wäre sie das Matriarchat, das sich schon freue auf ein Gipfeltreffen mit dem Patriarchat. Als suchte sie einen Herausforderer, der sie nicht langweilt. Helena hat etwas Furchtloses, deshalb kann sie Sätze sagen, bei denen ängstlichere Naturen die Sorge hätten, sich um Kopf und Kragen zu reden.

Dabei sind diese Sätze nicht als Provokationen gemeint, sie funktionieren eher wie eine Probe aufs Exempel, wie viel Ehrlichkeit möglich ist. Denn der Grund, warum sie diesen Satz ausprobiert wie ein neues, kurzgeschnittenes Sommerkleid, ist natürlich die Freude daran, etwas ganz Offensichtliches auszusprechen, was aber im öffentlichen Diskurs um jeden Preis geleugnet werden muss: dass Macht attraktiv ist.

Ihr Satz, sage ich, erinnere mich an Carla Bruni, die am Beginn ihrer Beziehung mit Nicolas Sarkozy gesagt haben soll: «Ich will einen Mann mit nuklearer Macht.»

Weil Helena in keine Schublade passt, haben ihre Sätze eine spielerische Mehrdeutigkeit. Es bleibt immer etwas rätselhaft, nach welchem Code man sie entschlüsseln soll. Ist das total anarchisch oder schon reaktionär?

Als ich Helena kennenlernte, bei der Saisoneröffnung der Berliner Philharmoniker auf der Terrasse, Sektglas in der einen, Zigarette in der anderen Hand, alle waren aus den Ferien zurück und freuten sich, dass endlich wieder das urbane Trinken-Rauchen-Quatschen losging, fiel mir als Erstes ihr Akzent auf, ich dachte, sie müsse Russin sein wegen des rollenden R, das mir aus der Tiefe der russischen Seele zu kommen schien. Sie lachte und sagte: «Ich bin in Kasachstan geboren und habe bis zu meinem sechsten Lebensjahr da gelebt, aber ich fürchte, mein rollendes R kommt in Wahrheit aus dem Fränkischen, wo wir in den neunziger Jahren als Spätaussiedler gelandet sind.»

«Im lieblichen Taubertal», wie sie gerne sagt mit so einem leicht inwendigen Blick, als wundere sie sich selbst am meisten über die Launen des Schicksals.

Aber obwohl ich weiß, dass es ein fränkisches rollendes R ist, kann ich nicht anders, als ein russisches herauszuhören.

Ich finde übrigens, dass Helena auch russisch aussieht. Ihr langes Gesicht mit den breiten, hohen Wangenknochen – ein bisschen, wie man sich eine polnische Gräfin in einem Stummfilm der zwanziger Jahre vorstellt. Das ist natürlich Quatsch. Genetisch gesehen sind alle ihre Vorfahren Deutsche gewesen, wenn auch Deutsche auf russischem Boden. Epigenetik: Vielleicht wirkt ja die kontinentale Geographie auf den Körperbau ein?

Helena sagt oft, sie wisse nicht, wer sie sei, und dass sie das früher verunsichert habe, es jetzt aber als Freiheit empfinde.

Als sie mit ihren Eltern und ihren zwei Schwestern in den neunziger Jahren nach Deutschland kam, hielten die neuen Nachbarn sie für Russen, was die Neuangekommenen ein wenig kränkte, denn sie hatten gedacht, in die Heimat zurückgekehrt zu sein, in der sie endlich nicht mehr dafür bestraft würden, Deutsche und damit Faschisten zu sein.

Stattdessen galten sie plötzlich als Russen, blieben aber in gewisser Weise weiterhin Faschisten, denn Spätaussiedler gelten in Deutschland als rechts.

«Wir waren ja auch», sagt Helena, «altmodisch. Früh lernten wir, unsere Betten zu machen, denn falls die Polizei vorbeischaute, sollte alles hübsch ordentlich ausschauen. Wir trugen Röcke und hatten die Haare zu Zöpfen geflochten, aber durchaus adrett. Wir legten viel mehr Wert auf unser Erscheinungsbild als die Deutschen, meine Mutter hatte schließlich in Kasachstan in einem Modeatelier gearbeitet. Zu Hause ging es streng zu, sodass ich gern in die Schule ging. Ich hing in der Nähe des Lehrerzimmers rum, um mit den Lehrern zu quatschen. Für mich war Schule ein Ort des Laisser-faire. Ob ich auf Drogen sei, haben mich meine Klassenkameraden gefragt. Ich kam immer total aufgedreht zur Schule. Zu Hause gab es Tabus, sehr viel Spannung – Operndrama. Bis zu meiner Pubertät hat mein Vater noch mit dem Gürtel gedroht. In der Schule war alles so angenehm runtergedimmt, die Schüler hatten weder schlechte noch gute Laune, alles war so gemäßigt.»

Stundenlang kann ich Helena zuhören, wenn sie von ihrer Familiengeschichte erzählt. Irrsinnige Zickzacklinien auf der eurasischen Landkarte. 1809 ist einer ihrer Vorfahren von Sinsheim im Kraichgau nach Südrussland ausgewandert, in die heutige Ukraine. Als 120 Jahre später die deutsche Ostfront über die Kolonisten hinwegrollte, wurden sie und so auch Helenas Großeltern heim ins Reich geholt und nach Brandenburg umgesiedelt, in die Nähe von Cottbus. Nach der deutschen Niederlage fielen sie der Roten Armee in die Hände. Für Stalin waren sie Kriegsverbrecher und Verräter. Man deportierte sie nach Sibirien, wo Helenas Eltern

Mitte der fünfziger Jahre beide das Licht der Welt erblickten. Wenige Jahre später drehte sich der politische Wind, die neue Sowjetführung beschloss, die Russlanddeutschen aus Sibirien im fernen Kasachstan anzusiedeln.

«Wir sollten den Kasachen das Wirtschaften beibringen», so erklärte es Helenas Großmutter früher ihrer Enkelin.

Deutsch indes durften sie dort nicht sprechen. Russisch war Amtssprache, auch das Kasachische war verpönt. Das änderte sich nach dem Ende der Sowjetunion. Nun war Russisch verpönt, Kasachisch wurde offizielle Amtssprache. Für Helenas Eltern, die nur Russisch sprachen, ein Problem. So zogen sie – drei Generationen: die Großeltern, die Eltern, die drei Kinder – als Spätaussiedler nach Deutschland.

Beide Großmütter Helenas sprechen Deutsch noch als Muttersprache. Sie singen alte Volkslieder wie ‹Schön ist die Jugend›, sagen «Fusch» statt «Fisch», und ihre Gebete – in der väterlichen Linie katholisch, in der mütterlichen evangelisch – sprechen sie auf Deutsch. Für Helenas Eltern jedoch war Deutsch eine Fremdsprache, als sie ins liebliche Taubertal kamen. Noch heute sprechen sie nur gebrochen Deutsch. Lebenslanges Gefühl der Zurücksetzung und Verkennung: In der Sowjetunion war ihr Vater, studierter Ingenieur, Leiter einer Firma, in Deutschland ist er Lagerarbeiter und fährt einen Gabelstapler.

Er mag es, mit seinem Messer aus Holz kleine Figuren zu schnitzen. Eine Zeitlang nennt ihn seine Tochter deshalb den «Schnitzler». Sie sieht ihn doch immer schnitzen. Das trifft ihn: dass die eigene Tochter ihn nur noch als Schnitzler kennt, nicht mehr als den Ingenieur, der er einmal war.

Manchmal zeigt mir Helena Fotos von ihrem Vater. Er sieht blendend aus, männlich und romantisch. Früher hat sie sich geschämt, wenn er auf fränkischen Bierfesten plötzlich aufstand und anfing, mit Inbrunst russische Lieder zu singen.

Ich: «Und wie haben eure Nachbarn auf deinen singenden Vater reagiert?»

Helena: «Die waren ein bisschen irritiert, ein bisschen belustigt, aber irgendwie spürten sie auch, dass da eine andere Kraft aus einer fernen Fremde kam, die es zu respektieren galt. Er war eben ein Russe. Ein Russe ist einer, der Lieder singt.»

Und jetzt soll jemand entscheiden, ob Helenas R ein fränkisches oder ein russisches ist?

Als «Stimme der Russlanddeutschen» durfte sie kürzlich vor Seehofer im Innenministerium singen – wir müssen beide lachen bei der Vorstellung, dass ausgerechnet sie mit ihren lasziven Zwanziger-Jahre-Chansons und ihrem Sexpositiven Feminismus jetzt für ein neues Bild der Russlanddeutschen sorgt. Was für ein Twist!

«Und? Hast du mit Seehofer geflirtet? Ist er ein Mann mit Macht?»

Samstag, der 12. Oktober

«Wo ist die Greta, die gegen Killerkeime kämpft?» steht heute bei ‹Spiegel online›. Und weiter: «Als Ursache für eine reale Apokalypse liegt der Klimawandel seit Monaten weit vorn. Dabei ist die Erderwärmung ein nachrangiges Problem, sollten der Menschheit demnächst wirksame Antibiotika ausgehen.»

Dafür kann Greta nun wirklich nichts. Aber das Beispiel zeigt etwas anderes: Die Apokalypse ist eine monotheistische Religion, sie duldet keine anderen Gottheiten neben sich. Zwei Apokalypsen sind harmloser als eine – ein Relativierungseffekt. An anderer Stelle im ‹Spiegel›: «Sind Veggie-Burger wirklich ökologischer?» Nur weil wir unsere Aufmerksamkeit jetzt auf die Killerkeime richten sollen, heißt das noch lange nicht, dass wir uns dabei einen Veggie-Burger gönnen dürfen.

Sonntag, der 13. Oktober

Erdoğan bombardiert die kurdischen Stellungen in Syrien. Trump hat die Kurden fallengelassen, Europa steht da wie gelähmt. Furchtbar. Den Westen gibt es nicht mehr. Die Nato, von den politischen Institutionen, die nach 1945 geschaffen wurden, die stärkste, selbstverständlichste, ist nur noch ein Phantom. Im Rückblick begreifen wir erst ihre Leistungskraft. Wie wird die Lücke, die sie hinterlässt, ausgefüllt?

Dienstag, der 15. Oktober

Neuronales Schicksal: Man kann nichts wahrnehmen, ohne sich sofort eine Meinung dazu zu bilden. Stoische Gleichgültigkeit bleibt ein Sehnsuchtsideal. Das einzige Mittel, nicht zu allem eine Meinung zu haben, wäre Dauermeditation – das Leben ein einziges, langes Om.

Am Frühstückstisch lese ich, dass die Bundesregierung für zwölf Berufe die Meisterprüfung wieder einführen will. Wäre das nicht vielleicht mal ein Anlass, keine Meinung zu haben? Geht nicht, physiologisch unmöglich. Ich lese nicht mehr als die Überschrift, kann mich ja nicht um alles kümmern, aber das genügt, damit mein *stream of conciousness* loslegt. Zuerst spricht der konservative Romantiker in mir, der auf Handwerk steht: «Sehr gut, das ist eine deutsche Tradition, es war falsch, von ihr abzurücken. Würdevolle Berufe, die prägen auch den, der sie ausübt!» Und dabei denke ich daran, dass ich jedes Mal, wenn ein Handwerker in meine Wohnung kommt, finde, dass er einen geraderen Blick, eine aufrechtere Haltung hat, mehr in sich ruht und überhaupt eine rundere Persönlichkeit ist als das Heer der Angestellten, die ununterscheidbar in die Bürosessel vor ihren PCs gedrückt werden.

Doch dann schaltet sich der Marktliberale in mir ein: «Warte, warum bist du denn plötzlich für Regulierung? Meinst du nicht, dass der Kunde selber entscheiden kann, von wem er die nachgefragte Leistung bekommt? Warum die Eintrittshürden in diesen Markt so hoch bauen, das treibt bloß die Preise, es muss nicht jede Waschmaschine durch einen Meisterklempner für 70 Euro plus Anfahrt abgeklemmt werden.»

Hin und her. Hin und her.

Mittwoch, der 16. Oktober

«Ich komme von Cervantes, Homer, Tolstoi», hat Peter Handke in einem Wutanfall gesagt, aber die Journalisten würden ihn immer nur nach Serbien fragen. Jetzt brummt das Netz vor Witz-Variationen auf Handkes Formulierung: «Ich komme von Oralsex.»

Die Witze sind lustig, aber was mich irritiert, ist die Unduldsamkeit, die bei vielen Reaktionen mitschwingt. Man erträgt es nicht, dass einer anders redet und sich noch dazu durch Berufung auf das, was für ihn vor allem zählt, die Literatur, dem allgemeinen Bewertungssystem entzieht. «Ich komme von Homer» heißt ja: In der Welt, in der ich lebe, erreicht ihr mich mit eurer Kritik nicht. – Für eine Öffentlichkeit, die es als ihr Recht ansieht, jeden zur Rechenschaft zu ziehen, ist das schwer zu ertragen.

Allerdings gelingt Handke die Autonomie von der Menge, die er verachtet, nicht so gut wie zum Beispiel Botho Strauß, denn durch seinen Zorn bleibt Handke ihr, der Öffentlichkeit, verbunden – und so bekommt sie, was sie will, die Befriedigung nämlich, dass es ihr gelungen ist, seine Laune empfindlich zu stören. Im Übrigen mag Handke von Cervantes kommen, schön – aber er ist eben auch zu Milošević gegangen, und jetzt muss er damit leben, dass ihn Leute, die sich für Cervantes nicht interessieren, nach Milošević fragen.

Die Fragen zu seiner Haltung zu Serbien und Srebrenica müssen gestellt werden (und wenn sie mit einem Hauch von Werkkenntnis verbunden wären, würde man auch was lernen), aber genau genommen gibt es für die, die ihn in Bausch und Bogen ablehnen, ja gar keinen moralischen Konflikt, sondern bloß für Leute wie mich, die ihn als Schriftsteller bewundern. Ja, wäre Handke die Witzfigur, zu der er jetzt gemacht wird, könnte einem sein serbisches Engagement völlig egal sein.

Meine letzte Begegnung mit ihm war vor einem Jahr bei einem Sommerfest seines Verlags. Ich setzte mich neben ihn auf eine Bierbank, weil wir bei einer ähnlichen Gelegenheit ganz vergnügt Spitzen gegen die anderen Gäste ausgeteilt hatten. Doch man sollte sich nie zu sicher fühlen. Denn diesmal beschimpfte er mich heftig, ohne auch nur nach einem vorgeschobenen Kriegsgrund zu suchen: «Sie sind aus Plastik, Sie spüren GAR NICHTS! Hören Sie auf, solche Plastik-Sätze zu sagen!» Er fuchtelte mit der Hand vor meinem Gesicht herum, sodass offenblieb, ob er mir im nächsten Moment eine runterhauen oder meine Wange tätscheln würde. Sein Zorn und seine Verachtung waren von einer solchen Reinheit und Ungeschütztheit, dass die Szene im Rückblick schon fast wieder was Funkelndes hatte – aber wirklich nur im Rückblick; an dem Abend selbst fühlte ich mich tief gedemütigt, wie sich Handke, neben mir sitzend, in eine Beschimpfungstirade hineinsteigerte, während die anderen am Tisch stumm zu Boden blickten, als handle es sich um ein Gewitter, das man abregnen lassen müsse. Nur der Schriftsteller Thomas Meinecke versuchte, seinen Verlagskollegen ein wenig zu stoppen.

«Morgen werde ich mich wieder ärgern über meinen Wutanfall», sagte Handke dann, und für einen Moment sah es so aus, als wollte er einlenken. Alle atmeten erleichtert auf, aber kurz darauf korrigierte Handke sich, als wäre sein Zorn einfach zu schmackhaft, um darauf zu verzichten, sich aus dieser Pulle nicht noch einen Schluck zu gönnen: «Nein», sagte er und markierte ein kurzes Nachdenken, ein In-sich-

Hineinhören, «nein, ich werde mich morgen doch nicht über meinen Wutanfall ärgern!» Er gluckste auf, wie befriedigt darüber, dass die Schale des Zorns an diesem Tisch allein ihm serviert ward.

Das Paradox, dass auch er nicht in einer Welt lebt, in der man selbst entscheiden kann, worüber man sich bei sich selbst am nächsten Morgen ärgert und worüber nicht, dürfte ihm gleichwohl ahnungsvoll vor Augen gestanden haben. Auch der Zorn fordert seinen Kater.

So wenigstens legte ich es mir in ohnmächtigen Rachephantasien zurecht.

Unterdessen schien Handkes Frau am anderen Ende des Tisches quietschvergnügt: Für diesmal war ihr Mann mit jemand anderem beschäftigt.

Meine Rezension seiner ‹Obstdiebin› lag erst ein halbes Jahr zurück. Ich hätte sie als maßvolle Hymne eingeordnet, Peter Handke hat es wahrscheinlich anders gesehen. Aber ganz sicher bin ich mir nicht. Vielleicht wollte er auch nur für alle Zeiten klarstellen, dass kein Plastik-Kritiker sich das Recht erwirbt, neben ihm zu sitzen, nur weil er dies schon einmal in der Vergangenheit getan hatte. Oder, auch das ist nicht auszuschließen, sein Zorn war reines l'art pour l'art und nichts, was man persönlich nehmen sollte.

Ich notiere diesen Klatsch, weil es interessant ist, dass ich hier über Affekte und Ressentiments als Quellen unserer politischen Urteile schreibe und dabei aus einer Branche, der Literaturkritik, komme, in der es immer auch um eine eigentümliche Kombination aus Affekt und Urteilskraft geht. Als Literaturkritiker muss man so tun, als gäbe es eine einzige Wahrheit über die Qualität eines Werkes; wer der eigenen Einschätzung nicht folgt, ist kognitiv ein Vollhonk und moralisch ein Klemmi. Abweichende Urteile der Kollegen werden gern als Charaktermakel verbucht. Und gleichzeitig ist man anderslautenden Argumenten unwillkürlich viel eher zugänglich, wenn man den, der sie vorträgt, von Messepartys kennt und nicht als Konkurrenten empfindet. Und in Verrissen, obwohl es ja eigentlich nur um Romane geht, ist man regelmäßig versucht, einen Ton anzuschlagen, als wäre das in Rede stehende Werk nicht einfach nur misslungen, sondern als wäre es für den Weltfrieden insgesamt besser, wenn seinem Autor dauerhaft das Maul gestopft würde – kurz: eigentlich war in der Literaturkritik das Meiste immer schon so wie heute auf Twitter; Litcrit als Trockenübung für den Ernstfall Social Media.

Donnerstag, der 17. Oktober

Früher: Wenn jemand etwas schlichtes Gutes sagte, schliefen mir die Füße ein. Heute: Das schlichte Gute ist ein seltenes Gut geworden, sodass man seine Substanz wieder würdigen kann.

Alle die Gewalt- und Eskalationsverhinderungsinstitutionen, mit denen ich aufgewachsen bin wie mit einer Selbstverständlichkeit – jetzt, da sie bedroht sind, begreife ich, welche moralische Leistung in ihnen steckt; ob UN, Nato oder EU. Dass überhaupt ein Ton der Zivilisiertheit gesetzt war, dass man nicht herumpöbelte wie Erdoğan gerade gegen Heiko Maas, dass man nicht zynisch twitterwitzelte wie Trump, der dieser Tage schrieb: Um die Kurden könnten sich ja die Iraner, die Syrer oder Napoleon Bonaparte kümmern. In meiner Kindheit, in den achtziger Jahren, als wir auf der einen Seite jederzeit mit dem atomaren Kältetod rechneten, gab es auf der anderen eine Handlungsverlässlichkeit zwischen den politischen Akteuren selbst über den Eisernen Vorhang hinweg, Vertrauen auch dort, wo man sich als Feind sah. Dieses Vertrauen wurde in rasend kurzer Zeit pulverisiert. Jetzt ist auf nichts mehr Verlass, und selbst die Spieltheoretiker, die um zehn Ecken zu denken vermögen und im Kalten Krieg ihre große Zeit hatten, dürften angesichts eines Affektbündels wie Trump ratlos dastehen. Jeder kann die Dinge anders machen, es gibt keine Üblichkeiten mehr. Die Gepflogenheiten binden einen nicht mehr. Weil Vertrauen bekanntermaßen nur äußerst langsam aufgebaut wird, werden wir die nächsten Jahrzehnte wahrscheinlich in politisch-sozialer Willkür leben.

In der Epoche bürgerlicher Gesittung war das Krasse eine Spezialdomäne der Kunst, heute ist es fast zu einem politischen Verhaltenscode geworden. Mehr als gut oder böse ist Trump ja vor allem krass, ohne Mäßigung. Meine Art, aus Daffke wider den Stachel zu löcken, macht unter diesen Umständen keine Freude mehr.

In Bescheidenheit ziehe ich meinen Hut vor dem schlichten Guten.

Freitag, der 18. Oktober

Andererseits bin ich heute über die Frankfurter Buchmesse geschlendert, von Verlagsstand zu Verlagsstand, dabei fiel mir auf: Die Zahl der Bücher, deren zentrale Botschaft lautet, dass es um die Welt besser stünde, wenn es weniger Selbstsucht und mehr Empathie gäbe, ist Legion. Geschrieben von Hirnforschern, Verhaltenstherapeuten, Wirtschaftsethikern, Populärphilosophen, Firmenpatriarchen, Schulsystemkritikern oder Achtsamkeitsgurus, völlig egal. Darin sind sich alle einig. Das ist dann doch nicht das schlichte Gute, das ich meine.

Das Seltsame an dieser Grundkonstruktion so vieler erbaulicher zeitkritischer Bücher ist ihre schlichte Vorannahme, dass die Schuld für die beklagenswerten Zustände, in denen wir leben, in den schlechten Vorsätzen, den Charakterschwächen der anderen zu suchen sei, während man selber sich offenbar sofort die linke Hand abhacken ließe, wenn denn in Gottes Namen dadurch für das Gemeinwesen und die Empathie etwas gewonnen wäre. Gut, dass man sich vorerst auf das Schreiben von Büchern verlegt hat.

Die Lage, wie sie in diesen Büchern gesehen wird: immer schlimm (unverantwortlicher Ressourcenverbrauch, renditegeile Manager, Narzissten in Nadelstreifen, breitbeinige Mansplainer usw.), sie wäre besser, wenn es insgesamt weniger schlechte Charaktereigenschaften gäbe.

Daraus muss man folgern: Offenbar neigen Leute, die Bücher schreiben, zu mehr Empathie, während jene, die diese Bücher, Gott sei's geklagt, nicht lesen, an ihrer Selbstsucht festhalten. Würden die mal selbst ein Buch schreiben, ich möchte wetten, sie predigten Nächstenliebe.

Einstweilen aber bleibt es dabei: Ausgerechnet die, die Bücher schreiben, werben für den Gemeinsinn, während die, die diese Bücher einfach nicht zur Kenntnis nehmen wollen, unverändert glauben, ihre Selbstsucht würde sie zu glücklicheren Menschen machen. Dabei steht in den Büchern klipp und klar, dass Selbstsucht nicht glücklich macht! Leider gehören die Selbstsüchtigen nicht zum lesenden Teil der Menschheit. Es ist zum Haareraufen!

Samstag, der 19. Oktober

Was ist eigentlich der Kern politischer Überzeugungen?

Im Bundestagswahlkampf 2005 standen sich zwei unterschiedliche gesundheitspolitische Konzepte gegenüber; die SPD warb für eine Bürgerversicherung, die Union trat mit dem Programm der Kopfpauschale an. Natürlich mangelte es mir völlig an Verständnis für die Komplexität der Frage, wie man das Gesundheitssystem fair und effizient finanzieren könne, trotzdem hatte auch ich eine Meinung. Mit gesundheitspolitischer Sachkompetenz hatte die natürlich nichts zu tun, dafür mit tieferliegenden Überzeugungen, mit dem, was wir weltanschauliche Präferenzen nennen. Die Kopfpauschale genoss meine Sympathie, weil sie Kostentransparenz verhieß, nicht für noch mehr Umverteilung stand. Andere mochten sich für die Bürgerversicherung erwärmen, obwohl sie von der Materie genauso wenig verstanden, weil sie generell Ideen unterstützen, die nach mehr Solidarität und Gerechtigkeit klingen.

So ticken wir alle.

Schicksal der Politik: Sie muss mehr oder weniger technische Fragen weltanschaulich aufladen, damit der Normalbürger überhaupt eine Chance hat, Partei zu ergreifen. Obwohl wir uns von sogenannten ideologischen Positionen distanzieren («das ist mir jetzt zu ideologisch» ist ein beliebter Satz, um andere als verblendet abzutun und für sich selbst die Position pragmatischer Vernünftigkeit zu beanspruchen), brauchen wir, außer wir sind auf einem bestimmten Gebiet zufällig Spezialisten, ein Mindestmaß an Ideologisierung, um überhaupt das Bedürfnis zu verspüren, eine Meinung zu entwickeln. Ideologie ist eine große Erzählung, die uns hilft, in einer unübersichtlichen Welt Konsistenz, Folgerichtigkeit und Erwartungssicherheit herzustellen, ohne in jedem einzelnen Fall gleich das ganz dicke Brett bohren und sich drei Wochen in der Bibliothek in die Materie einarbeiten zu müssen. Sowie ich begriffen habe, dass hinter der Kopfpauschale die herzlosen Neoliberalen bzw. hinter der Bürgerversicherung die nimmersatten Umverteiler stehen, weiß ich genug, um mit einem Gefühl der Rechtschaffenheit mein Kreuz beim entsprechenden Serviervorschlag zu machen.

Wenn es zu kompliziert wird, verstummen nämlich die Stimmen meines inneren Stammtischs in aller Regel. Ich finde dann, dass sich um diese Fragen doch mal lieber die Profis kümmern sollten, ich kann ja schließlich nicht für alles zuständig sein. Auch der Stammtisch hat seine Grenzen.

Dass wir auf ideologische Zuspitzungen so leicht anspringen, hat mit einer bestimmten Verkopplung von Ich und Politik zu tun – man könnte es auch die Vergesellschaftung der Seele nennen. Ideologien sind Weltbeschreibungen. Nun hat aber der Prozess, in dem der Einzelne sein Ich herausbildet, mit solchen Weltbeschreibungen unablässig zu tun: Ich bin die Person, die, was sie umgibt, so und nicht anders sieht; wenn ich nicht über eine sichere Weltsicht verfügte, wäre ich kein Ich. Um eine Persönlichkeit zu entwickeln, legt sich der Mensch in der Adoleszenz – in einem Tohuwabohu biographischer Zufälle, Einflüsterungen, Prägungen, Trotzreaktionen – bestimmte Überzeugungen und Ansichten zu – wie heißt es auf den Dating-Portalen? Erhöhen Sie Ihre Flirtchancen, indem Sie Ihr Persönlichkeitsprofil vervollständigen! («Sie sind erst bei sechzig Prozent ...») Und wichtiger als die Frage, wie ich die Welt deute, ist der Umstand, dass ich mich überhaupt zu einer Deutung bekenne, weil ich erst dadurch als Individuum wiedererkennbar werde, für mich und für andere. Also sind politische Überzeugungen jeweils auch Bausteine unserer Identitätskonstruktion. Genauso ästhetische Vorlieben, obskure Hobbys oder der etwas zu laut vorgetragene Satz, Georgien sei das perfekte Urlaubsland.

Nur deswegen – und nicht weil die Menschheit in Gefahr wäre – reagieren wir so dünnhäutig auf politische Ansichten, die wir nicht teilen. Wir sehen durch sie hindurch uns selbst, unser eigenes Ich in Frage gestellt, und eben das ist das Schlimmste an geschichtlichen Zeitenwechseln: dass alles, woran man glaubte, plötzlich nicht mehr zählt. Man kann dann entweder in den Untergrund gehen oder zum Psychiater.

An meinem inneren Stammtisch wird es deshalb immer laut, wenn Grundüberzeugungen, die ich von meiner Person nicht mehr trennen kann, in Bedrängnis geraten. Umgekehrt hantiert Politik durchgehend mit dem Umstand, dass die Fragen, die sie verhandelt, von jedem als Identitätsfragen empfunden werden können. Der größte Fehler, der Politik unterlaufen kann: den Bürgern das Gefühl zu geben, sie seien übergangen worden. Erfolgreiche Politik ist darum stets auch Seelenmassage. Ein gutes Leben ist ein gefühlt bedeutungsvolles Leben. Politik muss also nicht nur Probleme lösen, sondern Sinn stiften, obwohl sie damit zumeist überfordert ist. So gesehen war Politik schon immer Identitätspolitik: insofern sie jedem ein Angebot macht, sich als bedeutungstragend zu empfinden.

Wenn Politiker und Journalisten in Talkshows sitzen, behaupten sie übereinstimmend, es gehe darum, «die Probleme zu lösen», es müsse jetzt endlich «geliefert» werden – als glichen die Prozesse einer Paketzustellung, deren aktueller Status sich jederzeit downtracken lässt. Dem Gegner wird unterstellt, dass es ihm gerade nicht um die Lösungen gehe, sondern um machtpolitisches Taktieren oder um sachfremde Nickeligkeiten.

Sonntag, der 20. Oktober

Helena erzählt von einer Bekannten, die zu ihrem Geburtstag eingeladen, aber kein Alter genannt hat. Stattdessen stand auf der Einladungskarte: *Space of no age.* Helenas Bekannte mag keine Etiketten, schon die Angabe des Alters empfinde sie als Etikettierung, als einen Akt normierender Gewalt; sich selbst nenne sie «pansexuell», sie sei mehr als bi, sie liebe nicht Männer und Frauen, sondern Menschen.

Seltsames Paradox: dass sich gerade so viele von Etikettierungen befreien wollen, indem sie sich ein neues Etikett um den Hals hängen. Die Ersetzung eines konventionellen durch ein fortschrittliches Etikett. Einst *negro,* jetzt *people of colour* – aber vorgetragen wie eine Prüfungsfrage, wie ein kurzer Gesinnungstest: ob der andere die neueste Bezeichnung auch draufhat oder hoffnungslos hinterherhinkt. Die LGBTQ*-Reihe legt jedes Jahr einen Buchstaben zu, und

wer einen zu wenig verwendet, ist empathielos. Am Ende
wächst die Zahl der Etiketten. Vermutlich ist es das, was man
Individualisierung nennt.

Montag, der 21. Oktober

Seltsamer Stolz der Eltern, wenn sie berichten, dass ihre
achtjährige Tochter sie gefragt habe, ob Boris Johnson so
was wie Donald Trump sei. Als drückte sich in diesem Satz
ein frühes politisches Bewusstsein aus und nicht der normale Reflex eines Kindes, das nachplappert, was es überall
hört.

Dienstag, der 22. Oktober

Als Helena acht Jahre alt war, wollte sie Picasso werden. Sie
dachte, das sei ein Beruf.

Stimmt, denke ich, das war in meiner Kindheit in den
Siebzigern auch so: Picasso war ein übergroßer Name, mehr
als ein Eigenname, ein Typus, ein Zauberspruch, beein-
druckend für die kindliche Vorstellungswelt, weil mir nicht
ganz klar war, was der eigentlich machte, und ehrlich gesagt
klang der Name für mich beinahe wie erfunden: Picasso – so
hieß doch kein Mensch! Aber anders als Helena wäre ich,
bundesrepublikanischer Spießer, der ich war, nicht auf die
Idee gekommen, Picasso für einen erstrebenswerten Beruf
zu halten.

Helena: «Ich malte so gern und gewann in der Schule Malwettbewerbe.»

Ich: «Erst kam das Malen, dann das Singen?»

Helena: «Singen gehörte für mich als Kind zur Natur des Menschen dazu. Dass das ein Beruf sein soll, fand ich absurd. Malen ist außerhalb von dir, du musst einen Pinsel kaufen und eine Leinwand. Singen ist in dir. Meine ganze Kindheit war eine Oper, meine Eltern haben so dramatisch miteinander gesprochen, das war schon wie Singen.»

Ich muss an Helenas Vater denken, wie er, der Fremde aus der asiatischen Steppe, bei den Volksfesten an der Tauber auf den Tisch sprang und russische Lieder sang.

Helena: «Du wirst in Russland viel ernster genommen durch Emotionalität als durch Sachlichkeit.»

Donnerstag, der 24. Oktober

Thomas de Maizière, Christian Lindner und Bernd Lucke werden an öffentlichen Auftritten gehindert. Wer darf reden, gibt es ein Redeverbot, wird gefragt. Fast hat man das Gefühl, wer nicht am Reden gehindert wird, ist allenfalls ein B-Promi.

Freitag, der 25. Oktober

Eine «Hexenjagd» werde gegen ihn veranstaltet, sagt Trump, er sei das Opfer eines Lynchmordes, die Demokraten seien «dreckig», Mitt Romney «menschlicher Abschaum», ‹New

York Times› und ‹Washington Post› seien «Feinde des Volkes». Auch hier kann man sehen, was die Idee von demokratischen Institutionen ist: dass sie Lager schaffen, die sich auf geordnete Weise gemäß bestimmten Spielregeln und im Geiste sportlicher Fairness behakeln: Beim Hürdenlauf rennt man und springt über die Hürde, aber man greift nicht zu den Hürden, um die Mitbewerber damit zu erschlagen.

Trump hat die seit Jahren angewachsene Verwandlung des Gegners in den Antichristen nun so auf die Spitze getrieben, dass der Regelverstoß aus seiner Sicht der einzig angemessene Ausdruck im Umgang mit dem Opponenten bleibt, dem keinerlei moralischer Kredit zu gewähren ist. Absolute Verfeindung ist in einer Demokratie aber nicht einfach abstoßend im moralischen Sinne, sie macht auch jeden Maßstab, an dem Politik zu messen wäre, zunichte. Wenn es ausschließlich darum geht, mit allen Mitteln obenauf zu bleiben, ist die Frage, ob das, was man sagt, irgendeinen Wirklichkeitsbezug hat, eben völlig irrelevant. Trump ist der Usurpator der Wirklichkeit, die er als Referenzgröße und Maßstab abgeschafft hat.

George W. Bushs Geheimdienste mussten zur Rechtfertigung des Irakkrieges wenigstens noch die Bilder der mobilen Labore zur Herstellung von Massenvernichtungswaffen fälschen, anerkannten mithin die Beweis- und Evidenzpflicht. Solcher Mühen, die zumindest die Geltung eines Referenzsystems aufrechterhalten wollen, hat Trump sich von Anfang an überhoben – er soll der sein, für den keine Regeln gelten, er ist ja selber die Verkörperung des reinen Volkswillens. Eine Regel, der er sich unterordnete, wäre Washingtoner Sumpf und somit eine Verfälschung der Roh- und Reinheit des Volkswillens.

Wie man von dort je wieder zurückkommen soll zu einer Politik, die einen gemeinsamen Wirklichkeitsbezug schafft und aufrechterhält, bleibt schleierhaft.

Samstag, der 26. Oktober

An diesem Wochenende werden die neuen SPD-Vorsitzenden gewählt. Die Vorstellung, dass der Niedergang der Partei irgendetwas mit falscher Personalpolitik oder falschen Richtungsentscheidungen zu tun haben könnte: eigentlich völlig irre. Tatsächlich hat diese Partei in der Regel alles richtig gemacht, in heißem Bemühn und hoher staatsbürgerlicher Verantwortung die Kastanien aus dem Ofen geholt. Ihre Vertreter waren allesamt achtbar, intelligent und teamfähig. Steinbrück war kein schlechter Finanzminister, Steinmeier kein schlechter Außenminister, Gabriel ein Vollblutpolitiker, der beides kannte: den Impuls, der ihn fortriss, und den Blick auf sich selbst, der ihn innehalten ließ. Dass es die Partei zerbröselt, hat logischerweise nichts damit zu tun, dass sie es irgendwie hätte besser machen können, dass sie sich mehr links ausrichten oder stärker auf die Mitte hätte festlegen müssen.

Vielleicht ist die SPD einfach zu identisch mit uns selbst, sodass zwischen ihr und uns die normative Spannung fehlt, die uns an sie binden könnte (man will auch immer ein bisschen überfordert werden, sonst lässt der innere Spannungsbogen nach) – sie gleicht uns so sehr, dass wir sie gar nicht mehr als Instanz, die uns überraschen könnte, wahrnehmen.

Sonntag, der 27. Oktober

Heute Morgen, vielleicht ein Geschenk der Zeitumstellung, hatte ich eine sonntägliche Friedensvision: Ich sah die gute alte grüne Schultafel in meinem Gymnasium vor mir, auf die der Mathematik-Lehrer, von dem es hieß, er rechne schneller als sein Schatten, eine lange Gleichung mit lauter Brüchen notiert hatte, ein Zahlenkatarakt, bei dessen Anblick einem schwindlig werden konnte. Dann wurde ich aufgerufen und musste vor an die Tafel. Ich, der ich unfähig war, auch bloß die einfachsten mathematischen Gedankengänge nachzuvollziehen. Mein Mathe-Lehrer wusste das, aber dass er ausgerechnet mich aufrief, war nicht Ausdruck des Wunsches, mich zu quälen und vorzuführen – er mochte mich, obwohl ich mich in seinem Fach als absolut stumpf erwiesen hatte. Und ich mochte ihn, weil er so eine Mischung aus Kameradschaftlichkeit und Strenge, aus Autorität und Herzensanteilnahme ausstrahlte. Also stand ich an der Tafel und wusste: Wenn es mir gelänge, ein ironisches Grinsen angesichts der Absurdität der Situation zu unterdrücken, wenn ich stattdessen respektvolle Zeichen des Bemühens aussendete, dann würde mein Mathe-Lehrer im Sinne produktiver Arbeitsteilung mich zu seinem Schreiber machen, er würde mir Zahlen zurufen, er würde sagen: «Das kürzt sich raus!», und ich würde die Zahlen, die sich rauskürzten, mit der Kreide durchstreichen, und am Ende dieses Verschlankungsprozesses würde von dem Dschungel nur noch eine überschaubare Menge an Zahlen übrig bleiben. Dann würde mein Mathe-Lehrer mir einen Blick zuwerfen, der so viel bedeutete wie: Na, was sagst du jetzt?, und ich würde beeindruckt (aber auf keinen Fall ironisch!)

nicken, und meine Selbstachtung würde ebenso wie seine bewahrt bleiben.

Im wahren Leben habe ich nie eine Gleichung gelöst, aber das Prinzip «Kürzt sich raus!» hat sich mir nachhaltig eingeprägt als eine elegante Form der Reduktion von Komplexität.

Und wäre dieses Verfahren – und das eben war die sonntägliche Friedensvision, die ich hatte, während ich mit dankbarer Rührung an meinen Mathelehrer dachte, der drohend «Herrschaften!» sagte, wenn der Lärmpegel zu hoch wurde, und manchmal auch mit Kreide schmiss, aber dann bewunderten wir ihn wieder für seinen sportlichen Schwung und seine Treffsicherheit –, wäre dieses Verfahren also nicht auch anwendbar auf unser affektgetriebenes Social-Media-Gedröhn? Könnte man da nicht auch mit Blick auf die Empörungsschreie, in diesem Fall nicht oberhalb und unterhalb des Bruchs, aber eben auf beiden Seiten des politischen Grabens, sagen: Das kürzt sich raus? Die einen brüllen: «Meinungsdiktatur!», die anderen: «Ihr glaubt wohl, Meinungsfreiheit heißt, dass ihr weiterhin euren RASSISTISCHEN, SEXISTISCHEN, KLASSISTISCHEN HASS-MÜLL verbreiten dürft!»; wenn wir jetzt auf beiden Seiten den schrillen Ton rauskürzten – ein fairer Vorgang der Äquidistanz –, dann herrschte wieder Zimmerlautstärke, und wir können uns beide Beobachtungen genauer anschauen: dass es wirklich nicht leicht ist, mit Gedankenfiguren durchzudringen, die nicht dem medialen Moralformat entsprechen, weshalb der Gebrauch des Wortes *geflutet* durch Rüdiger Safranski seinerzeit genügte, um ihn zu einem verdammenswerten Rassisten zu stempeln; dass man aber andererseits tatsächlich mehr und mehr unverblümten

Rassismus beobachten kann und es gut ist, wenn das nicht toleriert wird.

Der Witz: Es gibt halt beides gleichzeitig. Es gibt den Tugendterror und es gibt den genüsslichen Rassismus, und es ist nicht Ausdruck von liberalem Wischiwaschi, wenn man beides ernst nimmt, beobachtet, beschreibt und analysiert. Die Drift hysterisierter öffentlicher Diskurse zur Lagerbildung drängt uns die absurde Alternative auf, dass man entweder auf der Seite der Antirassisten zu kämpfen habe (und deshalb blind sei für die hermetische Selbstabdichtung des linken Moraldiskurses) oder auf Seiten der *Anti-PC-Warriors* (und deshalb kein Problem damit habe, wenn ein AfD-Politiker türkische Gastarbeiter als Gesindel beschreibt), aber beides ist Teil der Wirklichkeit, und wenn man auf beiden Seiten diesen tödlichen Sound (der doch tatsächlich nichts anderes als rückenmarkerweichende Selbstbefriedigung ist) rauskürzte, dann könnte man das eigentlich relativ klar und ruhig zur Kenntnis nehmen.

Langgehegter Wunsch: einmal meines Mathe-Lehrers zu gedenken, der mit meiner Zahlenschwäche so rücksichtsvoll umging.

Montag, der 28. Oktober

Gestern noch Friedensfeier, heute Katzenjammer. 23 Prozent holt die AfD in Thüringen. Ein *natural born* Demagoge, dem zuzutrauen ist, dass er über kurz oder lang auch noch das Wort *rassistisch* positiv umdeuten wird, kostet die Partei offensichtlich keine Stimmen. Um eine «Politik der ‹wohltemperierten Grausamkeit›» käme man bei seinem «Remigrationsprojekt» nicht herum, sagt Höcke in dem Buch ‹Nie zweimal in denselben Fluss›.

Es ist schlimm. Da kommen mir meine Versuche, der Gesellschaft Nuancen abzulauschen, wie völlig sinnlere Differenzierungsversuche vor. Totale Ratlosigkeit: Wenn man dem, was passiert, keine Deutung mehr abgewinnen kann. Angst des Kontrollverlusts: Wenn man etwas nicht mehr deuten kann, ist alles möglich. Björn Höcke wird sich weiter in die Höhen des Systemhasses versteigen, und dass das eine reine Chimäre der affektiven Mobilmachung ist, wird die, die ihn wählen wollen, nicht abschrecken. Was könnte eine Gegenstrategie sein? Oder muss man, was da geschieht, wie ein Unwetter über sich ergehen lassen?

Was ich am wenigsten leiden mag: den Ton alarmistischer Gegenwartsverzweiflung, heute komme ich selber nicht um ihn herum. Deshalb schweige ich jetzt lieber.

Dienstag, der 29. Oktober

Nichts hilft der Laune mehr als guter Schlaf. Schon schaut man unverzagter um sich. Die Abhängigkeit unserer politischen Problemanalysen von unserem Serotoninspiegel – wenn man darüber nachsinnt, fragt man sich, ob es überhaupt einen festen Grund in der Wirklichkeit gibt.

Also noch mal: 23 Prozent für Höcke in Thüringen. Die einen sagen jetzt: «Von wegen, mit Rechten reden, da seht ihr, was ihr davon habt!» Die anderen: «Schaut, was ihr erreicht mit euren Nazis-raus!-Rufen und Keinen-Millimeter-nachrechts-Chören: nichts, im Gegenteil!» In der Regel bearbeiten wir solche Situationen, indem wir der einen Seite recht geben und der anderen unlautere Motive unterstellen, aber wäre es nicht fruchtbarer zu schauen, inwiefern beides stimmt?

Von links heißt es: Die Leute wählen Höcke, nicht obwohl, sondern weil er ein Nazi ist.

Nun scheint mir erst mal eines klar: Wenn Höcke kein Nazi ist, dann ist der Begriff leer, dann hat er sich in historischer Zeit überhaupt nie empirisch verkörpert. Dann hat es keine Nazis gegeben und wird es nie welche geben, dann bezeichnet der Ausdruck etwas Jenseitiges, vergleichbar dem Teufelsbegriff, um den sich Theologen kümmern sollen. Natürlich gibt es Nazis, nur was folgt daraus? Soll man sich damit abfinden, dass 23 Prozent den Nazi Höcke wählen, und ansonsten zufrieden damit sein, dass man sich klipp und klar distanziert hat? Soll man einstimmen in den Chor: «Wer Nazis wählt, ist ein Nazi»? Kann man machen, die 23 Prozent kriegt man damit nicht kleiner. Denn die wählen den Nazi Höcke ja auch deshalb, weil sie es genießen, wenn sie die moralische Majorität zum Hyperventilieren bringen. Die wollen den Regelbruch – so wie das Trump-Lager an den Regelbrüchen des Präsidenten nicht irrewird, sondern sich daran emotional auftankt.

«Dieser harmonische Akkord aus CDU, SPD, ARD und 3sat», sagte mir gestern ein Kollege, der mich beruhigen wollte, «geht den Leuten auf die Nerven, da wollen sie einen Misston reinbringen, weil sonst alles im Einheitsbrei verschwimmt.»

Der Spaß an der Stinkbombe, wie wir ihn aus Schülertagen kennen.

Mittwoch, der 30. Oktober

Natürlich sauge ich auch weiterhin gierig Nachrichten auf, die dazu angetan sind, Boris Johnson in einem günstigeren Licht zu zeigen. Wie ein Verliebter, der nicht bereit ist, die Charakterschwächen der angehimmelten Frau zur Kenntnis zu nehmen, und sich wieder einmal bezirzen lässt von ihrem unbestreitbaren Charme.

Mit welchem Witz, Respekt und Gespür für Tonfälle Johnson sich bei seinem Gegenspieler, dem legendären *Speaker of the Parliament*, für dessen Dienste für das Land bedankt: Bercow habe seine Kommentare wie eine Tennis-ballmaschine in das Parlament gefeuert, diese Volleys und Schmetterbälle seien unhaltbar gewesen. Selbstdistanz und Rollenbewusstsein sind in UK einfach viel stärker aus-geprägt, und es ist schwer, *House of Commons*-TV zu schauen, ohne nicht den Briten nachfühlen zu können, warum sie sich so schwer damit tun, Souveränität von Westminster nach Brüssel zu delegieren.

Donnerstag, der 31. Oktober

Wieder so ein Satz des Staatsrechtlers, an dem ich zu kauen habe: «Verglichen mit Obamas Drohnenkrieg», sagte er kürzlich, «sei die Verhängung der Todesstrafe in Alabama zumindest ein rechtsförmiger Prozess.»

Angesichts der Selbstverständlichkeit, mit der wir Obama verklären und Alabama mit rassistischen Trump-Anhän-gern identifizieren, ist der Satz ein Widerhaken – gerade für mich, der ich zutiefst überzeugt bin, dass in der Wahrung der Form, im Verfahren selbst mehr Humanität gesichert ist als in guter Gesinnung.

Und doch bleibt Obama mein Präsident. Weil er schwarz ist? Vielleicht. Weil er klug ist? Auf jeden Fall.

Auf einer Veranstaltung mit jungen Leuten hat er kürzlich mit tänzelnd leichten Worten, aber deshalb nicht minder eindringlich das *Wokeness*-Sprachspiel auseinandergenommen. Er riet den jungen politischen Aktivisten, die Haltung unbedingter moralischer Kompromisslosigkeit zu überwinden, die Welt sei ein chaotischer Ort, es gehe nicht um Reinheit, sondern um das Ertragen der Vieldeutigkeit: «This idea of purity and you're never compromised and you're always politically woke and all that stuff, you should get over that quickly. The world is messy, there are ambiguities ... I do get a sense sometimes now among certain young people, and this is accelerated by social media, there is this sense sometimes of: ‹The way of me making change is to be as judgmental as possible about other people›, and that's enough.» Und jetzt wird der ehemalige Präsident richtig anschaulich: «Like, if I tweet or hashtag about how you didn't do something right or used the wrong verb, then I can sit back and feel pretty good about myself, cause, ‹Man, you see how woke I was, I called you out.›»

Das sei für ihn nicht politischer Aktivismus: Möglichst unerbittlich über andere den Stab zu brechen mache die Welt keineswegs zu einem besseren Ort.

Man hätte es nicht schöner sagen können: Ambiguitätstoleranz als politische Tugend.

Freitag, der 1. November

Selbstverständlich gibt es Rassismus, natürlich gibt es ein erfrischendes Gefühl von Superiorität, das sich einstellt, wenn man auf andere Gruppen herabschaut und deren Vertreter als notorische Problemfälle schmähen kann und dafür Schulterklopfen erntet. Und selbstverständlich habe ich manchmal die Sorge, dass ich mehr Empörungsenergie aufbringe für die Bigotten und Selbstgerechten von links als für die rustikalen Rassisten von rechts – aber das hat erstens damit zu tun, dass der Rassismus inzwischen regelmäßig öffentlich gebrandmarkt wird, die Arbeit also gewissermaßen bei Twitter und von den öffentlich-rechtlichen Sendern schon erledigt ist, und zweitens stimmt es nicht, denn ich habe viele Anti-AfD-Texte geschrieben (und danach habe ich mich tatsächlich von allen geliebt gefühlt). Und drittens lebe ich nun mal in einer Blase, in der ich von viel mehr Bigotterie als Rassismus umgeben bin. Vielleicht kann ich die erregten Gemüter ja mit folgendem Bekenntnis beruhigen: Ja, ich danke Gott, dass ich in einer Blase lebe, in der die Bigotten und Orthodoxen in der deutlichen Mehrheit gegenüber den Rassisten sind!!

Samstag, der 2. November

Der innere Stammtisch: keineswegs nur der Ort niedriger Instinkte, vielmehr auch ein Ort größerer Ehrlichkeit sich selbst gegenüber. Hier lässt man Überlegungen zu, die in ihrem Aggregatzustand irgendwo zwischen Argument, Spekulation, Hypothese, Stimmung und Intuition schwanken, die die innere Zensurschranke zur öffentlichen Meinungsäußerung nicht passieren, latent jedoch das mitformen, was man öffentlich sagt. Eine Art Probebühne, auf der man Gedanken auftreten lässt, die vermutlich nur einem selbst einleuchten.

Zum Beispiel: ich in meiner Küche, ein Entrecôte scharf anbratend. Fleisch anbraten gehört zu meinen Lieblingsbeschäftigungen. Neuerdings auf einem Induktionsherd, und wenn ich die Platte auf die Nuklearstufe stelle (wie ich das nenne; es fühlt sich an, als könnte ich einem Atomkraftwerk Konkurrenz machen), dann findet ein irrer Garprozess statt, es zischt und raucht, es bilden sich Röstaromen, die karamellisieren wie Honig. Die Energie und was sie bewirkt, faszinieren mich, ich gerate ins Grübeln, wie es kommen konnte, dass Energie, seit ich denken kann, negativ besetzt ist; Energie gilt als böses Prinzip. Aus gutem Grund, schon klar. Energie hat etwas Unheimliches, sie ist zu stark, um sich völlig bändigen zu lassen, wir denken an Atomkraftwerke und den Wahnsinn, einen Müll zu produzieren, für den es bisher keine funktionierende Endlagerung gibt. Und trotzdem, denke ich dann, schwingt bei unserer Bewertung von Energie auch ein metaphysischer Unwille mit, als würde sich der Mensch kraft Energiegewinnung auf unstatthafte Art größer machen, als es die Natur in ihrem sanften Gleichgewichtsstreben vorgesehen hat, als wäre ein frommes Leben eines ohne Ressourcenverbrauch, diesen Raubbau an Mutter Erde ... Manchmal habe ich den Eindruck, dass heute über Energie so gesprochen wird wie früher über Sex: als etwas Schmutziges, dem sich nur liederliche Menschen ohne inneren Wertekompass hingeben. Das will ich zurückweisen: Energie ist doch das Lebensprinzip schlechthin. Energie ist Vitalität, Leben ist Energieverbrauch, wenn wir Energie betrachten, als wäre sie eine Sünde des Fleisches, werden wir doch dem Leben selbst nicht gerecht, stark im Verbrauch zu sein ist auch eine Form der Daseinsbejahung ...

Und an dieser Stelle ist das Entrecôte *medium rare,* und ich bin mit meinem Monolog auch schon am Ende meiner Philosophiererei angekommen. Natürlich, ich käme im Leben nicht auf die Idee, meinen Kollegen in der Zeitung demnächst einen Feuilletonaufmacher über das Prinzip der Energie anzubieten, aber wenn das nächste Mal wieder eine radikale Reduktion des Energieverbrauchs angemahnt wird, werde ich kurz zurückdenken an meinen Induktionsherd und die blitzschnelle Verwandlung meines Entrecôtes.

Montag, der 1. November

Teresa Bücker, von 2017 bis 2019 Chefredakteurin der ‹Edition F›, antwortet auf Twitter einem Mann, der sich gegen die allgemeine Rede von weißen alten Männern wehrt, weil er so in einer Schublade landet mit Leuten, mit denen er nichts zu tun haben will – sie schreibt: «Vielleicht liegt die Herausforderung darin, sich mit der eigenen Gruppe auseinanderzusetzen, egal wie unangenehm das ist? Ich gehöre auch zur Gruppe der weißen Frauen. Damit gehen Privilegien einher und die Notwendigkeit zu reflektieren, zu lernen, Macht abzugeben.»

Wer mir übelwill, sollte dafür sorgen, dass ich gezwungen werde, einmal die Woche an einer Therapie teilzunehmen, in der in diesem Tonfall zu mir gesprochen wird. Schon das Wort *reflektieren*, das seit neuestem so eingesetzt wird, als belegte bereits seine Verwendung, was es bezeichnen soll; dann der pietistische Selbsterforschungs-Sound, der zu verstehen gibt, dass man mit sich selbst nicht weniger streng ins Gericht geht als mit anderen; dazu die Chuzpe, über einen allgemeinen Vorgang in einer Weise zu sprechen, die einen selbst als jemanden zeigt, der bereitwillig reflektiert und Macht abgibt, und das, obwohl es bisweilen «unangenehm» sein mag – man macht es sich selbst ja keineswegs leicht. Die Forderung nach Machtaufgabe als Machtgeste. Der Appell an das Gewissen anderer, aber so, dass einen selber dabei ein wohliger Hauch von Rechtschaffenheit umweht. Mit einem Wort: In einem Nonnenkloster des 19. Jahrhunderts kann es nicht bigotter zugegangen sein.

Dienstag, der 5. November

Das Bewegungsprinzip der Politik ist die Unterscheidung, die Differenz, die Fraktionierung, «Freund oder Feind». Die einen sind die Guelfen, die anderen die Ghibellinen – habe keinen blassen Schimmer, wofür die einen standen und die anderen, aber als Gegnerkonstellation sind sie trotzdem unsterblich geworden. In England trugen die einen die rote, die anderen die weiße Rose als Erkennungszeichen. Auch hier: Welcher inhaltliche Unterschied die Parteiung ausmacht, ist nachrangig gegenüber dem primären Hauptzweck, dass es überhaupt zu einer Entzweiung kommt: dann erst kann das Spiel losgehen. Es ist, als könnte die Wirklichkeit nicht anders bearbeitet werden als im Wettstreit mindestens zweier Mannschaften.

Wie im Baukasten von Fichtes Subjektphilosophie: Das Ich erschafft sich selbst, indem es ein Nicht-Ich konstruiert, von dem es sich absetzen kann. Vieles von dem, was ich an meinem inneren Stammtisch vor mich hin brabble, rührt in erster Linie daher, dass niemand mich mit meinem Nicht-Ich verwechseln soll. Als könnte mein Umriss rasch zerfließen, unscharf werden und ich insgesamt mit der grauen Pixelmasse des Horizonts eins werden, wenn ich nicht mit Nachdruck in Erinnerung riefe, dass ich wahrlich nicht zu diesem, sondern unbedingt zu jenem Lager gehöre.

Ganz klar, diese Selbsterhaltungsreflexe, diese identitätsstabilisierenden Differenzmarkierungen haben etwas Lächerliches, aber sie sitzen tief, und man kann sich keineswegs von ihnen befreien, indem man sie durchschaut. Wobei auf der anderen Seite auch jeder das schöne Gefühl kennt, über seinen Schatten zu springen: sich selbst als die lächerliche Gestalt wahrzunehmen, die man in Wahrheit ist. Aber darin liegt für das politische System keine Option: Unsere menschliche Lächerlichkeit kann von der Politik nicht thematisiert werden, die Wahrheit, dass wir alle Narren sind, lässt sich, auch wenn ihr niemand widersprechen dürfte, politisch nicht operationalisieren.

Der wunderbare britisch-ghanaische Philosoph Kwame Anthony Appiah erzählt in seinem Buch ‹Identitäten› einen alten jüdischen Witz, in dem ein Mann nach einem Schiffbruch auf einer einsamen Insel landet. Über die Jahre hat er drei Gebäude gebaut; als Retter ihn schließlich finden, fragen sie ihn, was für Gebäude das seien. «Dies ist mein Wohnhaus», antwortet der Mann, «dies die Synagoge, in die ich gehe, und dies», er zeigt auf das dritte Haus, «ist die Synagoge, in die ich nicht gehe.»

Ohne Synagoge, in die wir nicht gehen, scheint es nicht zu gehen. Kaum wird ein Glaube offenbart, schon folgt das Schisma auf dem Fuß – kein Anlass ist zu nichtig, um nicht einen Gegenpapst auszurufen; der Streit ums Jota scheint jederzeit gerade recht zu kommen. Und je geringfügiger der Unterschied, umso leidenschaftlicher die Abgrenzung. Manchmal hat man den Eindruck, dass neunzig Prozent der psychischen Energie, die uns zur Verfügung steht, in die Bewirtschaftung von Schismen gesteckt wird.

Mittwoch, der 6. November

Wachtraum einer schlaflosen Nacht. Schauprozess nach einer Revolution. Ich sitze im Gerichtssaal und spüre die Blicke von Kollegen, sie schauen mich nicht feindselig an, eher bedrückt, mit einem Ausdruck, als tue ihnen alles sehr leid, aber sie hätten mich schließlich gewarnt. Die Staatsanwältin ist da ganz anders drauf, das merkt man gleich. Da ist viel Druck, den sie ablassen muss. Leichte Schweißperlen auf der Stirn, mein Fall hat sie Mühe gekostet, sie kann sich Schöneres vorstellen, als sich durch den Dreck zu wühlen, den ich über Jahre zusammengeschrieben habe.

Vor ihr ein Stapel mit belastendem Material. Sie fasst es mit spitzen Fingern an. Ausgedruckte Artikel.

«Euer Ehren», sagt sie, ihre Stimme ist nicht schnarrend,

sondern von resignativer Erschöpfung gezeichnet, «Euer Ehren, der Angeklagte hat sein gesamtes erwachsenes und berufliches Leben die rechte Gefahr nicht bloß kleingeredet, sondern aus einem bürgerlichen Standpunkt heraus rechten Tendenzen vorgearbeitet, und wenn wir verstehen wollen, wie es *vor* unserer glorreichen Revolution durch eine Allianz aus Antifa, *Social Justice*-Kämpfern, Klimaaktivisten und Antidiskriminierungsreferent*innen fast zu einem Rechtsputsch hat kommen können, mit AfD-Ergebnissen bis zu 25 Prozent, dann dürfen wir über Typen wie ihn nicht den Mantel der Barmherzigkeit legen. Wer über Konservatismus nicht reden will, soll vom Faschismus schweigen. Mangolds Bemühung um ironischen Charme, seine Dauerlitanei von Ambiguität und Nicht-Wissen sind doch nur Feigenblätter für einen real opportunistischen Geist, der die Wiederkehr reaktionärer Kräfte billigend in Kauf genommen hat, Hauptsache, er konnte sich als weltanschaulicher Exzentriker gerieren!»

Die Staatsanwältin schüttelt den Kopf. Angewidert. Mein Anwalt schaut gequält zu mir rüber, als wollte er sagen: «Da kann ich Ihnen jetzt auch nicht helfen, wo sie recht hat, hat sie recht.»

Dann hebt die Staatsanwältin den Stapel Papiere hoch. Nicht riesengroß, aber auch nicht klein, das muss ich zugeben. «Mangolds Schrifttum mag Ihnen, Euer Ehren, harmlos vorkommen, wie die naiven Spielereien eines Bücherwurms. Damit würden Sie ihn aber unterschätzen. Ich habe mir seine Texte kommen lassen und mich der Mühe unterzogen, das ganze Zeug zu lesen. Wirklich nicht vergnügungssteuerpflichtig, dafür kommen Sie aber zu erstaunlichen Einsichten. Da gibt es nämlich durchaus einen roten Faden. Wie der

Alkoholiker nicht anders kann, als wieder und wieder zur Flasche zu greifen, so muss Mangold wieder und wieder, scheinbar unverfänglich, an den unerwartetsten Stellen, die Namen jener ‹Philosophen› und ‹Schriftsteller› fallenlassen, die zu den geistigen Brandstiftern des Dritten Reichs gehörten. Ich habe Mangolds Texte durch eine Suchmaschine gejagt. Sie wollen gar nicht wissen, wie viele Treffer ‹Carl Schmitt› hat! Mit einem Wort, Mangold hat in seiner beruflichen Laufbahn, bis vor kurzem nicht zu seinem Schaden, an der Enttabuisierung rechten Gedankenguts mitgewirkt.»

Mein Anwalt, pflichtschuldig: «Jetzt übertreiben Sie aber!»

«Ich übertreibe? Hier! Ein Essay im ‹Kursbuch› über die Dreißigjährigen, 2003 erschienen. Das Heft soll das Bild einer jungen Generation zeichnen, das ist völlig legitim, ehrenwert sogar, doch was macht Mangold? Er schreibt, als hätte er ein Tourette-Syndrom, die ganze Zeit über Ernst Jüngers ‹Abenteuerliches Herz›, indem er in einer infamen Verkehrung der wahren Verhältnisse Ernst Jünger zum Anarchisten stilisiert und ihn dem Konformismus der Alt-68er, unter denen er angeblich in seiner Schulzeit zu leiden hatte, entgegensetzt. Ein leicht durchschaubares Entschuldungsmanöver. Sie können das harmlos finden, es hat allerdings Methode. Interessant auch, was Redaktionen damals alles so durchgehen ließen. Hat da niemand redigiert? Oder hier. Eigentlich unfassbar. Ein Porträt der Stadt Heidelberg. Klingt harmlos. Aber man muss sich nur die Überschrift genauer anschauen: ‹Hauptstadt des Geheimen Deutschland›. Ellenlang ist dann von Stefan George die Rede, zu dessen Jüngern Stauffenberg zählte. Ich muss das Hohe Gericht nicht eigens daran erinnern, in welchem Maße die Neue

Rechte Stauffenberg, diesen Erzreaktionär, zu ihrer Galionsfigur erhoben hat. Und so geht es fort und fort – scheinbar spricht Mangold über Literatur, in Wahrheit öffnet er, mit Lust an der Zersetzung, den Giftschrank.»

Jetzt erhebt sich mein Anwalt mühevoll von seinem Stuhl. Schon vor der Sitzung hat er auf mich eingeredet, dass es nichts bringe, die Anschuldigungen rundheraus zu bestreiten, mit einem teilweisen Schuldeingeständnis, verbunden mit aufrichtiger Reue, führen wir beide besser. Was er mit «wir beide» meine, wollte ich wissen, doch natürlich hat er recht, dass das kontraproduktiv sei, wenn wir uns jetzt auch noch stritten.

Im Ton gelassener Neutralität wendet er sich an den Richter: «Euer Ehren, aus heutiger Sicht muss das alles in höchstem Maße nicht nur verdächtig, sondern regelrecht kompromittierend aussehen, aber ich bitte Sie, den Kontext zu berücksichtigen. Mangold, wofür er nichts kann, ist ein Kind der Postmoderne. Aufgewachsen in dem Gefühl, dass es um nichts gehe. Dass man zu allen Dingen ein ironisches Verhältnis haben könne. *Anything goes.* Er wollte ja nur spielen, wie man damals sagte. Das waren Bubenstreiche einer verspäteten Pubertät, peinlich, aber doch kein Bewerbungsbrief für eine Konservative Revolution! Dazu hat er, das wird die Frau Staatsanwältin bestätigen, noch häufiger als über Carl Schmitt gegen die AfD geschrieben. Zugegeben, von einem liberal-konservativen Standpunkt aus, der letztlich dem Erstarken der Rechten zugearbeitet hat, wie wir heute klarer sehen können, seine Absicht jedoch war unbestreitbar Abgrenzung. Selbst seine notorische Verharmlosung von Rassismus geschah ja immer im Namen des Pluralismus. Wir wissen jetzt, dass dieser Pluralismus eine bürgerliche

Chimäre ist, um bestehende Machtverhältnisse und Privilegien abzusichern, das freilich konnte mein Mandant, in den Kämpfen der Zeit stehend, so nicht sehen.»

«Postmoderne», ruft die Staatsanwältin jetzt höhnisch, «genau, aber das ist doch keine Entschuldigung, sondern bereits das Schuldeingeständnis! Ihrem Mandanten wurde oft genug nahegelegt, er solle sich vor der Postmoderne hüten, sie sei nicht so unschuldig, wie sie tue! Muss ich daran erinnern, dass der Philosoph Jürgen Habermas schon in den achtziger Jahren vor der Postmoderne als Tendenzwende warnte, die das Projekt der Moderne und der Aufklärung abzuräumen drohe?»

Ausgerechnet dieses eher philosophiegeschichtliche Detail scheint nun das lebhafte Interesse des Vorsitzenden Richters zu wecken: «Stimmt das? Hat Habermas diese fatale Entwicklung, die wir nur im letzten Moment durch unsere human-empathische Revolution abwenden konnten, bereits in den achtziger Jahren vorhergesehen?» Er scheint beeindruckt, als hätte er das Philosophen im Allgemeinen nicht zugetraut.

«O ja», bestätigt die Staatsanwältin, «und der Angeklagte kann sich in diesem Punkt auch nicht auf Unwissenheit hinausreden, Habermas' Schriften waren frei zugänglich.»

Ich bin mir nicht sicher, wie überzeugend das Argument ist, das mein Anwalt nun dagegen vorbringt, er sagt: «Es kann ja wohl nicht die Schuld meines Mandanten sein, wenn er in seinen Universitätsjahren in München Luhmann statt Habermas lesen musste. Das war halt einfach das modische Curriculum.»

«Dass die geistigen Welten, zu denen Ihr Mandant sich zeit seines Lebens hingezogen fühlte, sehr in Mode standen in gewissen Kreisen, darin gebe ich Ihnen sogar recht – Mode und Opportunismus sind sich manchmal zum Verwechseln ähnlich. Freilich war auch der Nationalismus nach dem Fall der Mauer in den neunziger Jahren schwer in Mode, und Ihr Mandant hat wiederholt seiner Freude über die Wiedervereinigung Ausdruck verliehen; uns liegen sogar Aussagen aus einer Zeugenbefragung eines einstigen WG-Mitbewohners vor, wonach er beim zehnjährigen Jahrestag des Mauerfalls den 9. November 1989 ‹Deutschlands *finest hour*› genannt habe. ‹Mit Tränen in den Augen›, wie der WG-Mitbewohner auf Nachfrage bestätigte. Das nennt man national besoffen! Seine pflichtschuldigen Bekenntnisse zu Europa sollten uns nicht darüber hinwegtäuschen, dass Mangold im tiefsten Herzen ein lupenreiner Nationalist ist, der die Wiedervereinigung stets zur zentralen Zäsur seiner Biographie erklärt hat.»

«Wiedervereinigung und Integration Deutschlands in Europa, auch monetarisch, das war ein und derselbe Vorgang. Für die Wiedervereinigung zu sein machte einen nicht zwingend zum Nationalisten, konnte einen sogar zum Europäer machen.»

«Über solche Sophistereien müssen Sie doch selber lachen! Statt Solidarität mit anderen Afro-Deutschen zu demonstrieren, hat er seine Leute verraten, verzeihen Sie die Formulierung *seine Leute*, das dürfen Sie jetzt nicht in den falschen Hals kriegen, er hat von universellen Bürgerrechten und Individualismus geredet und damit an der Zementierung des weißen Patriarchats gearbeitet, als dessen Onkel Tom er wohl hoffte, Karriere zu machen! In seinen Texten werden Sie nicht ein Gender-Sternchen finden, und auch in seinen nichtsnutzigen TV-Auftritten spricht er immer bloß von Studenten, nie von Studierenden! Dafür, dass er Jahrgang 1971 ist, ist er vernagelter, als die Polizei erlaubt.»

Es ist klar, hier ist nichts mehr zu reißen, die Indizien sind eindeutig. Die Schläfen der Geschworenen pochen mittlerweile vor Wut, sie wollen, dass dieser Schreibtischtäter endlich die Quittung bekommt, damit ein für alle Mal klar ist, dass man mit intellektueller Vornehmtuerei und philosophischer Haarspalterei in der neuen human-empathischen Zeit nicht mehr durchkommt. Die Schuld ist unbezweifelbar.

Donnerstag, der 7. November

Der verbreitetste Talkshow-Gemeinplatz lautet: «Es genügt nicht, lediglich an den Symptomen herumzudoktern.»

Unsere tiefste kollektive Überzeugung: der Krisenmodus. Er gehört zu unseren kognitiven Voreinstellungen, wir sind überzeugt, dass der die Wirklichkeit angemessen beschreibt, der sie als Krise darstellt, der mit Blick auf die Uhr feststellt, dass es 5 vor 12 ist, während als blind gilt, wer diese Probleme nicht sieht. Eine Krise jagt die nächste, sie ist längst die Standardsituation. Jede Talkshow setzt mit einem kurzen Krisen-Trailer ein, da sind sich noch alle einig, die Meinungsverschiedenheiten setzen in der Regel erst danach ein, nämlich wenn es um die Antworten auf die Krisenphänomene geht. Und an diesem Punkt wird dann meistens gesagt: «Es genügt nicht, lediglich an den Symptomen herumzudoktern!»

Genauso gut wäre aber eine Welt denkbar, in der der als blind dastünde, dessen Wahrnehmungen den Erfolg der Zivilisation nicht in den Blick zu nehmen vermögen ... In einer solchen Welt würde jede Talkshow mit einem Resümee des Fortschritts einsetzen. Was auf Dauer genauso ermüdend wäre, ich möchte jedoch den Blick schärfen für die Kontingenz unserer Beobachtungen: Die Rechenoperationen bleiben gewissermaßen dieselben, egal, ob wir ein Plus- oder ein Minuszeichen davorsetzen. Die Krise ist nicht das Sein der Welt, sondern unser Beobachtungsmodus.

Eines der originellsten Bücher der letzten Jahre war aus diesem Grund für mich Steven Pinkers Wälzer ‹Aufklärung jetzt›, in dem Pinker, ein klassischer Linker, anhand einer Fülle von Statistiken nachweist, wie durch Globalisierung und Aufklärung tatsächlich ALLES laufend besser geworden ist, von der Kindersterblichkeit über die weltweite Wohlstandsverbreitung bis zum Rückgang des Terrorismus.

Nur unsere Laune nicht, und dafür braucht man keine Statistik, absolut nicht.

Samstag, der 9. November

Die Haupteigenschaften des *zoon politikon* sind Vergesslichkeit, Wehleidigkeit, Stimmungshaftigkeit, ADHS und schneller Überdruss.

Jahrgang 1971 – dass sich nie etwas ändert, ist der Dauersound *meiner* Biographie gewesen. Fing an mit den Kohl-Jahren, als fortwährend gestöhnt wurde, gar nicht so sehr konkreter politischer Inhalte wegen, sondern einfach, weil sie nie zu enden schienen. Die Mauer fiel, Deutschland wurde wiedervereinigt, die Sowjetunion zerfiel, aber meine

Generation klagte über die allgemeine Lähmung und dass sich nichts tue.

Ich kann mich jetzt nicht erinnern, ob sich in den rot-grünen Jahren an diesem Tenor etwas geändert hat, aber spätestens mit der Großen Koalition von 2005 ging die Leier wieder los: Mehltau über dem Land, es gehe gar nicht mehr richtig um was, sei völlig egal, ob man SPD oder CDU wähle, irgendwie bleibe sich alles auf deprimierende Weise gleich, nie Neues unter der Sonne, ein Gefühl wie von eingeschlafenen Beinen. Hier Kopfpauschale, da Bürgerversicherung, hier ein bisschen mehr, da ein bisschen weniger Rentenanpassung, das seien doch keine Entwürfe, für die sich Menschen begeistern könnten. Die Parteien seien sich zum Verwechseln ähnlich, wie solle man da wissen, wo man sein Kreuz in der Wahlkabine machen soll?! Alternativlosigkeit. Alles in Erstarrung. Mut- und Phantasielosigkeit, das Land werde bloß noch verwaltet, aber nicht mehr «neu erfunden».

Die Weltgeschichte, aber das ist keine gute Nachricht, ist ein Wunschkonzert. Nur zehn Jahre später war alles anders. Plötzlich gab es eine Alternative, sogar eine Partei, die sich so nannte und die man wählen konnte – und nicht wenige wählten sie. Die Briten entschieden sich für den Brexit, ins Weiße Haus zog ein Mann ein, der seine Feinde das Fürchten lehrte, autoritäre, rechte Politiker triumphierten. Es war, als hätte der Weltgeist über Nacht seinen Charakter gewechselt, von Langeweile konnte nicht mehr die Rede sein. Es knirschte im Gebälk. Die Zeiten, unter deren ewig gleichem Lauf wir eben noch gelitten hatten wie unter einer einfallslosen Endlos-Serie im Vorabendprogramm, waren nicht mehr wiederzuerkennen. Endlich war alles ganz anders – nur leider gar nicht so, wie wir es uns erträumt hatten.

Nach zwanzig Jahren Dauer-Ennui herrschte die nackte Panik.

Und plötzlich sehnten wir uns nach den Zeiten zurück, als die Parteien sich noch zum Verwechseln ähnelten, was nämlich gar nicht so schlecht gewesen war, immerhin konnte man noch keine Rassisten ins Parlament wählen, und das mächtigste Land der Welt wurde noch nicht von einem Mann angeführt, der sich rühmte, Frauen in den Schritt zu fassen, ansonsten aber jeden Kontakt zur überprüfbaren Wirklichkeit verloren hatte.

Womöglich ist es jedes Mal so: Phasen des funktionierenden Gleichmaßes bringen Radikalisierungsphantasien hervor – schon weil wir der Langeweile entkommen wollen. Der Wunsch, dass den Mächtigen und Reichen, was sie geschaffen haben, mal so richtig auf die Füße fällt, ist der feuchte Traum der Menschheit in ihrer Überzeugung, dass sich andere bedienen, wo sie selbst geknechtet wird. Ausdruck dieser Stimmung, man kann sie politische Romantik nennen, ist in diesen Tagen der Aktionskünstler Philipp Ruch vom ‹Zentrum für politische Schonheit› und sein Manifest ‹Das Ende der Geduld›: Den Mittelweg sei man lange genug gegangen, jetzt sei es an der Zeit, wieder zwischen Gut und Böse zu unterscheiden, sich auf eine Seite zu schlagen, sich für den Kampf zu rüsten.

Das Ende der Geduld: ein Affekt, den wir kennen. In ihm mischt sich Kleinheits- und Größenwahn. In diesem Bild machen wir uns klein, nämlich als Bürger, die jede Kröte schlucken, ohne zu mucken: weil wir zu nachsichtig sind. Um uns im nächsten Schritt dann wieder großzumachen, indem wir an die Wand malen, wie uns, sobald das Maß voll ist, der Kragen platzen wird – da werden sich die anderen noch wundern! Ende der Geduld, lange genug hat man die Faust in der Tasche geballt! Doch dann kam die Revolution gar nicht von links, von denen, die sich Hartz IV nicht mehr gefallen lassen wollten, sondern von rechts.

Über Stillstand zumindest kann nicht mehr geklagt werden. Vielleicht hatte ja Tuvia Tenenbom recht, als er mit strahlendem Gesicht verkündete, wir lebten in aufregenden Zeiten, weil jetzt grundsätzlich neu nachgedacht werden müsse.

Sonntag, der 10. November

Noch zum Vorherigen.

Früher der Inbegriff von Spießigkeit: wenn man sich fürs «Weiter so!» entschied. «Weiter so!» war der Slogan der Union bei einer Bundestagswahl in den achtziger Jahren. Wer nicht mehr zu bieten hatte als «Weiter so!», so lautete der kritische Einwand, dem fehle es an Phantasie.

Heute andersherum, komplett. Das *juste milieu* ist zum Systemverteidiger geworden, es zittert, dass sich in bürgerlich-beleidigten Kreisen die Lust an der Veränderung, an der Diskontinuität, am Systembruch breitmachen könnte. Ausgerechnet im Fortschrittsmilieu ist der Status quo zum Allerheiligsten geworden, während er im verschärft konservativen Lager als unerträglich empfunden wird. Bemerkenswerte Rochade.

Mittwoch, der 13. November

Helena hat eine neue Schülerin, sie ist Beamtin im Innenministerium. Sie habe eine schöne Stimme und treffe die Töne. Leider nutze sie nicht ihr gesamtes Stimmpotenzial. Helena ahmt nach, wie ihre neue Schülerin singt. Dabei zieht sie ihre Schultern nach oben und spitzt ihren Mund wie eine kleine Maus, die ihn immer nur ganz kurz und nur ein bisschen öffnet, um an einem Stück Käse zu knabbern. «Im Wesentlichen muss ich sie nur dazu bringen, sich zu getrauen, ihren Mund zu öffnen.» *Hey, Taxi!*

Freitag, der 15. November

In Maybrit Illners Talkshow ging es diesmal um die Frage, ob die Meinungsfreiheit in Gefahr sei. Zu Gast Cem Özdemir, Sascha Lobo, Igor Levit, Dorothee Bär und Ralf Schuler. Sascha Lobo machte es sich einfach: Jeder dürfe in diesem Lande sagen, was er möchte, keinen Nazikram natürlich. Dass Hetze und Positionen außerhalb der FDGO kein Recht auf öffentliche Artikulation hätten, darin war sich auch der Rest der Runde einig.

Sicher, in diesem Land wird niemandem der Mund verboten; es ist tatsächlich absurd, davon zu reden, die Meinungsfreiheit sei in Gefahr. Aber die Intelligenz der öffentlichen Auseinandersetzung lässt doch deutlich Federn, wenn jede Position, die die ausgetretenen Pfade verlässt, mit Wutgeheul beantwortet wird.

Von Meinungsdiktatur lässt sich demnach nicht reden, es

ist ja offensichtlich, dass jeder sagen kann, was er will. Aber der Entrüstungston, der zur vorherrschenden Stimmlage geworden ist, macht alles steril. Das ist nicht schlimm für die, die es abkriegen – Leute wie Don Alphonso oder Jan Fleischhauer leben von dieser Empörung finanziell wie moralisch –, schlimm aber für das linksliberale Lager selbst, denn es macht dumm, wenn man allein noch damit beschäftigt ist, irgendwelche roten Linien zu ziehen und wie ein Bewegungsmelder darauf zu warten, dass die eigene Empörung getriggert wird. Anders: Es gibt keine linke Selbstaufklärung mehr. Keine Selbstproblematisierung, und das ist schließlich der Impuls aller Lebendigkeit.

Ich bin noch aufgewachsen mit Linken, die Sportsgeist hatten, die Anarchie liebten, sich einen Scheißdreck um Formen scherten, vor Freude glucksten, wenn man ihnen widersprach, weil sie nichts mehr fürchteten, als einzuschlafen. Die jeden ermunterten, einen Köpper vom seitlichen Beckenrand zu machen, während die heutige Linke eher einer Gewerkschaft von Bademeistern gleicht.

Einwand: Aber die Rechte betreibe ja auch keine Selbstproblematisierung! Richtig, ich würde sogar sagen: Sie arbeitet in einem atemberaubenden Tempo an ihrer Selbstverschließung, ihrer phrasengestützten Selbstzementierung. Nicht meine Sorge: Meine Sorge seid ihr, ihr Linken, weil ich euch näher bin, weil ihr die Familie seid, in der ich aufgewachsen bin.

Sonntag, der 17. November

Mit Friederike und Pablo zum Gottesdienst in Sankt Ludwig in Berlin-Wilmersdorf. Sie holen mich ab. Im Auto sind wir ein bisschen nervös, verhaltensunsicher. Eine neue Situation. Wir sind es gewohnt, uns zum Tennis, zum Restaurantbesuch, zum Picknick im Park oder zum Konzert zu verabreden, aber nicht zum Gottesdienst. Früher war der Kirchgang ein Konformitätsritual, dem man sich unterwarf, damit alle sehen konnten, wie fromm man war. Heute ist es, zumindest bei uns dreien, umgekehrt: Der Vorgang hat etwas Intimes, das uns fast überfordert: Wird es uns peinlich sein, wenn die anderen uns beten sehen? Bei aller Freundschaft: Aber will man vor den Augen der Freunde in der Kirchenbank knien? Welcher soziale Code gilt da eigentlich?

Jedenfalls vermeiden wir im Auto, darüber zu reden, was gleich kommt, und auch, warum wir jetzt zusammen in die Kirche gehen. Ist es Trostbedürftigkeit? Neugier? Traditionalismus? Exzentrik? Kindheitssehnsucht? Ein Erweckungserlebnis? Bei jedem von uns dürften die Dinge anders, aber auch wieder ähnlich liegen. Pablo ist als Halbspanier sozusagen genetischer Katholik, auch wenn er im heidnischen Berlin aufgewachsen ist. Er muss sich am wenigsten Gedanken machen. Friederike ist evangelisch, aber ihre Eltern waren eher, was man «Feiertagschristen» nennt. Ich selber bin gar nicht getauft, aber meiner Mutter bedeutete der Kirchenkalender viel, insofern ist das In-die-Kirche-Gehen bei mir schon auch irgendwie gelernt, wenn ich auch die katholische Mess-Liturgie nur so halb draufhabe.

Ohne Anlass einer Hochzeit, Taufe oder Beerdigung mit Freunden in die Kirche zu gehen ist für uns also eine Premiere, und während wir noch im Auto sitzen, merken wir, dass es uns gar nicht leichtfällt, die richtige geistige Sitzhaltung einzunehmen. Eine leichte Verlegenheit, die aber zu einem Zustand intensiver Konzentration führt. Wir könnten die Unsicherheit überspielen, indem wir eine ironische Pose einnehmen: der Dandy als Kirchgänger. Aber für solche Spielchen sind wir zu alt.

Ich weiß auch gar nicht mehr, wie wir überhaupt auf diese Idee gekommen sind. Es war beim Tennis mit Pablo, als sie plötzlich im Raum stand. Statt sie weiter zu er- oder zu begründen, wendeten wir uns sogleich den praktischen Fragen zu. Die Konfessionsausrichtung war schnell geklärt, schon weil bei Minderheiten in der Diaspora immer ein stärkeres Glühen ist. Dann entschieden wir uns für Sankt Ludwig, weil: Die fangen erst um 12 Uhr an!

Sagt man, man gehe zur Messe in Sankt Ludwig, unterstellen einem Kenner, der Kirchgang habe weniger mit Frömmigkeit zu tun als mit Snobismus, weil hier der katholische Adel Berlins in Mannschaftsstärke antritt. Tatsächlich war die Kirche dann sehr voll, die Leute standen selbst in den Seitenschiffen, es sah alles ausgesprochen schön und feierlich aus. Hohe Textsicherheit beim Singen. Würdig und recht, man kann es nicht anders sagen. «Letzte Bastion von Restbürgerlichkeit», unkte Pablo anerkennend.

Ein verspätetes Pärchen quetschte sich noch neben uns. Der Mann stellte sich als Kollege von Pablo heraus. Erfreutes, stilles Grüßen mit gemessenen Winkbewegungen der Hand. Es gilt, die Würde des Ortes zu achten. Eigentlich die ideale Form von *socializing*: Sehen und Gesehenwerden, ohne Smalltalk machen zu müssen. Ist die Heilige Messe vielleicht nur eine besonders avancierte Networking-Plattform?

Dann zitiert der Pfarrer Paulus an die Thessalonicher, wonach, wer nicht arbeite, auch kein Brot haben solle ... Das habe ich noch nie in einer Kirche gehört! Ob das wirklich so in der Bibel steht? Na ja, der Pfarrer wird's schon wissen. Vielleicht ist das hier so eine Art FDP-Gottesdienst? Aber die sind doch mehr für den Dalai Lama. Auch interessant, was der Pfarrer jetzt in der Predigt ausführt: Lukas-Evangelium, wonach Jesus die Jünger vor denen gewarnt haben soll, die in seinem Namen auftreten und von der Apokalypse sprechen werden. Gar so nah sei das Ende keineswegs. Anscheinend ein Dauerproblem: dass falsche Propheten sich auf den Weltuntergang berufen.

Danach Moules frites im Manzini. Ein bisschen schauen wir auf die anderen Gäste herab, die ohne vorherige geistliche Speisung sich sogleich auf die Muscheln gestürzt haben. Es war ein schöner Sonntag. Wir beschließen, das öfter zu machen. Aber weil wir gleichzeitig finden, dass die Kirche doch die Chance habe, ein letzter schichten- und milieuübergreifender Ort zu sein, wollen wir das nächste Mal nicht wieder nach Sankt Ludwig gehen, sondern andere Gotteshäuser ausprobieren. *Kirchenhopping.*

Dienstag, der 19. November

Eigentlich ist die Polarisierung, die aktuell beklagt wird, die Antwort auf die traditionelle Klage, dass es keine Alternativen mehr gebe und die Parteien sich zum Verwechseln ähnlich sähen. Jetzt müsste es nur noch gelingen, diese Polarisierung als wertvolle Energie von den Rändern zurück in die Mitte der Gesellschaft zu holen. Ich wünsche mir für die nächste Bundestagswahl ein Duell zwischen Robert Habeck und Markus Söder. Und falls Söder dann wieder ein bisschen mehr in seinen alten Kampfmodus zurückfällt, spielt vielleicht auch Habeck etwas krawalliger auf, als es seinem reflexiven Naturell entspricht – und dann werden wir alle Spaß haben!

Mittwoch, der 20. November

In Wahrheit ist es noch komplexer mit Helenas rollendem R. Sie ist zwar in Franken aufgewachsen, aber genauer im Hohenlohischen, wie sie mir heute erklärt hat, das ist der Teil Frankens, der zu Württemberg zählt. Ist das wichtig? Ja, weil man im Hohenlohischen zwar Fränkisch spricht, aber das R nicht rollt.

Dann käme ihr R also doch aus den Tiefen ihrer russischen Kindheit, an die sie indes so gut wie keine Erinnerungen hat.

Donnerstag, der 21. November

Carl-Schmitt-Vorlesung im Tieranatomischen Theater der Charité. Der Althistoriker Christian Meier mit seinen über neunzig Jahren, einst selber zu Schmitt nach Plettenberg gepilgert, spricht über die Polis und das Politische. Höchst anregend. Ein Gedanke gefällt mir besonders. Meier erzählt die Orestie nach, die Endlos-Verkettung von Rache und Gegenrache in der Familie der Atriden von Argos. Die Tragödie, wie sie Aischylos aufgeschrieben hat, kulminiert in Orests Mord an seiner Mutter Klytaimnestra, die ihrerseits ihren Ehemann (und Orests Vater) Agamemnon mit Unterstützung ihres Liebhabers Aigisth hingeschlachtet hat, weil sie ihm nicht verzeihen konnte, dass er die gemeinsame Tochter Iphigenie den Göttern geopfert hatte, um auf dem Kriegszug nach Troja günstige Winde zu haben. Und so weiter und so fort. Für jeden Gewaltakt gibt es gute Gründe, keiner handelt aus bloßer Niedertracht.

Doch Hand an die Mutter zu legen ist riskant. Orest befragt deshalb den Gott Apoll, der ihn wissen lässt, dass der Sohn zu der schrecklichen Tat verpflichtet sei; er, Apoll, werde ihn nicht preisgeben. Klytaimnestra fällt von der Hand ihres Sohnes, und die Erinnyen, Rachegöttinnen, heften sich an Orests Fersen, der zum Heiligtum der Athene nach Athen flieht. Dort tragen beide Parteien ihre Geschichte, Anklage und Rechtfertigung, vor – und Athene macht sich die Aufgabe nicht leicht; als die Erinnyen auf sie einreden, Orest auszuliefern, schließlich liege der Fall klipp und klar, denn Orest bestreite den Muttermord ja gar nicht, entgegnet Athene, dass es so einfach doch nicht sei: nicht um eine Tatsachenfrage gehe es, sondern um eine Rechtsfrage. Zwei Rechtsansprüche, zwei Argumente, beide gleichwertig. Selbst sie, Athene, Göttin der Weisheit, könne nicht entscheiden, auf welcher Seite die Wahrheit liege. Folglich gebe es nur eine Lösung: Der Areopag, die Bürgerschaft Athens, müsse durch Abstimmung das Urteil über Orest fällen, und auch sie werde sich an der Abstimmung beteiligen.

Auctoritas, non veritas facit legem, zitiert Meier an dieser

Stelle den berühmten Satz von Hobbes, den Carl Schmitt nie müde wurde zu wiederholen: Autorität, nicht Wahrheit schafft das Gesetz.

Die Bürgerschaft gibt ihre Stimmen ab, doch noch hat Athene ihre Stimme nicht abgegeben. Nachdem sie ihren Stimmstein in die Urne für Orest gelegt hat, herrscht Gleichstand. Keine Mehrheit für einen Schuldspruch.

Was mich an Meiers Darlegung so fasziniert: Das demokratische Prinzip verdient unser Vertrauen nicht, weil es wahrheitsfähig wäre, sondern es wird als formales Verfahren in dem Moment herangezogen, in welchem die Wahrheitsfrage unentscheidbar ist: Das ist die Botschaft des Aischylos, der die ‹Orestie› schrieb, als die athenische Demokratie auf ihrem vitalen Höhepunkt war. *Auctoritas, non veritas facit legem*, das heißt: Die Autorität wird durch ein demokratisches Abstimmungsverhalten erzeugt, diese, nicht eine für die irdische Gerechtigkeit ohnehin unergründliche Wahrheit, schafft dann das Gesetz, spricht Recht.

Die Demokratie als Ersatzverfahren, weil man es besser nicht weiß. Und weil die letzte Wahrheit tatsächlich nie zu bestimmen ist, muss man eben immer wieder abstimmen, um zu Entscheidungen zu kommen. Denn entschieden werden muss. Auch dann, wenn uns das Wissen fehlt, um verantwortungsvoll entscheiden zu können.

Immerhin, im athenischen Fall wirkt das Abstimmungsverfahren derart pazifizierend, dass die Erinnyen beschließen, nicht auf ihren Ressentiments sitzenzubleiben, sondern sich zu den Eumeniden, den Schutzgöttinnen der athenischen Polis, wandeln, ein erhabener Akt der Überwindung negativer Gefühle.

Samstag, der 23. November

36 Gerechte leben laut jüdischer Überlieferung in jeder Generation. Nicht viele. Sehr unwahrscheinlich also, dass man dazugehört.

Sonntag, der 24. November

Das alte Parteiensystem, wie wir es von der Bundesrepublik kennen, war auch eines der Affektkanalisation; es diente vielem, darunter eben auch einer übersichtlichen Affektbewirtschaftung. Vielleicht löste die Partei, die man wählte, nicht die Probleme, die einem unter den Nägeln brannten, doch half sie bei der Frust-Rationalisierung: Die Schuld am Weltverhängnis lag bei den Gegenparteien. Keiner hat das schöner zusammengefasst als Rudi Carrell in seinem berühmten Hit ‹Wann wird's mal wieder richtig Sommer, ein Sommer, wie er früher einmal war ...›, wo er um eine Erklärung für das schlechte Wetter nicht verlegen ist: «Und schuld an allem ist die SPD!»

Die Parteien arbeiteten mit diesen Affekten. Weil sie aber staatsloyale Parteien waren, konnten sie dem Affen nicht grenzenlos Zucker geben, sie waren ja eingebunden in ein System der Verantwortung und der Rechenschaftspflicht. Auch der Totalverdammung des politischen Systems konnten sie nicht das Wort reden, ohne in Selbstwidersprüche zu geraten, denn sie lebten ersichtlich von und für dieses System – nicht zuletzt von den Posten, die es zu vergeben hatte.

Parteien waren Kommunikationsoligopole, die einen

erheblichen Teil der politisch-emotionalen Kommunikation zu binden vermochten. Was jenseits dieser Bühne und der angeschlossenen Öffentlichkeit rumorte, durfte sich natürlich artikulieren, blieb jedoch sektiererisch, unfähig, ein rechtes Bild der eigenen Verbreitung auch nur für sich selbst zu gewinnen. Der wütende Leserbrief gegen die Mainstream-Position stand im Zweifelsfall neben einem systemerhaltenden Leserbrief, und eine Wutgemeinschaft kam nicht so leicht zusammen, schon weil es für den Einzelnen schwierig war zu erkennen, ob er sich mit seinem Zorn allein auf weiter Flur befand oder schon zum Hefeteig einer Avantgarde gehörte.

Heute braucht es die Parteien als Affektabsorptionsmaschinen nicht mehr, diese Funktion haben die «Neo-Gemeinschaften», wie sie der Soziologe Andreas Reckwitz nennt, in den sozialen Medien übernommen. Hier findet jeder rasch Anschluss an eine Gruppe solidarisch Empörter, und weil diese Gruppen viel beweglicher sind und nicht wie andere Organisationen einer Systemerhaltungslogik folgen müssen, dürfen sie in fröhlicher Verantwortungslosigkeit Gas geben, ohne auf die Kosten achten zu müssen. Erweist sich der einmal eingeschlagene Pfad als Sackgasse, zerfallen sie wieder, und an ihrer Stelle bilden sich hundert neue. Das ganze System wird extrem volatil und dynamisch, nichts ist auf Dauer gestellt, die Neo-Gemeinschaft ist zu informell, um je unter Rechenschaftsdruck zu geraten. Der wichtigste Anreiz zur Affektkontrolle – dass man nämlich für die Folgen seiner cholerischen Anfälle geradestehen muss, sollte das Ganze außer Rand und Band geraten – entfällt.

Die Parteien haben an die sozialen Medien aber nicht lediglich ihre Affektbewirtschaftungsfunktion verloren, sondern damit auch ein wesentliches Mittel zur heißen Bindung. Der Wutbürger fühlt sich stärker gebunden an die Twitter-Blase, die ihn eine Woche lang mit Emotionen füttert, als an Parteien, bei denen das höchste der Gefühle darin besteht, den Bürgern mitzuteilen, schon zwei Drittel des Koalitionsvertrags abgearbeitet zu haben. Einen Franz Josef Strauß, der beträchtlich angetrunken in der Bonner Runde polterte (und seinen Anhängern das schöne Gefühl bescherte, dass man einen im Kahn und zugleich recht haben kann) – eine solche Figur kennt das emotional abgemagerte politische System nicht mehr. Und zwar, weil wir die Parteien dafür nicht mehr brauchen. Liebe und Hass holen wir uns heute in den sozialen Medien. Und die bieten weltanschaulich so homogene Blasen, dass es kaum zu Beziehungsstress kommt.

Montag, der 25. November

Wenn ich an einer Podiumsdiskussion teilnehme und möchte, dass das Publikum zustimmend mit der Zunge schnalzt, dann sage ich den Satz: «Und das hat natürlich wiederum etwas mit Machtverhältnissen zu tun.» Das Praktische daran: Man kann den Satz immer einfließen lassen, egal, was man zuvor gesagt hat. Kein Kontext, in den er nicht passt. Ein echter *Allrounder*.

Dienstag, der 26. November

Mit meinem Kollegen Sascha Chaimowicz lunchen gewesen. Nach der neuesten Nomenklatur zählen wir beide zu den PoCs, *People of Colour*. Aber wir hatten bisher nie gewissermaßen von *brother* zu *brother* gesprochen. Jetzt sitzen wir beim Japaner, und es stellt sich heraus, dass wir beide dasselbe auf dem Herzen haben. Auch Sascha fragt sich nämlich mit ernster Bekümmernis, ob mit ihm etwas nicht stimmt, weil er sich an so gut wie keine rassistischen Kränkungen erinnern kann. Genau so geht es mir, und auch ich kenne dieses Gefühl der Verunsicherung: Blendest du das aus? Fehlt es dir an Sensibilität? Willst du es nicht wahrhaben?

Natürlich lesen Sascha und ich aufmerksam all diese Bücher, die zurzeit so zahlreich auf den Buchmarkt kommen, warum man mit Weißen nicht über Rassismus reden könne, auch all die Artikel, warum das Leben für PoCs in Deutschland die Hölle sei – und wir wollen beide auch niemandem seine Erfahrungen absprechen, es wird schon so sein, nur warum machen wir, selbst wenn wir tief in uns hineinhorchen, fast nie solche Erfahrungen?

Sascha wuchs in München auf, ich in Heidelberg. Manchmal denken wir: Vielleicht hat es ja was mit Süddeutschland zu tun? Oder ist es am Ende einfach eine Temperamentsfrage?

Seine Eltern, sagt Sascha, hätten ihn, was das angeht, eher unsensibel erzogen. Ich muss lachen über das Wort «unsensibel». Noch vor zehn Jahren hätte man gesagt: Alles richtig gemacht. Jetzt: unsensibel.

Sascha hat eine besonders vielschichtige Familiengeschichte. Sein Vater ist das Kind von jüdischen Holocaustüberlebenden, die Mutter stammt aus einer karibischen Familie, deren größerer Teil heute in England lebt.

Erstaunlicherweise sagt er jetzt: «Wir waren keine Familie der besonderen Schwere. Das wurde alles nicht als dramatisch gesehen. Meine Eltern haben nie zu meinen Geschwistern und mir gesagt: ‹Ihr müsst darauf vorbereitet sein, ihr seid so und so, das wird euch passieren!›»

Bei mir war es nicht anders. Meine Mutter hatte sich zwar schon Sorgen gemacht, aber mich an ihnen nicht teilnehmen lassen. Ich sollte unbefangen aufwachsen. Ich lausche Saschas Münchner Zungenschlag und denke an meine eigenen dreizehn Jahre zurück, die ich in München gelebt habe, an diese SUPER GUTGELAUNTHEIT, in die man in München gebettet ist wie in ein warmes Bad.

Sascha: «Vielleicht ist es ja der Münchner Blick: Ich finde es zum Beispiel nicht komisch, wenn ich bei der Flughafenkontrolle herausgewunken werde. Dann denke ich eher: Würd ich auch so machen. Aber ich weiß, dass das manche sehr schlimm finden, man habe den Rassismus dann ja schon internalisiert.»

Habe ich den Rassismus verinnerlicht, sodass ich ihn völlig normal finde? Auch ich bin immer mit einer leichten Alarmbereitschaft durch die Welt gegangen, nur dass der Alarm nie ausgelöst wurde. Mir kommt in den Sinn, wie ich an einem stürmisch-regnerischen Februartag im Jahr 2016 aus beruflichen Gründen auf der Nordsee-Insel Föhr war.

Nachdem ich in meiner Pension eingecheckt hatte, machte ich mich auf die Suche nach einem Restaurant. Das war nicht so einfach, denn es war der Tag der brennenden Feuer, mit denen einst die Insulanerinnen von ihren Ehemännern Abschied nahmen, wenn diese zum Walfang aufbrachen. Alljährlich brennen deswegen an diesem Tag zahlreiche Feuer auf Föhr, und die Insel ist, trotz Winterzeit, voller Touristen. Überall werden Grünkohl-Menüs angeboten, und alle Gaststätten sind voll. Jetzt versuche ich mein Glück in der Friesen-Stube, frage, ob noch ein Tisch für eine Person frei wäre? Nein, leider seien alle Tische vergeben.

Da ruft eine Frau aus einer groß besetzten Runde herüber und sagt: «Setzen Sie sich zu uns!» Eigentlich bin ich nicht scharf darauf, mich zu fremden Leuten an den Tisch zu setzen, aber ich habe Hunger. Ich frage also, ob ich auch wirklich nicht störe, und die Runde, zehn ältere Damen und Herren, die noch waschecht aussehen wie aus den fünfziger Jahren, sagen im Chor: «Überhaupt nicht!» Ein bisschen misstrauisch bin ich schon, Insulaner gelten als ein bisschen speziell. Während ich noch mit mir ringe, fügt die Dame, die zuerst die Einladung ausgesprochen hat, hinzu: «Du hast so schönes Haar!» Großes Gelächter, alle Blicke sind erwartungsvoll auf mich gerichtet, ob ich den Scherz auch mit gutem Humor aufnähme. Ich sage: «Das Gastrecht verdanke ich nur meinen Haaren, ich verstehe.» Damit war das Eis endgültig gebrochen.

Es stellt sich heraus: Es ist ein Kegelverein, weshalb bei jeder Runde – Tote Tante, Pharisäer, Grappa und Aquavit werden gekippt – ein dreifaches «Gut – Holz!» ausgebracht wird. Heute gebe es nur Grünkohl, sagen sie zu mir. Das sei mir zu schwer, sage ich und frage die Kellnerin, ob es nicht auch Fisch gebe. Die Runde ruft laut: «Nein!» Aber die Kellnerin reicht mir die reguläre Karte. Ich nehme eine Nordsee-Scholle. Als die Scholle dann vor mir steht, heißt es: «Ob er wohl damit klarkommt?» Aber schon mein erster Filetierungsstich überzeugt alle: «Dad ist nicht seine erste Scholle!»

Zureit seien ja viele Fremde auf der Insel. Kurz zucke

ich zusammen: Worauf soll das nun hinauslaufen? Fremde, wie ich möglicherweise einer für sie bin? Diskutieren wir gleich die Flüchtlingskrise? Dann begreife ich: die Fremden, das sind die Touristen. Fremde sind auch das kölsche Ehepaar am Tisch, das seit seiner Pensionierung – «du bist ja als Beamtin privatversichert, lass dir doch die Augen lasern!» – auf der Insel lebt.

Dann erzählt ein anderes Ehepaar, sie hätten sich in den fünfziger Jahren in New York, in Riverdale, kennengelernt, sie aus Niederbayern ausgewandert, er von Föhr. Er habe als Auswanderer sein Visum für die USA nur bekommen, weil er sich für die Army habe rekrutieren lassen. Doch dann habe der Vietnamkrieg begonnen, und als die Gefahr zu groß wurde, eingezogen zu werden, sei er, nach sieben Jahren, mit seiner Frau wieder zurück nach Deutschland gegangen, eben nach Föhr. Sie rollt das R immer noch bayerisch, über diesen Basso continuo aber ist ein norddeutscher Akzent gelegt. Komischer Hybrid-Sound.

Die Vermögenderen in der Runde haben eine Zweitwohnung auf dem Festland wegen der ärztlichen Versorgung, Fachärzte gebe es auf Föhr nicht. Die mit den Zweitwohnungen, und jetzt wird auf die entsprechenden Ehepaare gezeigt, seien die Kapitalisten. Das hören die Gemeinten mit verschämtem Grinsen gerne.

Großer Lacher: als eine Frau erzählt, in der Friesen-Stube habe es heute auch vegetarischen Grünkohl gegeben. Ihre Tischnachbarin schüttelt entgeistert den Kopf: Wie denn da der Geschmack dann reinkäme? «Nur von den Zwiebeln, heißt es», antwortet Erstere. Nein, das sei nichts für sie.

Bei jedem neuen Pils erhebe ich selbstverständlich mein Glas. Die Kölnerin meint, die Föhrer müsse man ja kitzeln, damit sie den Mund aufmachen, aber davon konnte heute Abend nicht die Rede sein. Unter allgemeinem Zuprosten verlasse ich nach zwei Stunden die gastfreundliche Runde.

Hätte ich schon bei dem übergriffigen Satz «Du hast so schönes Haar!» *(das geht ja gar nicht!)* die Schotten dicht gemacht, weil genau das die STRUKTURELL RASSISTISCHE GEWALT IST, DIE SCHWARZE KÖRPER TÖTET, ich hätte nie so ein uriges Föhr-Erlebnis gehabt.

Mittwoch, der 27. November

Nirgends sind wir kleinlicher als bei unserer inneren Buchführung, mit der wir verzeichnen, ob uns von anderen der angemessene Respekt entgegengebracht oder im Gegenteil eine Kränkung, eine sogenannte Mikroaggression, zugefügt worden ist.

Tägliche Grundsituation im Straßenverkehr: eine schmale Stelle, die zwei Autos nicht gleichzeitig passieren können, einer muss ausweichen, die Beschilderung klärt nicht, wer Vorfahrt hat. Es muss halt einer nachgeben, und das Sprichwort versucht, ihm das Opfer zu versüßen, denn er darf sich als der Klügere vorkommen. Also biegt man in eine Parklücke ein, und während der entgegenkommende Wagen an einem vorbeizieht, schaut man mit Adlerblick, ob der Typ hinterm Steuer auch dankbar winkt. Er winkt nicht. Allerhand! Das wär doch das mindeste gewesen! Statt sich an sich selbst zu erfreuen, dass man die Freundlichkeit besitzt, andere vorzulassen, überprüft man bloß wieder kleingeistig, ob die eigene Vorbildlichkeit auch ausreichend anerkannt wurde. War man eben noch der Klügere, der nachgibt, ist man nun der Nickelige.

Ich sitze im Zug, der Fahrgast vor mir hat sein Jackett so an den Kleiderhaken gehängt, dass es in Wahrheit die ganze Zeit nicht in seinem Sitzplatzbereich, sondern über meinem Klapptischchen baumelt. In scharfen Kurven (zugegeben, viele scharfe Kurven gibt es nicht) schwenkt das Sakko über meinen Laptop, während mein Zugnachbar gemütlich seine Schuhe ausgezogen hat und auf seinem Bildschirm Netflix schaut. Ich beobachte das Sakko und bin gleich doppelt genervt: von dem fremden Sakko und von der Kleingeistigkeit meines Gedankenstroms, der jetzt doch tatsächlich das Wort *Sitzplatzbereich* entsichert hat. Ich möchte ja um Himmels willen nicht einer sein, der sich von einem fremden Sakko im eigenen Sitzplatzbereich herausgefordert fühlt, das ist ganz klar! Deprimierend aber, wie viel innere Anstrengung es mich kostet, nicht genau wie ein solcher zu ticken ... Eigentlich stört das Sakko gar nicht. Wir haben uns aneinander gewöhnt in der besten Weise, wie man sich an einen anderen gewöhnen kann: Ich nehme es schon gar nicht mehr wahr. Bis der andere Fahrgast sein Ziel erreicht hat, seinen Laptop zuklappt, aufsteht und nach dem Sakko greift. Ich finde, das wäre jetzt für ihn der passende Moment festzustellen, welches Glück er mit mir gehabt hat, und ein Wort des Dankes an mich zu richten, stattdessen nichts, kein Wort. Er wagt mir noch nicht mal ins Gesicht zu schauen.

Ach, ihr Rüpel, da steh ich doch drüber.

Aber wie viel Kraft es mich kostet, darüberzustehen, das möchte ich lieber nicht zugeben.

Sonntag, der 1. Dezember

FAS. Friederike Haupt berichtet, wie sie in Göttingen zwei Autonome trifft, die in irgendeiner Weise daran beteiligt waren, eine Lesung von Thomas de Maizière zu verhindern. Nun macht de Maizière einen zweiten Anlauf, diesmal wird die Ausländerbehörde abgefackelt. Laut Bekennerschreiben habe man jenes System angreifen wollen, von dem de Maizière ein Teil sei. Am nächsten Tag tauchen Graffiti auf, die die Gesichter von Jürgen Trittin und Thomas de Maizière zeigen. Darüber: «Ob grün, ob braun.» Und darunter: «Faschismus ist keine Meinung, sondern Mord! Berufs-, Betätigungs- und Sprechverbote für Staatsterroristenfaschisten!»

Ich muss dem Wort «Staatsterroristenfaschisten!» nachschmecken. Hilfloser Versuch, durch hysterische Begriffskopplungen die Wirklichkeit zur Kenntlichkeit zu entstellen. Dieser Drall zum Superlativ; weil Wörter scheinbar nichts kosten, gibt es so wenig Gründe, nicht immer und unbedingt das dickste Kaliber zu ziehen. Staatsterroristfaschist.

Es zeigt noch einmal, welche Rolle Wörter spielen im Politischen. Man legt in sie seine ganzen Gefühle, sie sind ein Signal des Ich, dass man etwas zum Lauf der Dinge zu sagen hat, dass man eine Rolle spielt: Man brüllt sie aus sich heraus, um nicht an der Leere irrezuwerden, in der die großen Wörter schweben. Man möchte so gern den Nagel auf den Kopf treffen, aber die Wirklichkeit gleicht weniger einer Wand als einem Spiegelkabinett. Wenn ich nur laut genug schreie, muss mich doch einer hören!

Montag, der 2. Dezember

Die SPD hat also eine neue Führung. Während ihr das Wasser bis zum Hals steht, hat sie zwei Politiker aus der dritten Reihe an ihre Spitze gewählt, die keinen erreichen werden, der nicht Parteimitglied ist – und auch unter denen hielt sich die Wahlbeteiligung in Grenzen.

Ist das jetzt das Ende der SPD, wird gefragt. Politik wirkt in der Demokratie unter Bedingungen der Massenmedien regelrecht ausbuchstabiert: Selbst eine Zäsur, wie sie diese Verzweiflungstat darstellt, bringt in den Kommentaren keine neuen Sätze hervor, alles ist gesagt. Und zwar seit Jahren. Von der einen wie von der anderen Seite. Die Zahl der Gedankenverknüpfungen ist endlich, die Zahl der Talkshows, Zeitungen, Podcasts und Social-Media-Plattformen gefühlt unendlich. Kein Vorwurf an die Kommentatoren: Was sie geschrieben haben, führt nur vor Augen, dass die Überkommentierung, die die Politik erfährt, ihr zum Problem wird; das Neue ist nicht denkbar, weil immer schon gesagt. Selbst auf ein solches Ereignis kann man eigentlich nur noch mit Zitaten von gestern reagieren.

Auch meine Formulierung, der SPD stehe das Wasser bis zum Hals, ist abgegriffen. Falsch ist der Satz trotzdem nicht: Natürlich, der SPD steht das Wasser bis zum Hals, aber das ist seit zehn Jahren so.

Und natürlich ist die Wahl von Saskia Esken und Norbert Walter-Borjans nicht der Grund für das Ende der SPD, sondern nur dessen sichtbarster Ausdruck.

Dienstag, der 3. Dezember

Idealvorstellung von Politik: Da ist ein Problem, unterschiedliche Lösungen werden erarbeitet, man entscheidet sich für eine davon, und nach drei Jahren werden die Ergebnisse überprüft.

Schön – dieses Szenario hat nichts mit Politik zu tun. Und zwar nicht, weil die Politik auf schlimme Art irrational wäre, sondern weil sie etwas gänzlich anderes ist, sonst hätten wir ausschließlich Technokraten-Regierungen und könnten die *res publica* den Experten überlassen.

Politik ist etwas genuin anderes. Trotzdem neigen wir dazu, sie so zu beobachten und zu betreiben, als gäbe es einen Maßstab, die «Wahrheit», die «Wirklichkeit», an der Regierungshandeln zu messen wäre. Diese Vorstellung geht von zwei Sphären aus: einer der gesellschaftlichen Probleme oder der ‹gesellschaftlichen Wirklichkeit›, die die Maßstäbe des Handelns setzt, und einer des politischen Handelns, die sich an der ersten Sphäre messen lassen muss. Aber tatsächlich ist Politik eine Gleichung mit mindestens zwei Unbekannten, und die Wirklichkeit, an der die Politik zu messen wäre, wird überhaupt erst von dieser hervorgebracht.

Anders als bei sportlichen Wettbewerben sehen wir in der Politik nie klare, endgültige Gewinner, denn die Ziellinie wandert jeweils mit – mit dem Leben, den Jahren, mit der Zeit. Ob eine Politik erfolgreich war, darüber streiten sich die Parteien, weil sich, erstens, Erfolge nicht so leicht zurechnen lassen, weil der nicht eingeschlagene Alternativpfad, zweitens, nur hypothetisch auszuphantasieren ist und weil die Beschreibungen und Deutungen der Vorgänge, drittens, stets auseinandergehen.

Bis in meine Mittdreißiger zum Beispiel war ich überzeugt, dass wir aufhören sollten, so zu tun, als könnten wir die Arbeitslosigkeit durch politische Maßnahmen reduzieren. Mir schien die Arbeitslosigkeit eine Folge der technisch-industriellen Innovation, ein Rationalisierungseffekt: lieber sollten wir an Lebensformen arbeiten, die nicht auf die Sinnstiftung durch Erwerbsarbeit ausgerichtet sind. Alles andere, so empfand ich damals, sei Augenwischerei. Die Glücklichen Arbeitslosen erschienen mir als Avantgarde der Post-Arbeitsgesellschaft. Im ‹Müßiggangster›, dem «Kontemplationsblatt der Glücklichen Arbeitslosen», schlugen diese 1999 ein «Bündnis für Simulation» vor: «Ihr tut, als ob ihr Arbeitsplätze schafft, wir, als ob wir arbeiten!»

Doch dann kam Gerhard Schröders Agenda, und etwas, was über Jahrzehnte ganz unveränderlich erschien, löste sich auf wie Nebelschwaden: Aus fünf Millionen Arbeitslosen wurden 1,5 Millionen, fast Vollbeschäftigung. Während sich die Jungen noch als «Generation Praktikum» bemitleiden lassen wollten, suchten Unternehmen von der Tischlerei bis zum Architekturbüro händeringend nach Arbeitskräften.

Aber wer jetzt angenommen hätte, das wäre allgemein als erfolgreiches Regierungshandeln anerkannt worden, täuscht sich. Naturgemäß nahm die Klage über soziale Ungerechtigkeit, Elend und Perspektivlosigkeit überhaupt nicht ab; stattdessen stritt man über die Deutungen: Die 3,5 Millionen einstigen Arbeitslosen seien bloß aus der Statistik verschwunden, weil sie in die Pauperisierung von Hartz IV und den Niedriglohnsektor abgeschoben worden seien.

Die Summe der Gerechtigkeitslücken: eine Konstante.

Kann man jetzt sagen: Einer hat recht behalten? Schröder oder Lafontaine? Nein. Muss man auch nicht. Politik ist ein

Phantom, das ständig seine Erscheinungsform ändert, sie ist fluide, nicht zu greifen, sie ist nur so lange stabil, wie es eine hegemoniale Erzählung von ihr gibt.

Und längst sagen die Auguren eine neue Massenarbeitslosigkeit als Effekt von Digitalisierung in Tateinheit mit KI voraus. Dann werde ich mich zurücklehnen und mir denken: «Hab ich doch schon 1999 gewusst!»

Mittwoch, der 4. Dezember

Alexander Gauland hat dem ‹Focus› gesagt: «Ein Teil meiner Familie hat völlig mit mir gebrochen. Fast die ganze Verwandtschaft meiner Frau lehnt die AFD völlig ab. Wir sind oft dort gewesen und haben oft gemeinsam gefeiert. Das Haus wird nicht mehr betreten. Das ist alles weg und tot.» Auf Twitter kommentiert das einer: «Wir dürfen uns nicht von traurigen Faschistenaugen erpressen lassen.» Ein anderer schreibt: «Mir kommen die Tränen! Was für ein verlogener Sack! Respekt der Familie!»

Donnerstag, der 5. Dezember

Von der Straße dringt die Stimme eines Bauarbeiters durchs Fenster: «Der denkt doch original, er sei was Besseres, der Idiot! Dabei ist er in Wahrheit nur ein kleiner Scheißer!»

So geht's doch auch. Dafür muss man doch nicht Twitter erfinden, um sich mal Luft zu machen.

Freitag, der 6. Dezember

Herausforderung: Was wir bei anderen beobachten, wird mit hoher Wahrscheinlichkeit auch auf uns selbst zutreffen, das ist in Rechnung zu stellen.

Samstag, der 7. Dezember

Anders als gemeinhin beschworen, ist es meinem Eindruck nach nicht fünf vor, sondern fünf nach zwölf. Die Flut steht uns nicht unmittelbar bevor, um im nun wirklich allerletzten Augenblick abgewehrt und gewendet zu werden, das Eis ist bereits geschmolzen, die Wasserstände sind bereits gestiegen, nur dem wird das Wasser nicht bis zum Hals stehen, der schwimmende Städte baut. Fünf nach zwölf heißt: Die Zeitenwende liegt hinter uns, wir müssen neue Karten zeichnen, die alten helfen nicht mehr. Nicht mehr retten, was nicht zu retten ist, sondern das Neue umarmen. Und dabei, das ist gut für die Nerven, sich erinnern, dass übrigens alle 24 Stunden fünf vor zwölf ist, es ist auch alle 24 Stunden fünf nach zwölf. Es ist unablässig ein neuer Tag, aber immerhin funktionieren die Uhren noch.

Montag, der 9. Dezember

Gestern ging der SPD-Parteitag unter Absingen der Internationale zu Ende.

«Die kann man doch nicht mehr wählen.» Als das alte Parteiensystem noch funktionierte, ein sinnvoller Satz. Ein systemerhaltender Satz. Von der Partei, die man sowieso nie wählte, sagte man diesen Satz mit Blick auf ihre jüngsten Forderungen: «Die kann man doch nicht mehr wählen!»

Von der Partei, die heute das größte Problem damit hat, dass sie nicht mehr gewählt wird, kann man eines definitiv nicht behaupten: «Die kann man doch nicht mehr wählen!» Ich jedenfalls kenne niemanden, der die SPD nicht wählt, weil man sie nicht mehr wählen kann.

Auch der Parteitag unter der neuen Führung hat eigentlich nur Grundvernünftiges beschlossen, nichts Extremes, was Wähler wie mich verschrecken könnte. Sollte die SPD indes ihre Entscheidungen mit Blick auf Wähler wie mich getroffen haben, wäre sie nicht gut beraten, denn die Wahrscheinlichkeit, dass ich sie wähle, ist eher gering. Ich bin von der Effizienz der Vermögenssteuer nicht überzeugt, ich habe ein Grundvertrauen in schwäbische Hausfrauen und glaube nicht, dass die Bäume fiskalpolitisch in den Himmel wachsen, aber gleichzeitig erscheint es mir vollständig zwingend, logisch zwingend, dass es eine Partei geben muss, die sich eine so naheliegende Forderung wie die nach einer Vermögenssteuer auf die Fahnen schreibt und es mit dem ausgeglichenen Haushalt nicht so genau nimmt, wenn es darum geht, unsere verrottenden Schulen zu sanieren. Und dass der Preis für die Tonne CO_2 von zehn auf vierzig Euro erhöht werden muss, das bestreitet nicht einmal so ein ökotauber, misogyner, alter, weißer Greta-Hater wie ich.

Dies ist die traurige Wahrheit: Die SPD wird nicht einmal mehr *nicht* gewählt, sie gleicht eher einem alten Bekannten, gegen den man gar nichts hat; es war kein böser Wille, dass man ihn nicht zur Geburtstagsparty eingeladen hat, man hatte ihn einfach vergessen.

Dienstag, der 10. Dezember

Eben schaute T. vorbei, um seine Strickweste abzuholen, die er gestern bei mir vergessen hatte, als ich zum Abendessen eingeladen hatte. Vermutlich, sagte er gleich beim Reinkommen, habe er mit seiner Verteidigung der Moral gestern falschgelegen, aber eines wolle er doch noch mal sagen: Wenn er manchmal in Stuttgart (wo er lebt) zum Abendessen eingeladen sei, säßen da nur so Anwälte nebst Gattinnen, und die größte Abwechslung sei es, wenn sich auch mal ein Zahnarzt-Ehepaar daruntermische, es seien oberlangweilige Abende, aber dort denke man über Greta genau so, wie es J. und ich gestern Abend ausgebreitet hätten.

Ich musste lachen. Das war natürlich ziemlich unter der Gürtellinie, meine Greta-Überlegungen in Verbindung zum Stuttgarter Anwältemilieu (Halbhöhe) zu bringen.

Tatsächlich hatten wir uns gestern gleich über die beiden großen Benimmregeln, nämlich bei Tisch weder über Politik noch über Religion zu reden, hinweggesetzt. Doch obwohl das Gespräch schnell eine ziemliche Dynamik entwickelt hatte, war es eher eine theatralische Dynamik, es war auf allen Seiten, bei den katholischen Kirchgängern wie den eingefleischten Atheisten, bei den Öko-Kassandren wie den Flugscham-Verspottern, bei den Moralverteidigern wie den Heuchelei-Anklägern, bei denen, die gedient hatten und sich erinnerten, wie es damals auf ihrer Stube zugegangen war, wie bei den Zivis, die verweigert hatten, weil sie sich schon aus Lifestylegründen nicht kasernieren lassen wollten, ein ausgeprägtes Bewusstsein von Rollenspiel dabei. Keiner fühlte sich durch die überspitzten Thesen des Tischnachbarn herausgefordert in einem mehr als sportlichen Sinne, man klopfte ihr oder ihm eher auf die Schulter, als wären politische Überzeugungen schrullige Überbleibsel einer kindlichen Lebensphase. So wie ein ansonsten seriöser Mensch samstags die Farben seines Fußballvereins über dem Sakko trägt: Natürlich ist er in diesem Moment nicht ganz knusper, aber der Mensch braucht halt seine Farben.

Mir kam es plötzlich vor, als hätte die Gesellschaft – in diesem Fall verkörpert durch meine Tischgesellschaft – aus den leidvollen Erfahrungen mit der Polarisierung in den vergangenen Jahren gelernt und beschlossen, einen bestimmten Ernst nur noch für Notfälle bereitzuhalten und ansonsten jedem seine weltanschauliche Folklore zu lassen. Zu viele Abendessen waren nach 2015 und der Flüchtlingskrise in kaltem Hass geendet, und am nächsten Morgen wachte man nicht nur mit einem Kater auf, sondern auch mit dem schmerzlichen Gefühl, dass die alte Leichtigkeit unter Freunden verlorengegangen war.

J., als Schriftstellerin eine scharfe Beobachterin gesellschaftlicher Rituale, hatte sich an besagtem Abendessen über die Greta-Idolatrie lustig gemacht, was – außer bei mir – auf scharfe Ablehnung stieß: In Wahrheit sei die Brutalität, mit der die Medien über Greta herfielen, das weit schlimmere Problem. Natürlich sprang ich J. bei, als sie erklärte, dass die ökologischen Fragen zu gerne zum Anlass genommen würden, andere zu belehren und zu maßregeln. «Ja und?», sagte T., «was ist denn schlimmer? Die Heuchelei oder der Klimawandel?»

Na ja, vermutlich schon der Klimawandel, aber nichts dürfe so groß und wichtig sein, dass man darüber das Recht kassiere, die Heuchelei beim Namen zu nennen.

I., maßvoll in ihrem Temperament, aber immer für Klarheit, hatte bereits signalisiert, dass ihr der Gegenstand zu wichtig sei, um ihn geistreichem Unernst und steilen Thesen zu opfern. Nun war sie mit ihrem Stuhl ein kleines Stück von ihrer Sitznachbarin J. abgerückt, damit sie ausreichend Raum hatte, um sie entgeistert von Kopf bis Fuß ob ihrer Frivolitäten anzuschauen.

«Geschenkt», fand P., der Philosoph, viel interessanter sei es doch, sich zu fragen, ob Heuchelei nicht sogar eine nützliche soziale Praxis sei, weil das Heucheln so etwas wie der erste Schritt hin zu einer Verhaltensänderung sei? Irgendwann gehe einem die Heuchelei gewissermaßen in Fleisch und Blut über, und dann fahre man tatsächlich nur noch Bahn.

T. hatte P. gerade das indirekte Kompliment gemacht, dass ihm das eigene mutwillige Herumgelabere in seiner Gegenwart gar keinen Spaß mache, weil er immer gleich wissenschaftliche Erkenntnisse und Statistiken zur Hand habe, an denen jede exzentrische These zuschanden gehe.

Später kam die Rede auf die Bundestagsabgeordneten, die zwar künftig nicht weniger zu fliegen gedächten, aber jede Flugmeile kompensierten durch Zahlung an eine Nachhaltigkeitsorganisation. Wir von der Heuchel-Spott-Fraktion wollten den Punkt schon für uns verbuchen, aber da hatten wir uns zu früh gefreut. Wenn man seine Flugmeilen ökologisch kompensiere, erklärte P. als stoischer Rationalist, dann sei das Fliegen bis zu einem gewissen Punkt für den CO_2-Haushalt der Erde sogar nützlicher als das Nicht-Fliegen. Propagandistisch so richtig verwertbar war diese neue Erkenntnis indes für keines der Lager. In komischer Weise zu praktisch und zu dialektisch zugleich gedacht.

Schließlich zitierte jemand den schönen Aphorismus von Rochefoucauld, wonach die Heuchelei die Verbeugung des Lasters vor der Tugend sei. Darauf konnten sich alle einigen, zumal die Zungen mittlerweile zu schwer vom Wein waren für tänzelnde Streitlust.

Als T. nun seine Stuttgarter Anwalts-Bekanntschaften erwähnte, war das noch aus einem anderen Grund interessant für mich: Er wollte nämlich J. und mir gar nicht so sehr widersprechen, bloß sicherstellen, dass wir nicht auf die irrige Idee kämen, eine irgendwie besonders raffinierte Position einzunehmen: «So wie ihr ticken ja sämtliche Zahnärzte und Anwälte auf der Stuttgarter Halbhöhe!»

Das trifft; seit zehn Jahren ist der Wunsch, im Meinungsspektrum möglichst Gegenwind zu haben und ein Minderheitsvotum zu vertreten, zu einem Breitensport geworden. Früher versuchte man die eigenen Überzeugungen stark zu machen, indem man sich darauf berief, dass dahinter Mehrheiten stünden, heute leiten die Leute, ob rechts oder links, ihre Statements mit dem Satz ein: «Ich weiß, dass man das heute gerne anders sieht, dass ich mit dieser Meinung alleine dastehe / mich angreifbar mache» – als wäre es eine Auszeichnung, Dinge anders zu sehen als die Mehrheit. Nichts scheint tödlicher als der Verdacht, der eigene Gedanke könnte in Wahrheit eine Mainstream-Position darstellen. Der neue Mainstream ist das eitle Unterfangen, sich vom Mainstream absetzen zu wollen.

Doch ich bin nicht kindisch, ich schätze mich, lieber T., glücklich, dass meine Greta-Skepsis von den Stuttgarter Anwälten und Zahnärzten geteilt wird. Sind die Stuttgarter Anwälte und Zahnärzte nicht ohnehin die, die den Laden am Laufen halten?

Mittwoch, der 11. Dezember

Werde heute Helena zur Probe eines Chors begleiten, den sie leitet. Sie brauchen Verstärkung für ein Weihnachtskonzert, das am Sonntag in der Dorfkirche von Kladow am Wannsee stattfinden wird. Einige aus dem Chor wollen grundsätzlich keine Kirchenlieder singen und keine deutschen Volkslieder. Das schnüre bei ihnen alles ab. Erst wenn die Volkslieder, sagt Helena, so hochkulturell überformt seien wie bei Gustav Mahler, kämen sie wieder damit zurecht.

Helena: «‹Es führt über den Main eine Brücke aus Stein› sind sie bereit zu singen, weil der Chorsatz so komplex ist, dass es sie wieder an Kunst erinnert. ‹Da unten im Tale› mit der Melodie von Brahms aber geht nicht, da denken sie nur an deutsches Volkslied, und alle Nägel krümmen sich ihnen.»

Und weil, wer keine Kirchenlieder singt, erst recht keine Weihnachtslieder singt, springe ich jetzt als Oberweihnachtsmaxe, der ich bin, ein. Schade, ich hätte zu gern die Gesichter der Volkslied-Phobiker gesehen.

Donnerstag, der 12. Dezember

Als neue Kommissionspräsidentin will Ursula von der Leyen die EU bis 2050 klimaneutral machen.

Viel lieber als das Reden über und Warnen vor dem Klimawandel sind mir Maßnahmen dagegen. Ich wäre sogar bereit, 100 Euro für die Tonne CO_2 zu zahlen, wenn damit sichergestellt wäre, dass dieser Nachhaltigkeits-Party-Talk endlich versickern würde ... Insofern voller Support für Ursula von der Leyens *Green Deal*!

Freitag, der 13. Dezember

Die Kamera der BBC ist an diesem Morgen auf die schwarz schimmernde Tür von Downing Street 10 gerichtet. Anders als Theresa May vor zwei Jahren, erklärt der Kommentator, dürfte Boris Johnson früh zum Buckingham Palace aufbrechen, denn sein Regierungsauftrag könnte klarer nicht sein. Zwischen zwanzig und vierzig Minuten werde die Unterredung zwischen Königin und Premierminister dauern – vielleicht auch etwas länger, fügt er hinzu, die Königin liebe ja, wie man wisse, *political gossip*, politischen Klatsch, sie lese die Zeitungen aufmerksam, sie werde womöglich Fragen stellen.

Kann sein, dass das nur eine flapsige Bemerkung war, aber wenn man Politik rein rezeptionsästhetisch betrachtet, stellt sie sich tatsächlich dar als unsere reichste Quelle für Klatsch. Dauernd wird was ausgeheckt, dauernd was weitergetragen, dauernd was dementiert, dauernd zerbricht man sich den

Kopf darüber, welche Geheimpläne ausbaldowert werden, dauernd triumphiert einer, dauernd weidet sich einer an der Niederlage eines anderen. «Schon gehört, dass T. jetzt mit U. zusammen ist?» Dieser Basis-Satz ist für den amourösen Klatsch so zentral wie für den politischen. So kommt das Neue in die Welt: Noch eben hatten wir uns im Leben nicht vorstellen können, dass T. ausgerechnet mit U. zusammen- kommt, jetzt ist es passiert, mal sehen, was daraus entsteht.

In Demokratien sind Wahlen eine extra zu diesem Zweck gebaute Maschine zur Produktion von Neuheit. Ganz wie in Aischylos' ‹Orestie›: nicht zur Feststellung der Wahrheit, sondern um einen Bruch mit der Vergangenheit und eine Entscheidung für Neues zu ermöglichen.

Nach der Wahl zum britischen Unterhaus kann es nun also weitergehen, die Lähmung des Systems ist vom Wähler mit einer Klarheit beendet worden, dass es sich heute Mor- gen anfühlt, als würde man frische Luft einatmen, Frühlings- morgen, aufgehende Sonne, die Bodennebel vertrieben.

Möglicherweise schlägt das Vereinigte Königreich damit einen falschen Weg ein, aber wichtiger als die Frage, wofür eine Entscheidung ausfällt, ist für Demokratien, dass über- haupt entschieden wird, eben weil sie Dezisionsmaschinen sind. Weil sie eine unübersichtliche Masse Wirklichkeit in einem quasi künstlichen Zuspitzungsakt in die Form einer Entscheidung bringen; dafür oder dagegen. Christian Lind- ners «Lieber nicht regieren als schlecht regieren» stimmt nicht.

Wir Deutschen sollten jetzt daran kauen, wie es möglich sein konnte, dass wir zwei Jahre lang tapfer, um die narziss- tische Kränkung klein zu halten, die Legitimität des Refe- rendums in Frage gestellt haben: Die Briten hätten ja gar nicht gewusst, worüber sie abgestimmt haben, das Ergebnis sei denkbar knapp ausgegangen, die Alten, die eh bald sterben, hätten in Generationenegoismus diese Suppe den Jungen, die sie auslöffeln müssten, eingebrockt. Und so weiter. Nur ein Satz fiel nie in der deutschen Presse: dass die Briten rauswollen aus der EU.

Samstag, der 14. Dezember

Macht ist etwas so Brutales, Rohes, aber gleichzeitig etwas so Komplexes und Ungreifbares, dass wir nur mit gespaltener Zunge darüber reden können. Statt von Macht spricht der Politiker von Verantwortung, statt von Gier nach Einfluss vom Wunsch nach Gestaltung, er sagt nicht: «Ich möchte dieses Land beherrschen», sondern: «Ich möchte meinem Vaterland dienen.» Aber nur ein sehr schlichter Geist würde diese euphemistische Redeweise als Heuchelei geißeln. Schlimmer als die euphemistische Rede wäre ja der unverblümte Zugriff auf die Macht – so wie es Matteo Salvini von der Lega, damals italienischer Innenminister, 2019 aussprach: Er wolle «die ganze Macht» *(pieno potere)*. Irgendwie wollen das natürlich alle, aber indem man es nicht ausspricht, also heuchelt, diszipliniert man seine Affekte; die Heuchelei ist ein Zivilisierungselement. Die Sitte der schamhaften Umschreibung mäßigt die raubtierhafte Härte, die nichts anderes meint, als dass der Wille des einen über den Willen eines anderen triumphiert.

Es gilt aber eben auch: Macht liegt auf der Straße, irgendeiner muss sie halt aufheben. Die Filmemacherin und Uckermark-Kolonisatorin Lola Randl sagte einmal mit Blick auf die stets ausgebuchten Handwerker, die hätten die Macht und spielten sie auch aus. Und fügte hinzu: «Wer die Macht hat, kann sie ja schwer nicht ausspielen.» Da ist etwas gesehen: Wenn keiner die Macht will, ist das Staatswesen auch gelähmt. Weswegen sich die SPD, obwohl sie wirklich nicht scharf drauf war, 2017 vom Bundespräsidenten abermals in die Große Koalition zwängen ließ.

Den Gemeinplatz, wonach die Mächtigen korrupt sind, weil Macht korrumpiert, möchte ich nicht nachbeten, und zwar nicht aus übergroßem Vertrauen in die Mächtigen, sondern weil dieser Gemeinplatz so blind für die eigene Sprecherposition ist. Wer ihn benutzt, sieht sich selbst nicht auf der Seite der Macht und darum frei von den Charakterdeformationen, die rülpsend genossener Machtbesitz mit sich bringt – mit Macht ist es jedoch wie mit als obszön empfundenem Reichtum: Beides beginnt jeweils erst oberhalb unserer Vorstellungswelt. Als obszön reich betrachten wir jemanden mit einem Vermögen, das wir beim besten Willen, selbst bei einer glücklichen Wendung der Dinge, rasanter Karriere und überraschend gut getätigten Investments, nie erreichen werden; bei solcherart realistischerweise nicht einholbaren Vermögensständen sind wir dann beim Abendessen in geselliger Runde recht schnell dabei mit der gutgemeinten Selbstauskunft: «Was soll man damit machen? Wenn ich so viel Geld hätte, ich würd's echt einem guten Zweck spenden.» Dem Vermögen jenseits unserer Vorstellungskraft gilt nicht einmal unser Neid; den reservieren wir für den Nahbereich, neidisch sind wir auf die, die in derselben Liga spielen, allerdings die vorderen Tabellenplätze einnehmen. Auf den Nachbarn, der sich ein verfallenes barockes Gutshaus im Oderbruch gekauft hat, das viermal so groß ist wie unsere Datsche am Wandlitzsee, den wir aber eines Tages noch einzuholen hoffen. Wenn wir in besagter Abendessensrunde, in der wir uns gerade so beherzt zur Spendenfreudigkeit bekannt haben, auf diesen Nachbarn und sein Gutshaus (eigentlich ja schon eher ein Herrenhaus!!!) zu sprechen kommen, sagen wir: «Ich möchte gar nicht wissen, was der da alles reingesteckt hat!» (Das ist die Doppelgesichtigkeit der Reichensteuer: Gegen sie ist im Prinzip nichts einzuwenden, bis man feststellt, dass der Herr Finanzminister – wer hat dem eigentlich ins Hirn gepisst? – einen selber doch tatsächlich für reich hält!)

Genauso mit der Macht: Mächtig und skrupellos sind die anderen, für die Macht, die wir selbst verkörpern oder ausstrahlen, sind wir blind. Gott, wir müssen halt Dinge entscheiden und den Laden am Laufen halten, weshalb wir nachts schlecht schlafen und gereizt reagieren, wenn wir das Gefühl haben, dass man uns blöd kommt. Macht hat unser Chef, und manchmal fragen wir uns, wie geil sich das eigentlich anfühlen muss, Chef zu sein. Selbst die, die sich für Charakteroriginale halten, werden gewöhnlich ganz beflissen, wenn der Chef das Wort an sie richtet. Dass wir selber auf die Leute weiter unten auf der Treppe genau so wirken könnten wie der Chef auf uns, das können wir uns nicht vorstellen, dazu sind wir nun wirklich zu harmlos. Und zu sagen, also wirklich zu sagen, haben wir auch nix.

Das neue gesellschaftliche Ideal: «auf Augenhöhe». Es soll kein Machtgefälle mehr geben. Wer sich in einer solchen Welt einrichten möchte, bitte. Ich ziehe Welten mit Asymmetrie und Gefälle vor. Weniges macht mich glücklicher als

Gespräche mit starkem Wissensgefälle, wo mir die Augen aufgehen, was mein Gesprächspartner alles weiß. Ohne Gefälle kommt bei mir eigentlich gar nichts in Bewegung, es ist wie mit der elektrischen Spannung, die braucht auch eine Ladungsdifferenz.

Nur weil man das Wort Macht vermeidet, heißt das naturgemäß nicht, dass man es nicht genau darauf abgesehen hat. Der politisch korrekte, der durch und durch moralisch legitimierte Machtanspruch gebraucht deshalb die Pathos-Vokabel *empowerment*. Was gleich mehr nach Sklavenaufstand, Rache der Enterbten und Autonomie klingt.

Die einen haben recht, die anderen die Macht – seit ich denken kann, war dies die Aufgabenteilung in der Bundesrepublik. Die Union verstand sich mit laut schmatzendem Stolz auf ihren unverschwurbelten Machtpositivismus als Kanzlerpartei, während die Sozialdemokraten im Auftrag der Menschheitsverbesserung unterwegs waren, sich das Wort Utopie auf der Zunge zergehen ließen und sich entsprechend am wohlsten auf den Oppositionsbänken fühlten, wo man sich nicht die Hände schmutzig macht, wo den Träumen von einem besseren Morgen die schwächsten Fesseln angelegt sind. Auf der Oppositionsbank gibt es keine Schwerkraft, da schwebt man – ganz leicht – über den Dingen. Physiognomisch war es in meiner Kindheit der Unterschied zwischen dem Feisten und dem Hageren, zwischen Helmut Kohl und Hans-Jochen Vogel; die, die Macht hatten, sahen aus wie die Stützen der Gesellschaft auf dem berühmten Gemälde von George Grosz, während die, die recht hatten, ihr Fleisch züchtigten, im Bewusstsein moralischer Superiorität ihre Wunden leckten und sich als etwas Besseres fühlen durften. Im Lager der Reinen begriff man den Geist als den Gegensatz zur Macht, und je weiter man von den Schalthebeln entfernt war, umso vergeistigter kam man sich vor.

Mit dieser Arbeitsteilung konnten alle gut leben, denn das Gefühl, sich im Recht zu wissen, dieser Zustand asketischer Beseeltheit, mag – je nach Typ – mindestens so befriedigend sein wie der herzhafte Biss in die vor Fett triefende Schweinshaxe der Macht.

Und war die Aufgabenteilung einmal andersherum, ging das nie lange gut. Brandt: noch erfolgreich darin, sich und sein Regierungshandeln als gelebten Traum zu verkaufen; Schmidt: die Macht nur mehr als Zumutung, vor der man sich verbiegen und seine Ideale verraten musste, so jedenfalls kam es den Sozialdemokraten vor. Schröder, zwanzig Jahre später: Als er aus Deutschland, dem kranken Mann Europas, wieder ein dynamisches Land machte, gingen ihm die eigenen Leute von der Fahne, weil sie den Preis der Macht nicht zahlen wollten: dass man leider doch nicht der Erlöser ist.

Durch die Geschichte hindurch gibt es das Macht-Understatement, ein rhetorisches Unterspielen der harten Differenzen. Einst hieß der, der die höchste Macht ausübte, Kaiser, König, Herzog, Emperor; heute hat man beim Vokabular abgerüstet, und die Top-Posten heißen Präsident, Vorsitzender, Kanzler oder Generalsekretär; Letzterem ist der Stoßseufzer förmlich anzuhören, dass irgendwer halt die Arbeit machen muss. Im «Präsidenten», im «Vorsitzenden» allerdings kommt keineswegs nur ein Euphemismus zum Ausdruck, vielmehr auch ein räumliches Bewusstsein für den Konstellationscharakter der Macht: Alle sitzen am Tisch, aber einer muss dem Tisch vorsitzen, eine geometrische Unausweichlichkeit. Der Stuhlkreis, politisch gesprochen:

der Runde Tisch zeugt von der Hoffnung, es könne eine Geometrie der Hierarchiefreiheit geben, aber tatsächlich ist der Runde Tisch nichts als ein Übergangsmodell. Irgendwann hat man sich immer vom Runden Tisch erhoben, und einer musste entscheiden.

Carl Schmitt, berühmt dafür, die Souveränität vergottet zu haben, hat auch eine andere, interessante Macht-Konzeption entwickelt. Der Essay in Form eines platonischen Dialogs heißt ‹Gespräch über die Macht und den Zugang zum Machthaber›, und der Machthaber erscheint darin gerade nicht als die Verkörperung absoluter Macht, sondern als eine Instanz der Ohnmacht. Sowie ein Bittsteller zum Machthaber durchgedrungen ist und sein Ohr gefunden hat, bleibt dem nichts anderes übrig, als die Bitte zu gewähren. Sodass der Zugang zum Machthaber durch unendlich viele Türen, Vorzimmer und Hürden erschwert werden muss – stehen sich Untertan und Machthaber erst einmal gegenüber, ist es zu spät für ein Nein.

Und immer wenn einer oder eine ein hohes Amt antritt, werden erst mal die protokollarischen Ansprüche runtergeschraubt. Erst mal den Dress-Code runtersetzen, das war angeblich der erste Akt, den die Obamas im Weißen Haus vornahmen.

Wer alles schon die Schwelle niedriger gelegt hat! Wenn es dabei jeweils geblieben wäre, wir lebten längst im Erdinneren.

Sonntag, der 15. Dezember

Bei Freunden zum Abendessen. Das Gespräch kommt auf Reptilien. Bernd erzählt von einer Schlange, die er als Jugendlicher besaß, eine mexikanische Natter, die auf den Namen Miss Sophie hörte. Natürlich hörte sie auf gar nichts, Schlangen sind nicht interessiert an einer kommunikativen Zweierbeziehung. Es genügte, wenn Bernd ihr alle paar Wochen eine Maus ins Terrarium gab, die Miss Sophie dann wortlos herunterwürgte.

«Woher der Name?», wollen alle wissen.

Bernd: «Das war die Idee meiner Mutter, so heißt diese alte Dame in ‹Dinner for One›, die ähnlich enigmatisch und ungerührt rüberkommt wie unsere Hausschlange. Ursprünglich allerdings sollte sie Mona Lisa heißen wegen ihres feinen Lächelns.»

Miss Sophie wurde 26 Jahre alt, für diese Schlangenart ein überraschend hohes Alter. Bernd erzählte das einem Experten, der ihn daraufhin fragte, wie oft genau er seine Schlange gefüttert habe: «Alle vier oder fünf Wochen.» Das sei eigentlich eher selten. Weil eine Schlange keinen Mucks von sich gibt, wenn ihr Magen knurrt, habe sie, so Bernd, gewissermaßen ein Leben lang Intervall-Fasten betrieben, was nach Einschätzung des Experten zu ihrem hohen Alter geführt haben könnte. Man fragte sich natürlich gleich: War es das wert? Oder doch lieber etwas früher sterben, aber satt?

Wo man schon bei Reptilien war, berichtete Julia von drei Schildkröten, die sie gerade für ihre Kinder gekauft habe, die im Garten des Hauses ihre Runden drehen. Mit Schildkröten mache man nichts falsch, sagte sie, jeder sei glücklich, nicht nur die Kinder. Aber, wurde gefragt, sei es nicht doch öde mit diesen sprachlosen Wesen, die auf Zeichen unserer Zuneigung gar nicht reagieren? Julia, die im Kulturbereich arbeitet, wo es gewissermaßen den ganzen Tag nur um Kommunikation geht, um Zeichen, die ausgesendet und empfangen werden, antwortete: «Wir haben ohne Ausnahme emotionale Abhängigkeiten, die uns besser oder schlechter machen, die uns vertiefen, abrunden oder hässlich machen, da ist es doch eine eindringliche Erfahrung, mit einem Wesen zu leben, das völlig unabhängig ist von dir, mit dem du dich nicht verständigen kannst, dem es egal ist, ob du es streichelst oder nicht, das aber das Alter der Welt in sich trägt.»

Fasziniert lauschte der Tisch. Wir kannten uns alle seit langem, waren stolz auf unser kommunikatives Engagement, das solche langen Freundschaften erst ermöglicht, aber in diesem leicht weihevollen Moment war es, als verbeugten wir uns ehrfurchtsvoll vor der Weisheit der Schildkröten und ihrem Schweigen. Als träumten wir von einer Reptilien-Welt, die uns aus unseren leerdrehenden, hyperverbalen Affektgemeinschaften erlösen würde. So ein Reptil geht mit keiner Meinung hausieren und bremst umgekehrt jede aufmerksamkeitsökonomische Effekthascherei einfach aus.

Montag, der 16. Dezember

Aufregung unter Helenas Freundinnen. In einem Artikel in der B. Z. über ihre neue CD wird sie mit den Worten zitiert: «Wenn du deine Weiblichkeit betonst, giltst du gleich als Schlampe.»

Ihre Freundinnen hätten den Kopf geschüttelt und gemeint: «Wenn in einem Artikel über dich das Wort Schlampe
vorkommt, bist du ruiniert!»

Für einen Moment fragt sich Helena, ob es ein Fehler war,
im Interview so freimütig gesprochen zu haben, aber je länger wir telefonieren, desto mehr habe ich den Eindruck, dass
sie dieser Art Ruin mit Neugier entgegenblickt.

Dienstag, der 17. Dezember

Momente der Zartheit: Zwei Geschäftsleute, Kollegen,
haben Plätze nebeneinander im Zug reserviert. Der eine
lässt den anderen vor. Dieser, ganz ohne Ironie: «Oh, wie nett,
darf ich ans Fenster?» Der andere: «Natürlich, ich weiß doch,
wie gern du rausschaust.» Der erste: «Das stimmt, ich fahre
einfach zu gerne Zug.»

Mittwoch, der 18. Dezember

Neuer gesellschaftlicher Breitensport: Sich darin übertref-
fen, zerknirscht-wohlig einzuräumen, wie unfasslich privilegiert man sei.

Aufschlussreiches Genre: Sätze, die wahr sind und doch
etwas Unwahres haben.

Donnerstag, der 19. Dezember

Gibt es eigentlich Korrespondenzen zwischen moralischen und diätetischen Revolutionen? Zwischen ethischer und allergischer Evolution? Und was entspräche dann auf moralischem Gebiet dem Umstand, dass die westliche Menschheit nach 20 000 Jahren Sesshaftigkeit plötzlich Milch von Kühen scheut wie der Teufel das Weihwasser?

Freitag, der 20. Dezember

Die meisten Krisen, die uns zum Zeitpunkt X unter den Fingern brennen, werden nicht gelöst, sondern vergessen, anders gesagt: Die beste Lösung für unlösbare Probleme ist ihre Verdrängung durch noch erschütterndere Krisen. Nichts ist so relativ wie der Weltuntergang, da herrscht ein regelrechter Überbietungswettbewerb. Auch das ein Hinweis darauf, dass es nicht fünf vor zwölf, sondern fünf nach zwölf ist.

Samstag, der 21. Dezember

Restaurantbesuch in fröhlicher Runde. M. erzählt von ihren drei Brüdern, die alle ein leidenschaftliches Verhältnis zum Meer und speziell zum Angeln hätten, obwohl die Familie in Genf aufwuchs, der Vater stamme jedoch aus der Bretagne. Ihr ältester Bruder arbeite in New York, aber nutze jede freie

Minute zum Fischen. Dann steigt er frühmorgens um 5 Uhr in Montauk auf Long Island in ein Schnellboot und brettert über den Atlantik gen Osten. Nach fünf Stunden erreicht er den Golfstrom, und plötzlich ändert sich das Klima: blauer Himmel, Wärme, Delfine. Mit einer Harpune ausgestattet, taucht er dann ins Meer, «ohne Atemgerät», wie M., betont, denn das fände er «cheaty», und kehrt mit Tonnen von Fisch zurück. Ganze Thunfische, sagt M., erlege er auf diese Weise. Aber was sie nicht begreife, wie das zusammengehe mit seinem Engagement bei der Meeresschutzorganisation Oceana, der er all sein Geld, das er als Kunsthändler verdient, spende. Wolle er sicherstellen, dass ihm die Fischgründe nicht ausgehen? Ist der Zweikampf unter Wasser seine Art einer Nähebeziehung mit der Natur?

Dienstag, der 24. Dezember

Älter werden heißt auch, Gefühle zuzulassen, die man als junger Mensch schon aus ästhetischen Gründen unmöglich fand. Nirgends kann man das besser beobachten als am Weihnachtsfest. Was ich vor zwanzig Jahren für schlimmen Kitsch hielt, erhebt heute mein Herz. Beim Weihnachtskonzert in der Dorfkirche von Kladow vor einer Woche sang Helena unter anderem auch solistisch ‹Kling, Glöckchen, klingelingeling›, und ich zuckte zusammen, ich dachte: Au Backe, das hätte sie mal lieber nicht ausgesucht. Ich musste an meine Mutter denken, die früher, in meiner Kindheit, immer hat durchblicken lassen, dass die, wie sie sie nannte, *strengen Hirtenlieder* kulturell auf einem höheren Niveau anzusiedeln seien als die *süßlichen Weihnachtslieder* aus dem 19. Jahrhundert.

Also erst einmal Erschrecken, als Helena, die sich vorher auch noch extra engelhafte Locken ins blonde Haar gedreht hatte, ausgerechnet ‹Kling, Glöckchen› anstimmte. Aber dann stellte ich verwundert fest, dass ich mittlerweile selbst diesem Weihnachtslied was abgewinnen konnte. So weit ist es also gekommen! Besonders peinlich fand ich früher immer die Verse: «Hell erglühn die Kerzen, / öffnet mir die Herzen ...» Dieses zentrale Weihnachtsmotiv, wonach der Mensch am Tag der Geburt des Herrn aufgefordert ist, sein Herz zu öffnen, war mir als Kind in einer Weise unangenehm, dass es mich innerlich förmlich schüttelte, und heute denke ich: Ja, das wär's, sein Herz öffnen zu können, leichter gesagt als getan.

Obwohl das Christentum sich so zentral um ein Kind dreht und Jesus selbst sagt, man solle die Kindlein zu ihm kommen lassen, ist es eigentlich keine Religion für Kinder. Man muss alt und starr geworden sein, um zu verstehen, warum diese Religion um das Kindliche und Weiche so einen Kult treibt.

Mittwoch, der 25. Dezember

Erstaunlich, wie schnell sich Traditionen bilden; zum dritten Mal Weihnachten gefeiert bei Freunden am Gardasee, die, was mir völlig neu war, nach dem Weihnachtsbraten, wenn alle erschöpft in den Sesseln hängen, jedes Mal eine CD mit den Klängen der ältesten und edelsten Kirchenglocken spielen. «Sie hören nun die älteste gegossene Glocke Deutschlands, die Lullusglocke aus dem Katharinenturm der Stiftsruine Bad Hersfeld.» Noch nagten wir an unseren Entenkeulen, da sagte ich diesmal schon mit mahnender Stimme: «Wir müssen noch die Glocken-CD hören!» Als hätte es für mich nie ein Weihnachten ohne die Lullusglocke von Bad Hersfeld gegeben ...

Donnerstag, der 26. Dezember

Jörg Meuthen hat ein Foto von sich vor seinem elektrifizierten Weihnachtsbaum gepostet mit dem Satz: «Bin ich froh, dass ich kein Grüner bin und ganz traditionell mit der Familie Weihnachten feiern kann!»

Man kann sich auch selbst erniedrigen durch die Läppischkeit, mit der man sein Feindbild entwirft. Die AfD als *Katechon*, als Aufhalter, bevor in Deutschland der letzte Weihnachtsmarkt dichtmacht? Ich fürchte, Jörg Meuthen ist schlecht informiert: Anders als auf seinem Foto haben die Weihnachtsbäume meiner linksgrün versifften Freunde in aller Regel handgezogene Bienenwachskerzen.

Freitag, der 27. Dezember

Beim Wiederlesen von Thoreaus ziemlich langatmigem Aussteiger-Essay ‹Walden› von 1854: Klar ist einem der anarchische Kauz, der sich aus Protest gegen die Sklaverei weigerte, seine Steuern zu zahlen, schwer sympathisch, im historischen Abstand springt jedoch vor allem ins Auge, wie stark dieses Werk all dem gleicht, wovon es sich absetzen, was es hinter sich lassen will. Der Predigerton, in dem Thoreau die Zivilisation verwünscht: direkt von der puritanischen Kanzel. Die Verurteilung der Dekadenz: getreues Echo der moralischen Distanznahme, mit der sich die, die in die Neue Welt zogen, von der aristokratischen Heruntergekommenheit Alteuropas absetzten. Und selbst Thoreaus Gang in die «Wildnis» (also zu einem Waldteich in der Nähe seines Geburtsstädtchens Concord), wo er sich eine Blockhütte zusammenzimmerte, ist ein exakter Nachvollzug jenes Dranges nach Westen, bei dem die Blockhütte zum zentralen Symbol des freien weißen Mannes geworden war.

Auch wenn die Positionen, die in einer Zeit zum Ausdruck kommen, noch so heiß als Gegensätze empfunden werden, sind sie doch alle Kinder ihrer Epoche und sich oft zum Verwechseln ähnlich.

Zumal man sich ja auch durch Verfeindung ähnlich wird. Ein auffälliges, auch komisches Beispiel: Eine Hauptkritik von rechts am linken Geist lautete von jeher Viktimisierung, die Neigung, sich in die Opferrolle zu drängen, um daraus Ermächtigung, vulgo *empowerment,* zu schöpfen. Wer sich als Opfer ins Gespräch zu bringen vermag, habe gute Karten in den Verteilungskämpfen um symbolische und reale Macht.

Seit einigen Jahren gibt es nun unter dem Motto «Mimimi» einen Gegenschlag von links: Die Rechten versuchten sich alleweil als Opfer (von *political correctness* und den Mainstream-Meinungen der Medien) zu stilisieren.

Eigentlich, könnte man daraus schließen, müsste es jetzt

nur noch ein kleiner Schritt sein, bis der Spielleiter beide Seiten auffordert, die Opferkarte insgesamt nicht mehr zum Einsatz zu bringen. Auch das *kürzt sich nämlich raus.*

Samstag, der 28. Dezember

Wir schweigen von WDR-Kinderchören, von Omas, die im Hühnerstall SUV fahren. Jedes Buch hat seine Würde. (Aber es war schön, mal wieder daran zu denken, wie man als Kind heiße Ohren bekam, wenn man sang, dass die Oma im Hühnerstall Motorrad fahre – dass das eine Gewagtheit am Rand des gerade noch Tolerablen war, stand dem Fünfjährigen klar vor Augen. Zugleich allerdings erinnere ich mich auch an das Gefühl tiefer Erleichterung, zu wissen, dass meine Oma zum Glück nicht so eine Verrückte war, die im Hühnerstall Motorrad fuhr, ich musste mich nicht für sie schämen!)

Sonntag, der 29. Dezember

Zwischen den Jahren habe ich mal wieder Günter Gaus' Fernseh-Interview mit Hannah Arendt angeschaut.

Sie habe sich, erzählt sie da, vor 1933 in einem intellektuellen Milieu bewegt und dann, mit der Machtergreifung, erleben müssen, wie nicht den einfachen Leuten, sondern eben den Intellektuellen, ihrer eigenen Blase, plötzlich sehr viel zu Hitler einfiel, hochtrabende Dinge, die ihr einfach bloß grotesk erschienen. «Sie gingen», sagt sie, «ihren eigenen Einfällen in die Falle.» Da zuckte ich unwillkürlich zusammen.

Montag, der 30. Dezember

Toller Film auf Netflix – ‹Die zwei Päpste›. Darin eine Szene, in der sich Franziskus, der spätere Papst, an seine Zeit in den argentinischen Bergen als einfacher Pater erinnert und wie viele Beichten er da abgenommen hat: ein nicht abreißender Redestrom; die Schäfchen kommen zu ihm und beichten, dass sie geschwindelt haben, dass sie am liebsten ihre Schwiegermutter umbringen würden und so weiter.

Unvorstellbar in unserer deutschen Gegenwart, dass wir noch die Fähigkeit zum Beichten haben sollen – wäre ich katholisch und würde mich an einen Priester wenden, ich fürchte, mir fielen gar keine Sünden ein, und ich vermute, den Leuten um mich herum erginge es nicht anders. Aber natürlich sind wir nicht besser als die dörflichen Argentinier in den achtziger Jahren, wir haben uns nur das Sündenbewusstsein abgewöhnt.

Was aufschlussreich ist, weil wir ja gleichzeitig unsere Empfindsamkeit für die uns geltenden Mikroaggressionen extrem ausgebaut und auch sonst eine weltgeschichtlich einzigartige Schuldzuweisungskultur hervorgebracht haben, in der wir praktisch die gesamte Vergangenheit vor unseren Richtstuhl holen und für schuldig befinden. Eigene Sünden können wir nicht mehr erkennen, aber beim Blick auf gesellschaftliche Zustände der Vergangenheit sehen wir durchgehend rot, ein riesiger angehäufter Berg von Schuld, für die wir keine Vergebung erteilen. Als hätten wir unser Sünden-bewusstsein externalisiert.

Dienstag, der 31. Dezember

Wer kennt nicht das Bedürfnis, dass sich der Wind drehen, dass sich die Zeiten ändern mögen. Tatsächlich ändern sich die Zeiten in einem fort, wir haben es nur nicht gemerkt. Denn das Neue, das die Zukunft uns permanent vor die Füße spielt, ist zu neu, als dass wir es als solches sogleich erkennen könnten.

2020

Mittwoch, der 1. Januar

Frohes neues Jahr. In diesem Fall mit einem zweistündigen Interview mit Harald Schmidt auf Deutschlandfunk Kultur. Ich lausche selig ... «Ich bilde mir natürlich ein, dass ich Stoiker bin», sagt Schmidt, «in Wahrheit ist mir vermutlich das meiste wurscht.»

Gretas wegen kommt man irgendwann auf die Bahn; dass er ein leidenschaftlicher Erste-Klasse-Fahrer sei, gehört zu Harald Schmidts Kernsätzen, selten kann er darauf verzichten, ihn irgendwo anzubringen, um anschließend auf den Gemeinplatz der Erste-Klasse-Handytelefonate zu kommen («Dann bring mich auf den nächsten Flieger!», «Ich habe mich heute schon mit den Koreanern rumschlagen müssen»): Das sei jetzt auch schon lange wieder vorbei, meint Schmidt. Die Moderatorin widerspricht aus tiefstem Herzen: «Nein, das gibt es schon noch.»

Natürlich «gibt» es das noch. Aber Harald Schmidts «vorbei» meint ja eher: Nachdem auch der Letzte geschnallt hat, dass man sich über lautsprecherische Prahler-Telefonate in der 1. Klasse des ICE lustig machen kann, ist dieses Witz-Genre als Ort der Kritik eben «vorbei», sich darüber lustig zu machen zieht nicht mehr. Mehr als bei vielem anderen gilt bei Witzen: Man muss Erster sein.

Donnerstag, der 2. Januar

Während sich noch alle darüber aufregen, wie man sich über den WDR-Kinderchor und die Oma als Umweltsau aufregen kann oder nicht aufregen kann (die Wahrheit im Sinne des Stoikers Harald Schmidt: Es ist völlig wurscht!), schwappt schon die nächste Welle über einen, in der sich nun alle darüber aufregen, wer sich über die Attacken auf den Leipziger Polizisten in der Silvesternacht nicht genug oder auch zu sehr aufregt.

Reine Meta-Aufregung: Sie hat mittlerweile einen Grad an Selbstreferenzialität erreicht, dass ich hiermit für das Jahr 2020 der Hoffnung Ausdruck verleihen möchte, dass das weltgeschichtliche Gesetz, dem kein Phänomen entkommt, dass sich nämlich alles irgendwann zu Tode siegt, jetzt auch unsere Entrüstungskultur einholen wird, dass sie platzt wie eine Seifenblase und wir uns die Augen reiben werden, wie wir einige Jahre lang so verblendet glauben konnten, das habe irgendwas mit der Wirklichkeit zu tun.

Freitag, der 3. Januar

Die USA haben durch einen Drohnenangriff den iranischen General und Top-Terroristen Qasem Soleimani getötet. Alle rechnen damit, dass Iran diesen Anschlag rächen wird.

Samstag, der 4. Januar

Manchmal bleibe ich allein am inneren Stammtisch sitzen. Es ist schon viel zu spät. Die anderen sind längst gegangen, ich habe nur noch einen Absacker bestellt, und während ich ihn trinke, denke ich schon an den Kater, den ich morgen haben werde. Dann frage ich mich: Allein am Stammtisch, geht das überhaupt? Ist es denn dann noch ein Stammtisch? Ist die Idee des Stammtisches nicht, dass sich die Bauchgefühle gruppendynamisch steigern?

Aber vielleicht ist der Stammtisch ja nicht einfach nur ein Ort der einfachen Lösungen, der allzu offenkundigen Plausibilitäten, sondern auch ein Ort der Einsamkeit, an dem man alleine zurückgelassen wird, während man plötzlich merkt, dass einen, was man so erlebt, zwar wütend macht, ganz besonders aber die Leute, mit denen man sich da jeden Sonntag zum Frühschoppen trifft. Und wenn man noch genauer in sich hineinhört, sind es eventuell gar nicht so sehr diese Leute, Maulhelden, Krawallbrüder, die einen wütend machen, vielmehr man selbst: dass man ohne solche Leute tatsächlich nicht auskommt, schon weil man selber nichts anderes als ein Maulheld ist.

Sonntag, der 5. Januar

Alle sind gegen *bullshit*. Wie produktiv sie sein könnten, sagen sie, wenn ihre Produktivität nicht durch den *bullshit* in den Meetings und die *Bullshit*-Machtspielchen gebunden wäre! Statt die Dinge zu benennen, wie sie sind, werde

in den Talkshows nichts als *bullshit* gelabert! Doch obwohl
der Konsens gegen den *bullshit* parteiübergreifend groß ist,
halte ich ihn für falsch. Der *bullshit* ist das Leben: Weil wir
es nicht besser wissen, müssen wir manchmal in den *bullshit*
ausweichen. Weil wir nickelig sind, produzieren wir in der
Interaktion mit anderen Nickeligen so unvermeidlich *bullshit* wie die Weinbergschnecke Schleim, sie käme ja sonst
nicht voran. *Bullshit* ist auch Gleitmittel – wie gut man auf
Scheiße ausrutschen kann, ist bekannt. Nur in den heiteren
Regionen, wo die reinen Formen wohnen, ist man vor *bullshit* sicher. Ich war da noch nie, aber ich stelle mir vor, dass
die Luft da ziemlich dünn ist.

Montag, der 6. Januar

Im schwäbischen Wallerstein sollte Sener Sahin für die CSU
als Bürgermeisterkandidat antreten, das Problem: Der Sohn
türkischer Gastarbeiter ist Moslem (wie er selber sagt, in den
ländlichen Regionen ist das Wort offensichtlich noch nicht
auf dem Index). Obwohl vom örtlichen Parteivorstand zur
Kandidatur gedrängt, bekam er Gegenwind von der Basis:
Ein Moslem für die CSU, das gehe doch nicht.
      Ich kann meine Schadenfreude nur schlecht unterdrü-
cken. Eigentlich ist Sahin die Traumbesetzung für die CSU:
Er ist mit einer Christin verheiratet, wie es jetzt ulkigerweise
in Zeitungen heißt (erst wenn sie einen Muslim heiratet,
wird eine Deutsche zur Christin), ist Unternehmer und hat
in der Region lange als Fußball-Trainer gearbeitet. Er macht
alles genau so, wie die CSU es sich wünscht. Er wäre, da im

Moment noch parteilos, für die Kandidatur in die CSU eingetreten. Aber statt das als Bestätigung der eigenen Lebensform anzunehmen, kommt von der Basis: Ein Moslem, nein, das lässt sich mit dem C im Parteinamen nicht verbinden.

Und das Beste: Sahins sanfte Reaktion. Er ziehe seine Kandidatur zurück, er wolle nicht, dass sich die Partei seinetwegen zerfleische. Der CSU-Generalsekretär habe noch versucht, ihn zu überreden, aber da sei nichts zu machen, sagt Sahin, noch nie habe er so schlecht geschlafen wie in den vergangenen Wochen, mit der Politik sei er durch. Kein Wort des Vorwurfs oder der Wut. Eher Melancholie. Verständnisvoll sagt er: «Es ist doch immer so: Das Fremde, da hat man erst mal Angst vor.» Die Leute müssten sich an Neues halt erst mal gewöhnen.

Das sehe ich auch so. Allerdings, wenn ich das im Beisein von *white people* sage, sind die regelmäßig entrüstet. Vielleicht, weil sie sich als Weiße Nachsicht gegen sich selbst nicht erlauben können, nachdem sie auf sämtlichen Kanälen einen derartigen moralischen Druck aufgebaut haben. Dass ich selbst als Phänotyp erst mal irritierend wirke, ist eine Grunderfahrung meiner Biographie. Eine schlimme? Nein. Weder schlimm noch das Gegenteil davon, es ist einfach so, eine spezifische Erfahrung, die zu mir gehört. Andere machen aus weit weniger ins Auge fallenden Gründen auch ihre spezifischen individuellen Erfahrungen – und das nennt man dann bekanntlich: ein Leben.

Und dass man sich an Neues, Unbekanntes erst einmal gewöhnen muss, scheint mir kein Charaktermakel. Ich erinnere mich immer wieder an eine Szene vor bald fünfzehn Jahren, als ich in Stuttgart den japanischen Nobelpreisträger Kenzaburo Oe moderieren sollte, der Leiter des Literaturhauses stellte mich ihm in der Hotellobby vor, und Oe lachte auf: Damit hatte er nun wirklich nicht gerechnet, dass ihn ausgerechnet in Deutschland ein Schwarzer moderieren würde. Natürlich hätte er seine überraschte Reaktion auch unterdrücken können, aber das wäre viel steriler gewesen.

Der Abend selbst war dann auf andere Art skurril, denn der Übersetzer hielt sich für mehr als nur den Übersetzer, nämlich für den eigentlichen Verwalter des Oe'schen Geistes. Da es zwischen meinen Fragen und Oes Antworten auf der einen und seinen Übersetzungen auf der anderen Seite überhaupt keine zeitliche Korrelation gab, hatten wir alle stark den Eindruck, dass der Übersetzer dem geneigten Publikum ganz einfach mitteilte, was er für richtig und wichtig hielt. Noch während ich meine Fragen formulierte, war seinem Gesicht anzusehen, wie er innerlich abwinkte und sich stattdessen die Frage zurechtlegte, die jeder wahre Kenner in diesem Augenblick dem Meister stellen *musste*.

Kenzaburo Oe spricht grammatisch gutes Englisch, aber in seine Artikulation muss man sich erst einmal reinhören. Und doch hatten wir danach im Restaurant einen der innigsten Abende. Es fühlte sich an, als sprächen wir in Zungen. Noch heute bin ich ganz berührt, wenn ich an ihn denke. Erst viel später las ich seinen Roman ‹Der Fang› über einen schwarzen Bomberpiloten, der im Zweiten Weltkrieg mit seinem Fallschirm in einem japanischen Dorf landet und in Gefangenschaft gerät. Die Dorfbewohner müssen ihn festsetzen, bis höhere Dienststellen im Dorf eintreffen, um sich der Angelegenheit anzunehmen. Sie sind mit allem überfordert, aber vor allem schockiert sie der Anblick so schwarzer Haut. Als die Männer des Dorfes den Soldaten, die Füße mit einer eisernen Kette gefesselt, auf den Dorfplatz bringen, fragt sich der Ich-Erzähler, ein Kind, ob sie den «Fang» wohl erschießen werden. Warum sollten sie, entgegnet sein Spielkamerad. Weil er der Feind ist, sagt der Ich-Erzähler. Aber der Spielkamerad weist ihn zurecht: «Er ist ein Neger, kein Feind!» Der schwarze Soldat ist im ländlichen Japan so sehr das ganz Andere, dass er nicht einmal in die Schublade «Feind» passt.

Wie eine unbekannte Tierart beobachten die Kinder durch eine Luke den Soldaten in seinem Kellerverlies, voll Grusel und Faszination. Sein Haar. Wie er uriniert. Wie seine Kiefer arbeiten, wenn er seine Mahlzeit zu sich nimmt. Je länger dieser Beobachtungsprozess anhält, desto mehr verliert der Soldat seine animalische Fremdheit.

Im rassismuskritischen Diskurs hat sich eine Formulierung mit impliziter Wertung durchgesetzt, die Wendung nämlich, dass etwas als fremd oder anders *markiert* werde. Das pädagogische Lernziel kann dann nur noch lauten, dass eine aufgeklärte Gesellschaft sich diese Markierung abgewöhnen solle. Ich verstehe den Impuls, aber ist nicht das Leben überall, wo es neugierig und lebendig ist, vor allem dies: Erfahrung des Fremden, Markierung des Fremden, Beobachtung des Fremden, Re-Adjustierung des Eigenen, Dazulernen und Vertrautwerden mit dem Anderen, bis es schließlich als fremdartig gar nicht mehr auffällt? Das ist ein lebendiger Prozess, den kann man nicht abkürzen, die Erfahrung des Fremden gehört, scheint mir, erst einmal zwingend dazu. Anders gesagt: Die Markierungsphase kann man schlecht überspringen.

Zurück zu Sener Sahin. Seine nachsichtige Haltung gegenüber denen, die ihn verhindert haben, ist weitaus kompromittierender, als wenn er sie empört als Rassisten beschimpft hätte. Da hätten sie die Klappe runtergefahren, «dichtgemacht», sie wären heilfroh gewesen, ihn nicht auf den Schild gehoben zu haben. Jetzt hingegen stehen *sie* da als die Barbaren. Nur auf eine winzige Belehrung hat Sahin nicht verzichten wollen: «Ich war bestimmt öfter in der Kirche als die, die mich jetzt nicht wollen», ließ er wissen.

Dienstag, der 7. Januar

Der Satz «Es ist Krieg» hat etwas Elementares, er drückt ein Maximum an Realität und Eindeutigkeit aus. Das Schlimmste ist eingetroffen: Es herrscht Angst, keiner weiß, was passiert.

Tatsächlich herrscht ja immerzu irgendwo Krieg auf der Welt, aber als Bürger der westlichen Welt fühlen wir uns nicht im Kriegszustand, wenn in Jugoslawien ein mörderisches Gemetzel stattfindet oder wenn Putin die Krim besetzt, geschweige denn, wenn im Jemen gekämpft wird. Im Kriegszustand fühlen wir uns erst, wenn die USA zur Attacke blasen. Am stärksten ausgeprägt war das Bewusstsein für den Kriegszustand bei den beiden Irak-Kriegen.

Der erste Irak-Krieg war der erste Fernsehkrieg. Ich war 1991 Zivi in München, und ich erinnere mich noch gut, wie wir abends in der WG rauchend vor dem Fernseher saßen und zuschauten, wie durch den Nachthimmel Raketen mit einem Lichtschweif auf Bagdad flogen. Dass man jetzt auch bei einem Krieg in der ersten Reihe saß und mit dem Zweiten besser sah, hatte etwas Perverses. Außerdem war dem Krieg gegen Saddam Hussein eine heftige Debatte vorausgegangen, in der die Rechts-links-Sortierung der alten Bundesrepublik endgültig kollabierte: Intellektuelle wie Hans Magnus Enzensberger und Wolf Biermann zählten sich zu den Bellizisten, sie tadelten den Antiamerikanismus. Eine fruchtbare Debatte, und im Rückblick würde ich sagen: Ja, es war richtig, die Annexion Kuwaits durch Saddam Hussein nicht hinzunehmen – wenn es die Machtkonstellation glücklicherweise einmal erlaubt, die völkerrechtlich glasklar illegale Annexion eines souveränen Staates im Konsens mit dem Sicherheitsrat rückgängig zu machen, dann war das die richtige Entscheidung.

Für mich war die Debatte ein einschneidendes Erlebnis mit vor allem zwei Lektionen: Ich lernte, dass man mit guten Gründen für etwas eintreten kann, wovon ich bis dahin gedacht hatte, nur Finsterlinge könnten es rechtfertigen. Und ich lernte, dass der Geist, von dem es damals übereinstimmend hieß, er stehe links, wo das Herz schlägt, keine Einheitsfront darstellte, dass es vielmehr auch hier Bewegung und Wandel und Schismen gab. Die Debatten um den ersten Irak-Krieg trugen, so kam es mir vor, die alte Bundesrepublik zu Grabe. Die Mauer war gefallen, und auch die westdeutschen Intellektuellen mussten neu nachdenken.

Der zweite Irak-Krieg unter Bush junior dagegen war ein einziges Desaster. Auch ihm ging eine große publizistische Auseinandersetzung voraus, und man muss sagen, dass die Warnungen und Argumente derjenigen, die sich gegen diesen Krieg ausgesprochen hatten, alle zutreffend waren: Da ist die Bilanz für einmal ziemlich klar.

An diesen zweiten Irak-Krieg erinnere ich mich, über die politischen Fragen hinaus, wie an ein persönliches Desaster, denn auch ich lag falsch. Dass die Bilder, die der damalige

Außenminister Colin Powell vor der UNO präsentierte, um nachzuweisen, dass Hussein in mobilen Lastern Massenvernichtungswaffen herstelle, schlichtweg, wie man heute sagt, *fake* waren, hatte ich mir nicht vorstellen können. Allzu großes Gottvertrauen, das weiß ich seither, ist meine Schwäche. Extreme Verworfenheit kann ich mir schlecht vorstellen, blanke Dreistigkeit erscheint mir intuitiv eher unwahrscheinlich, weil dysfunktional und riskant. Ich bin nicht gut darin zu erkennen, dass ich angelogen werde. (Allerdings habe ich auch nicht das Gefühl, allzu oft angelogen worden zu sein – aber da beißt sich die Katze in den Schwanz.) Seither jedenfalls bin ich in Fragen von Krieg und Frieden sehr viel kleinlauter.

Und jetzt? Ist wieder Krieg? Ja, wenn man als Maßstab die erheblich verkürzte Halbwertszeit von Nachrichten und Meinungen heranzieht. Wie absolut leer und unsubstanziell, wie rein in den Wind gesprochen unsere Meinungen sind, ist nie drastischer zu erfahren als im Kriegszustand. Tatsächlich weiß keiner irgendwas, weil es aber um alles oder nichts geht, ist Zurückhaltung keine Option. Und dass die Wahrheit das erste Opfer in jedem Krieg sei, ist ein Satz, der so unbedingt wahr ist, dass man ihn gar nicht zu Tode zitieren kann.

Mittwoch, der 8. Januar

Eine Lieblingsredewendung meines Bekannten, des Staatsrechtlers, ist *erst mal*. «Das ist ja *erst mal* nicht einzusehen», «das ist ja *erst mal* eine interessante Beobachtung», «das ist ja *erst mal* nicht völlig falsch». Dafür liebe ich ihn: Das *erst*

mal ist ein intellektueller Akt, denn er gesteht einer Beobachtung zu, *erst mal* ernst genommen zu werden, um dann,
aufs zweite Mal, in Frage gestellt, relativiert oder schwach
gemacht zu werden. Doch eine Postion überhaupt *erst mal*
zu würdigen und damit klarzumachen, dass sie ein Ausgangspunkt ist, dass es von diesem Ausgangspunkt weitergehen
wird, ja, dass wir am Ende womöglich die Sache ganz anders
betrachten werden, dass wir aber nie zu dieser ganz anderen
Betrachtung kommen würden, wenn wir nicht *erst mal* der
These mit Wohlwollen und Interesse gegenübertreten – ja,
das ist intellektuelle Abenteuerlust, wie ich sie mir wünsche.

Freitag, der 10. Januar

Helena war in ihrer Heimat im Hohenlohischen und hat
ihre Großmutter gebeten, von früher zu erzählen. Sie hat
es mit dem iPhone gefilmt und mir heute ein wenig daraus
vorgespielt. Eine Großmutter wie aus Großmutters Zeiten.
Strickweste, Haare zum Dutt gebunden, ein fröhliches, aber
nicht harmloses Gesicht, die vielen Falten haben etwas
Berührendes, fast Kostbares. Leben – *the real thing.* Geboren
1933, hat die Großmutter neun Jahrzehnte durchschritten,
vom Schwarzen Meer über Sibirien und Kasachstan an die
Tauber.
   Großmutter und Enkelin sitzen jetzt am Küchentisch,
zwischen ihnen steht eine Tasse, auf die «McCafé» gedruckt
ist. Die Großmutter beachtet die Kamera nicht weiter; dass
sie jetzt von ihren Erinnerungen an Russland erzählen soll,
scheint sie zu belustigen, *schon wieder so eine Schnapsidee*

der Jugend, aber bitte! Welche Welten zwischen Großmutter und Enkelin, denkt man, und doch: welche Nähe und Vertrautheit.

Ich kann den Zungenschlag der Großmutter nicht einordnen. Manchmal klingt das R (immer dieses R!) bayerisch, dann scheint ein fernes Echo des Schwäbischen in ihren Sätzen nachzuhallen. In einem Ufa-Film der zwanziger Jahre könnte ein Mensch vom Land in diesem Singsang gesprochen haben. Wie ein zeitlich ferner Dialekt. Ich verstehe mit Mühe die Hälfte, auch weil die Großmutter immer wieder russische Brocken untermischt. Am Anfang bittet sie ihre Enkelin, ein Kuvert zu öffnen, irgendwas Amtliches. Es ist Post von der Bank, eine routinemäßige Mitteilung offenbar, denn die Großmutter nickt und macht eine abwinkende Handbewegung: «Dann ist ja alles *nitschewo*.» *Nitschewo* heißt auf Russisch «nichts», aber auch «nicht schlecht».

Helena fragt die Großmutter nach der Geschichte mit dem deutschen Soldaten, sie muss wohl schon öfter erzählt worden sein. Leider verstehe ich nur Bruchstücke, es ist von einem deutschen Soldaten die Rede, der im Ersten Weltkrieg in das Dorf in der Südukraine kommt, sich in eine russlanddeutsche Frau verliebt, sie heiratet und mit ihr drei Kinder zeugt. Dann wird er vertrieben, ja, regelrecht gejagt, von wem, wird nicht so richtig klar, vielleicht versteht sich das für die Großmutter zu sehr von selbst, als dass sie es erwähnen müsste. Er schafft es jedenfalls, über den Fluss zu entkommen, seine Frau wird inhaftiert.

Zwei Jahrzehnte später, «im letzten Krieg», wie die Großmutter sagt, steht der Soldat plötzlich wieder in dem Dorf und fragt nach seiner Familie. Die Frau ist inzwischen im Gefängnis gestorben, aber die eigentlich schreckliche Nachricht scheint zu sein, dass sich der älteste Sohn nur wenige Wochen vor dem unerwarteten Wiederauftauchen des Vaters das Leben genommen hat. Nun singt das Dorf zusammen mit dem Soldaten Trauerlieder, eine Totenmusik zu Ehren des Sohnes. Der Soldat ist bewegt, er bricht tot zusammen. Er konnte den Schmerz nicht aushalten.

Obwohl ich nur einzelne Details der Erzählung verstehe und weder Helena noch mir klar ist, worauf die Geschichte hinausläuft, halten wir den Atem an, während die Großmutter erzählt. Vielleicht ist die Geschichte zu fern, als dass man sie noch ganz in die Gegenwart zurückholen könnte – so wie alte Tonbandspulen, die, brüchig geworden, nur noch in Teilen rekonstruiert werden können.

Zwischendurch kommt Helenas Vater vorbei, er hat ein Apple-Ladekabel dabei, weil Helenas Laptop fast keinen Strom mehr hat. Leider passt die Schnittstelle nicht. Der Vater spricht mit seiner Mutter Russisch, sie antwortet ebenfalls auf Russisch. Auch mit seiner Tochter spricht er Russisch, aber Helena antwortet auf Deutsch. Großmutter und Enkelin hingegen sprechen Deutsch.

Die Großmutter hat sich konzentriert, als müsste sie sich an eine sehr lange Zahlenreihe erinnern. Große Gefühlsregungen hat sie nicht gezeigt. Als die Geschichte zu Ende ist, ruft Helena aus: «Das ist ja wirklich interessant!»

Die Großmutter schüttelt unwirsch den Kopf: «Warum soll das interessant sein?» Aber vielleicht möchte sie auch nur verhindern, dass das Geschichtsinteresse der Enkelin ausufert und sie nötigen könnte, Dinge zu erinnern, die sie lieber vergessen würde. Sie verschiebt die McCafé-Tasse ein kleines Stück auf dem Tisch und sagt abschließend: «Helena, die Leute haben alles Mögliche im Krieg erlebt.»

Samstag, der 11. Januar

Wie volatil die Wirklichkeit ist! Eben noch versammelten sich Iraner und Iraker auf der Straße, um ihre Wut über die Tötung des Generals Soleimani herauszuschreien, jetzt sind daraus gewaltige Proteste gegen das Mullah-Regime geworden. Was ist passiert? Den Absturz des ukrainischen Flugzeugs hat kein technischer Fehler bewirkt, sondern die Flugabwehr der iranischen Revolutionsgarden hat das Passagierflugzeug irrtümlich vom Himmel geholt. Wirklichkeit, sich pixelartig und mit Verzerrungen, Verzögerungen zusammensetzend, wie wenn man bei schwachem Netz ein Video hochlädt: Man braucht Geduld, bis ein Gesamtbild sich aufgebaut hat. Im Rückblick wundert man sich, dass der Absturz der ukrainischen Maschine zwei Tage lang nicht mit der Tötung Soleimanis und dem militärischen Konflikt zwischen den USA und Iran in Verbindung gebracht worden ist. Dann mehr und mehr Pixel, ein leuchtender Punkt wird erahnbar, den man für eine Flugabwehrrakete halten kann, bis die Überbleibsel derselben Rakete am unteren Rand der Wahrnehmung Umrisse annehmen. Und dann das Erstaunliche: Die iranische Regierung, obwohl im Kriegszustand, in dem, wie gesagt, die Wahrheit das erste Opfer ist, räumt ihren Fehler ein, nennt ihn sogar «unverzeihlich». Erstaunlich, weil das heißt: Auch in Zeiten von *fake news* lässt sich die Wirklichkeit doch nicht völlig verbiegen.

Allerdings gilt auch hier: Der Kreisel mit dem Farbspektrum dreht sich noch, der Computer lädt noch. Der Ladeprozess ist nie abgeschlossen, das Bild der Wirklichkeit immer neu im Aufbau begriffen, und selbst die ägyptischen Pharaonen sind vor einer Neudeutung ihres Wirkens nicht sicher.

Sonntag, der 12. Januar

Mit dem Siegeszug des Reality-TV in den nuller Jahren machte auch der Begriff des *Fremdschämens* Karriere. Wofür man sich nicht plötzlich alles fremdschämte! Natürlich ist es immer angebracht, sich zu schämen, aber in Wahrheit hatte das Fremdschämen gar nichts mit Schamgefühl zu tun (man könnte sagen: echtes Schamgefühl verbietet sich Fremdscham, schaut erst mal auf die eigene Nacktheit), viel mehr hingegen mit dem Aufbau einer Differenz, eines Gefälles zwischen dem Eigenen, *für das man spricht*, und einem Anderen, *über das man spricht*. Der treffendere Begriff wäre an sich, ganz einfach, Herabschauen auf andere. Nur dass Fremdschämen den Vorteil hat, dass man den Selbstgenuss, der mit dem Herabschauen auf andere verbunden ist, praktisch kombiniert mit dem moralischen Selbstgenuss, den es bedeutet, sich selbst ein delikates Schamgefühl zu attestieren.

So gesehen ist Fremdschämen tatsächlich auf der Höhe unserer heuchlerischen Moralkultur.

In traditionellen Klassengesellschaften hat sich ein Vertreter der höheren Stände ganz gewiss nie für die Verhaltensweisen der Vertreter niederer Stände fremdgeschämt, er hat sich allenfalls darüber belustigt. Erst seit die Gesellschaft normativ auf Gleichheit umgestellt worden ist, es also für alle Milieus und Klassen nur noch ein Moralreglement geben soll, werden die Differenzen im Verhaltenscode und in den Vorstellungen zum Anlass von Fremdscham und Überlegenheitsgefühlen.

Montag, der 13. Januar

Der amerikanische Verteidigungsminister Esper widerspricht seinem Präsidenten: Es lägen keine substanziellen geheimdienstlichen Informationen vor, wonach Anschläge auf vier amerikanische Botschaften geplant worden seien.

Wer hätte das gedacht: Keine guten Tage für *fake news*, auf beiden Seiten nicht. Fast ließe sich sagen, in Analogie zum Durchregieren: Trump kann nicht *durchlügen*. Das amerikanische System folgt seiner Eigenlogik. Der Präsident, selbst wenn er wollte, kann sich nicht zum Autokraten aufschwingen, der alle Apparate unter seinen Willen beugt. Der Verteidigungsminister, rechenschaftspflichtig eben nicht nur gegenüber dem Präsidenten, sagt im Fernsehen das, was ihm seine Informationen zu sagen erlauben, und nichts anderes.

Währenddessen nicht abreißende Proteste auf den Straßen Teherans. Trump unterstützt die Demonstranten durch Tweets auf Farsi. Hat er durch seinen durch und durch erratischen Akt doch etwas in Bewegung gebracht? Sah vor einer Woche noch alles nach Eskalation aus, beginnt man nun schon fast, der Situation etwas abzugewinnen. Aber auch dieses Gefühl ist bloß ein Augenblicks-Screenshot.

Mittwoch, der 15. Januar

Als die Tötung Soleimanis vor einer Woche bekannt wurde, dachte ich: Jetzt holt sich Trump seinen Krieg. Warum sollte ausgerechnet der schrecklichste Präsident *ever* darauf verzichten, die Nation durch einen Krieg hinter sich zu vereinen? Also würde der Krieg nun doch nicht im Südchinesi-schen Meer stattfinden, wie Steve Bannon angekündigt hatte, sondern in der Golf-Region.

Doch danach sieht es nicht aus. Ich muss einräumen: Ich bin vielleicht gut in Trump-Verachtung, aber schlecht in Trump-Analyse, offensichtlich begreife ich ihn nicht. In-nerlich rechtfertige ich mich mit dem Argument, dass man einen Egomanen, der verantwortungslose erratische Ent-scheidungen fällt, als säße er noch immer in seiner Show ‹The Apprentice›, auch gar nicht verstehen kann, in Wahr-heit aber immunisiere ich mich nur dagegen, widerlegt zu werden.

Die Logik allerdings erlaubt auch folgende Möglichkeit: dass man jemandes Handlungen nicht vorherzusagen ver-mag, ihn nicht versteht, mit seinen Urteilen über ihn jedes Mal falschliegt und gleichwohl recht hat, wenn man über-zeugt ist, dass dieser Mensch der größte Lump auf Erden ist.

Und trotzdem: Trump hat früh die Herausforderung durch China erkannt, er ist der Konfrontation nicht aus dem Weg gegangen. Und Politik fragt eben immer auch: Wie viel Wirklichkeit nehme ich wahr? Die extreme Asymmetrie in den Handelsbeziehungen zwischen China und dem Westen war jedenfalls keine Wunde, in die die deutsche Politik je den Finger gelegt hätte. Genauso wenig die chinesische Indus-triespionage, dabei ist ja völlig offensichtlich, dass nichts unsere Zukunft stärker prägen wird als Chinas neue Rolle als Super-Weltmacht (und weil ich einen kleinen Asienfim-mel habe, sehe ich das zumindest mit Neugier und Bewun-derung!). Nach einer irregulären Phase von 150 Jahren, in denen China bloß ein stolpernder Riese war, kehrt das Land zurück in seine Position als Weltmacht, die es über 2000 Jahre bis zum 1. Opiumkrieg 1839 unangefochten ausgeübt hat, und das Bewusstsein für diese Tatsache scheint in den USA deutlich stärker ausgeprägt zu sein als bei uns. Ich fürchte also, der Punkt – und es ist kein ganz unwichtiger – geht an Trump.

Aber kann das sein, dass überhaupt irgendein Punkt an Trump geht?

Ich erinnere mich, wie ich vor einem Jahr Besuch aus den USA bekam, von Steve, einem kleinen Investmentbanker aus dem Mittleren Westen. Ich hatte ihn 1990 kennengelernt, als wir beide in einem Summer Camp am Lake Michigan als Counselor arbeiteten. Mein Englisch war erbärmlich, aber Steve sah meine Wissbegierde, meine Neugier auf sein Land, und so stand er mir zur Seite, indem er mir eine geschickte Kombination aus Sprachschule und Indoktrination, Grammatik und Ideologie verpasste. Er lehrte mich den martialischen Text der amerikanischen Nationalhymne, er schwärmte von der Boston Tea Party, er war inbrünstiger Katholik und leidenschaftlicher Anhänger der Reaganomics. Einer wie er war mir, in meiner linksliberal behüteten Heidelberger Jugend, noch nie begegnet, es war ein Schock: Wie konnte man für den Papst glühen? Und noch schlimmer: Wie konnte man Ronald Reagan verteidigen, diesen lächerlichen Wildwest-Cowboy-Darsteller, der vom Krieg der Sterne träumte? Wie bekam einer solche Leidenschaften überhaupt unter einen Hut?

Dazu war Steve ein Mann, der die Frauen liebte. Wo immer eine schöne Frau auftauchte, stöhnte er auf, als wollte er sagen: «Entschuldige, aber von jetzt an bin ich nicht mehr Herr meiner Handlungen.» Nie war mir ganz klar, inwiefern das Teil seines katholischen Glaubensbekenntnisses war: offen zu zeigen, wie schwach das Fleisch war, gewissermaßen als gelebte Voraussetzung seiner Erlösungsbedürftigkeit.

Doch wir waren beide sportliche Typen, die die Auseinandersetzung liebten, und ich verdanke es Steve, dass ich in dieser Zeit am Lake Michigan viel lernte und tatsächlich einen Sinn für die von ihm gepriesene Schönheit freier Märkte entwickelte.

Dann sahen wir uns noch einmal 1996 in New York. Es war einer der ersten warmen April-Tage, wir tranken Caipirinha im East Village, aber während wir uns unterhielten, starrte Steve die ganze Zeit zwei Mädels am Nachbartisch an, bis diese endlich zurückschauten – und schon hatte er sie in ein Gespräch verwickelt und an unseren Tisch dirigiert. Weil er allerdings Alkohol nicht gut vertrug, endete das alles nicht so triumphal, wie es begann. Die Girls bestellten noch immer eifrig Caipirinhas auf unsere Kosten, als Steve unerwartet schnell die Segel streichen musste ...

Danach verloren wir uns aus den Augen, bis er mir im Frühling 2019 via Facebook schrieb, er sei auf dem Weg nach Deutschland, ob er mich in Berlin besuchen dürfe?

Ich freute mich, ich lud ihn ein, bei mir zu wohnen, ich ahnte allerdings schon Schlimmes: Es konnte ja gar nicht anders sein, als dass ich mit Steve einen astreinen Trumpisten unter meinem Dach beherbergen würde.

Ich war noch nie einem Menschen begegnet, der sich zu Trump bekannte. Eigentlich peinlich, weil es meinem Ideal des Pluralismus so gar nicht entsprach. Aber es ist bekanntlich auch nicht ganz einfach, in Deutschland auf Trump-Apologeten zu treffen, und so gesehen war Steve, wie ich mir sagte, im Grunde eine tolle Gelegenheit für einen echten

Wirklichkeitskontakt. Trotzdem hatte ich ein beklommenes Gefühl. Meine Toleranz würde einer schweren Prüfung unterzogen werden.

Steve kam an einem Vormittag in Berlin an, ich holte ihn vom Bahnhof ab, wir gingen ins Einstein. Der Kellner hatte uns noch nicht den Brotkorb auf den Tisch gestellt, als Steve schon zu politisieren anfing. Ich traute meinen Ohren nicht: Über zwanzig Jahre hatten wir uns nicht gesehen, und das Erste, was der tat: einen politischen Streit vom Zaun brechen! Als hätte er 25 Jahre auf nichts anderes gewartet! Als wäre er aus keinem anderen Grund aus Grand Rapids, Michigan, nach Deutschland geflogen, als uns Deutschen mal richtig einzuschenken!

Zuerst dachte ich, ich könnte ihn durch vorgespielten Gleichmut und Neutralität am wirkungsvollsten bremsen. Durch gelassenes Darüberstehen, sich nur nicht provozieren lassen. Alle Fakten sprachen sowieso gegen ihn, warum also groß rumzanken?

Leider überschätzt man sich in solchen Situationen leicht, den übermenschlichen Willen, den es dafür braucht, hat man am Ende gar nicht. Außerdem sprach Steve so laut, dass man unser Gespräch an sämtlichen Tischen mitbekommen musste, und da saßen möglicherweise Kollegen oder Menschen, die mich kannten, da durfte jetzt nicht der Eindruck entstehen, dass ich in Wahrheit willfährig mit dem amerikanischen Populismus kollaborierte!

Und dann roch Steve den Braten auch bald und wechselte nun seinerseits in eine Stimmlage voller Anteilnahme, als hätte er Mitleid mit uns und unserem Unglück, sozusagen unter Dauerterror-Alarm leben zu müssen, nur weil die eigene Kanzlerin so viele Islamisten ins Land gelotst habe:

«Nicht wahr, es gibt viel Unzufriedenheit in Deutschland, was man so hört? Sogar eine neue Partei, die immer stärker wird? Wie heißt die? Irgendwas mit Alternative?»

Da hörte der Spaß auf, ich musste einschreiten. Ich versuchte die Bedeutung der AfD kleinzureden; im Gegenteil, man müsse Deutschland, gerade im Vergleich mit anderen europäischen Nationen, als einen Hort der Stabilität betrachten! Seit bald fünfzehn Jahren regiere die Kanzlerin das Land ausgesprochen erfolgreich! Die Arbeitslosigkeit sei auf einem historischen Tiefstand! Ich bemerkte, dass ich begonnen hatte, meine Sätze mit wegwerfenden Handbewegungen zu untermalen.

Das sei natürlich schön, entgegnete Steve, wenn alle so rundum zufrieden seien.

O ja, durchaus, sagte ich, das sei sogar sehr schön.

Gleichzeitig war ich damit beschäftigt, immer leiser zu reden, in der Hoffnung, dass dann auch Steve leiser sprechen würde – es brauchten schließlich nicht alle im Einstein mitzubekommen, wie er jetzt doch tatsächlich sagte: «Obama is a decent man, he loves his wife and loves his children, but politically I wildly disagree with him. He was the worst President since James Buchanan.»

Plötzlich hatte ich mich nicht mehr im Griff. Was sollte dieser Scheiß? Dieses gönnerhafte «he is a decent man», nur um ihn dann in einer Mega-Hyperbel zum zweitschlechtesten Präsidenten aller Zeiten herabzuwürdigen! Meine Halsschlagader pochte, ich musste einen Gegenschlag anbringen. Nur wer verdammt war dieser James Buchanan? (Zu Hause googelte ich natürlich sogleich: Was für eine Frechheit! Buchanan war der Begründer des Populismus um 1850, und ausgerechnet ein Trumpist verglich Obama, diesen edlen

Intellektuellen, mit einem Populisten reinsten Wassers? Diese Schamlosigkeit!)

Was er Obama denn vorzuwerfen habe, wollte ich von Steve wissen. Der habe die Verfassung gebrochen, sagte Steve, als er Obamacare durch den Kongress gepeitscht und mittels eines Verfahrenstricks den Senat ausgeschaltet habe. Und nun folgte eine sehr komplizierte Darstellung eines Sachverhalts, in dem die Frage, ob Obamacare eine Steuer oder eine Abgabe ist, ebenso eine Rolle spielte wie das Urteil des Supreme Court, dass Obamacare keineswegs ein einfaches Haushaltsgesetz gewesen sei und deshalb vom Senat unbedingt mit qualifizierter Mehrheit hätte gebilligt werden müssen.

In meinem Kopf rauschte es. Von alldem hatte ich noch nie was gehört, und für ein Mittagessen im Einstein war es mir auch deutlich zu kompliziert – überhaupt war die ganze Redesituation nicht fair, das musste Steve einsehen. Ich sagte: «Nur weil du dich mit der Innenpolitik deines Landes besser auskennst als ich und nur weil mein Englisch zu schlecht ist, um dir den Kopf zu waschen für diesen ganzen *bullshit*, nur deswegen hast du noch lange nicht recht!» Und fügte hinzu, und mein Ton war leider ziemlich beleidigt: «Würden wir jetzt auf Deutsch reden, würde sich das alles ganz anders darstellen!»

Zugegeben, es gibt triumphalere Verteidigungsstragien, aber Steve, tatsächlich, nickte ganz sanft: obwohl mein Einwand gar nichts mit der Sache, bloß mit dem Verfahren zu tun hatte. Wenn ich eben noch überzeugt gewesen war, ich würde es mit dem Kerl definitiv nicht drei Tage aushalten, gab es jetzt einen Hoffnungsschimmer ... Wir lächelten verquält. Wir schalteten einen Gang runter.

Obama habe das Land doch glänzend durch die Finanz-krise, für die er nicht verantwortlich gewesen sei, gelenkt. «Er hat die Banken rausgehauen mit Steuergeld, das hat er getan», sagte Steve. Was habe Trump denn umgekehrt vor-zuweisen, entgegnete ich. Noch nie in der Geschichte der Vereinigten Staaten, erfuhr ich nun, seien so viele Frauen und Schwarze in Lohn und Brot gestanden, bei steigenden Reallöhnen.

Ach so?

Jetzt hätte man darüber streiten können, ob diese Ent-wicklung nicht von Obamas Politik angestoßen worden sei, aber da würden wir uns sicher im Klein-Klein der Zahlen verlieren. Aussichtsreicher erschien es mir, Steve, der sich kurz zuvor als «Paläo-Konservativer» geoutet hatte (und *Paläo* meint bei diesen Leuten immer die Zeit der *founding fathers* und die *constitution*), bei seiner Ehre als Konservati-ver zu packen: «Für mich, Steve, ist Trump ein Revolutionär, der mit der Verfassungstradition deines Landes bricht. Bei seiner Inaugurationsrede hat er gesagt, er werde die Macht dem Volk zurückgeben, so als wären alle seine Vorgänger im Weißen Haus Usurpatoren gewesen. Ich mag keine Revolu-tionäre!»

Nachdenkliches Wiegen des Kopfes bei Steve. Hatte ich ihn am richtigen Punkt gepackt? Er selber fürchte den Des-potismus so sehr wie die pure Macht der Mehrheit, sagte er zu meiner Überraschung. Und fuhr fort, Trump sei laut und ordinär und rede viel Müll, aber was die Verfassungskon-formität betreffe, wolle er jetzt nicht wieder auf Obamacare zurückkommen, erlaube sich aber doch, mich daran zu erin-nern, dass Obama in seiner ganzen Amtszeit durch *executive orders*, also durch Dekrete, regiert habe. Im Wahlkampf habe Trump versprochen, mit dieser schlechten Praxis zu brechen. Er, Steve, habe Trump von Anfang an viel zugetraut (und sehe sich darin nicht getäuscht), aber dass Trump in seiner Unbeherrschtheit in diesem Punkt Wort halten würde, damit habe selbst er nicht gerechnet. «Und was ist passiert?», fragte er wie ein Magier, der das weiße Kaninchen aus dem Hut zaubert. «Trump did not use the executive order!»

Langsam ging mir die Puste aus. Ob das überhaupt alles so stimmte? Das würde ich zu Hause mal genauer nachprüfen. Dass ausgerechnet die Schwarzen und die Frauen von Trump profitiert haben sollten, *come on, Steve!*

Damit er sich nicht einbilden konnte, Oberwasser zu haben, lenkte ich sozusagen mit letzter Kraft das Gespräch auf China. Ich wollte Steve mit seinem Stolz auf den *American exceptionalism* quälen, also sprach ich von Chinas offenbar unerschöpflicher Kraft. China werde die neue Weltmacht, während Trump durch seinen Isolationismus die USA weltpolitisch marginalisiert habe.

Ja, man dürfe China nicht unterschätzen («*by the way*», ließ Steve an dieser Stelle einfließen, «meine Verlobte, die ich in vier Wochen heiraten werde, ist Chinesin»), aber anders als die USA habe China eine negative Demographie – und nur Länder mit positivem demographischem Faktor hätten das Zeug zur Weltmacht, in der Geburtenrate drücke sich Zukunftshoffnung aus.

«Gott, ja, wegen der Ein-Kind-Politik!», stöhnte ich auf.

Aber an diesem Punkt konnten wir nicht mehr. Wir atmeten aus. Wir schwiegen.

Es war, als hätten wir Druck abgelassen, als wäre erst einmal alles gesagt, was zu sagen gewesen war; die Hunde hatten Auslauf gehabt, jetzt lagen sie erschöpft und zufrieden vor dem Kamin. Wir wendeten uns anderen Themen zu. Und das ist leicht mit Steve, weil es fast nichts gibt, wofür er sich nicht interessiert: von der Botanik bis zur Philosophie, von der Geschichte bis zum Investmentbanking (sein Job).

Wir hatten noch schöne und anregende Tage. Die vielen Baustellen – jetzt ganz im Ernst, auch ich hatte erst gedacht, ich hätte mich verhört – machten ziemlichen Eindruck auf ihn, vielleicht, meinte er, stehe es um die deutsche Wirtschaft ja doch nicht so sklerotisch, wie er gedacht habe. Ich zeigte ihm den Reichstag. Besonders die Graffiti der Rotarmisten faszinierten ihn.

Natürlich, immer wieder gab es herausfordernde Momente. Einmal in der Woche arbeite er, erzählte Steve, ehrenamtlich in einer Suppenküche für die Obdachlosen seiner Stadt. «You know, I am against welfare», aber er könne nun mal nicht verhindern, dass er wegen seiner Tochter, die geistig behindert ist, staatliche Zahlungen erhalte. Als bäte er um Nachsicht für seine Inkonsequenz: da musste ich schon wieder durchatmen.

Manchmal hatte ich auch Rachephantasien. Einmal, beim Eintreten in ein sehr gutes Kreuzberger Restaurant, das Lode & Stijn, dachte ich gönnerhaft: «Na mein Lieber, jetzt wirst du mal sehen, dass es auch andere Horizonte gibt und der linksliberale Hedonismus (plötzlich sah ich mich als Teil des linksliberalen Hedonismus!) ganz andere Grade an *sophistication* hervorgebracht hat, als du dir in deinem Fly-over-Staat Michigan vorstellen kannst. Vielleicht wird dir dann auch mal auffallen, dass man nicht überall in Jeans, Sneakers und Sweatshirt rumlaufen kann!»

Aber im Lode & Stijn stieß sich niemand an Steves Outfit, während er hingebungsvoll die dortige Dekonstruktionsküche studierte und zu inspirierten Beschreibungen der Geschmacksbilder kam. Ein wunderbarer Abend. Ein Trumpist im Lode & Stijn, dachte ich noch kurz, aber da war mir schon klar, dass es ohnehin keine so gute Idee war, sich durch KLASSISMUS am POPULISMUS rächen zu wollen.

Bevor er wieder zurück in die USA flog, schenkte mir Steve noch einen Anlage-Tipp, der tatsächlich in den nächsten Wochen durch die Decke ging. Als ich das realisierte, war es leider schon zu spät, um noch einzusteigen ...

Donnerstag, der 16. Januar

Verbreiteter Argumentationsmove: «Hey, wir haben 2020!» Als wäre das schon ein Argument.

Freitag, der 17. Januar

Ich musste heute an Donald Rumsfeld denken, der bekanntlich zwischen *the known, the unknown* und *the unknown unknown* unterschied.

Vergessen wir für einen Moment, dass die Formulierung auf Donald Rumsfeld zurückgeht. Könnten wir uns auf den Satz einigen: Was das Leben ausmacht, seine innere Spannungskurve, hat mit dem *unknown unknown* zu tun? Dass die Zukunft eigentlich nie bringt, was wir durch Fortschreibung der Gegenwart erwartet haben, sondern ohne Unterlass neue Wirklichkeiten schafft, hat auch damit zu tun, dass *the unknown unknown* im Vergleich zum *known unknown* (wir wissen noch nicht, wie wir Krebs therapieren, aber wir wissen, wonach wir suchen) unendlich viel größer und deshalb immer gut für Überraschungen ist. Aber auch im persönlichen Leben bewegen wir uns wie durch ein Medium des Nicht-Wissens, von dem wir noch nicht einmal wissen, dass wir es nicht wissen.

Das ist noch einmal mehr als das, worauf Sokrates es abgesehen hatte. Mit dem Wissen um unser Nicht-Wissen kann man umgehen, es ist nicht schwer, es zu operationalisieren, aber das Nicht-Wissen, von dem wir nicht wissen, dass wir es nicht wissen, gleicht dem Unbewussten, dessen Existenz wir laut Freud verdrängen.

Natürlich war das nicht Rumsfelds Geistesblitz, sein Aperçu geht auf Platons Dialog ‹Menon› zurück, in dem Menon den Sokrates fragt, wie er denn überhaupt finden könne, wonach er suche, denn entweder habe er, was er suche, vorher schon gewusst, dann habe er es aber bereits gefunden, oder er finde etwas, dann gebe es jedoch kein Kriterium, an dem zu messen wäre, ob das Gefundene auch wirklich ist, wonach er gesucht habe.

Und Sokrates antwortet gut gelaunt: «Ich verstehe, was du sagen willst, Menon! Siehst du, was für einen streitsüchtigen Satz du uns herbringst? Dass nämlich ein Mensch unmöglich suchen kann, weder was er weiß, noch was er nicht weiß. Nämlich weder was er weiß, kann er suchen, denn er weiß es ja, und es bedarf dafür keines Suchens weiter; noch was er nicht weiß, denn er weiß ja dann auch nicht, was er suchen soll.»

Nicht-Wissen ist die menschliche Universalie schlechthin. Trotzdem ist es fast unmöglich, *the unknown* in den politischen Diskurs einzuspeisen, gar nicht erst zu reden vom *unknown unknown*. Der Politiker muss mit «Fakten, Fakten, Fakten» auftrumpfen. Vielleicht ist der politische Diskurs so oft öde und steril, weil er das Nicht-Wissen fast immer leugnen muss: Nichts ist schwieriger für einen Politiker, als Ratlosigkeit einzugestehen, dabei ist Ratlosigkeit unser aller Ausgangsposition. Weil das Nicht-Wissen viel größer ist als das Wissen und unsere Lebenszeit endlich (wir können also nicht alle denkbaren Optionen durchprobieren), müssen wir uns zu Entscheidungen zwingen, auch wenn wir tatsächlich ratlos sind. Auch die Politik, dies ist ihre Aufgabe, muss Entscheidungen fällen, nur darf sie ihre Ratlosigkeit nie zugeben.

Und ebendeshalb ist mir mein innerer Stammtisch so lieb, denn hier muss ich nicht so tun, als hätte ich auf alles eine Antwort. Man könnte einwenden: Wer keine Ahnung hat, sollte auch am inneren Stammtisch lieber die Klappe halten. Das stimmt womöglich sogar einerseits, andererseits kommt mir diese Haltung unrealistisch bis zur Unmenschlichkeit vor.

Samstag, der 18. Januar

Ziel: mehr Nicht-Wissen, mehr Ambivalenz, mehr Zweideutigkeit zulassen.

Allerdings ist auch die Zweideutigkeit zweideutig. Wenn man zu oft mit dem Kopf wackelt, um dann bedeutungsvoll das Wort «Ambiguität» auszusprechen, gerät man leicht in den Verdacht, in Wahrheit wolle man sich nur schmerzhaften Festlegungen, moralisch gebotenen Entscheidungen entziehen, man zerrede alles, statt zu handeln. Ja, das gibt es sogar gar nicht so selten, aber genauso oft gibt es blinden Aktivismus, und die ganze Herde trabt los, leider, wie sich dann zeigt, in die falsche Richtung.

Sonntag, der 19. Januar

Die meisten meiner politischen Einstellungen haben nicht so sehr mit Argumenten als mit Intuitionen zu tun, die so innig zu meinem Wesen gehören, dass ihre Modifikation weniger einem Lernprozess als einer Charaktertherapie gleichkäme.

Wenn ich mich als politisches Wesen, als Reiz-Reaktions-Nervenbündel beobachte, kann ich beispielsweise feststellen, dass ich, unabhängig von konkreten Inhalten, stark ablehnend auf Positionen reagiere, die mit ausgeprägten Gut-Böse-Unterscheidungen arbeiten, das Bisherige für moralisch verrottet erklären und einen Neubeginn versprechen, wie Herakles, der den Stall des Augias ausmistet.

In den Jahren, in die mein bisheriges Leben fiel, waren solche Reinheitsphantasien eher eine Sache der Linken. In dem Maße, in dem man dem Gegner, zum Beispiel dem «Kapital» oder den «Mächtigen», die schlimmsten Absichten und egoistischsten Motive zutraute, war man auch von der Lauterkeit des eigenen Herzens überzeugt, man träumte vom radikalen Neuanfang.

Im konservativ-liberalen Lager ging man eher davon aus, dass der Mensch aus krummem Holz gemacht sei und folglich nie etwas ganz Gerades werden könne, aber weil es bisher, im Großen und Ganzen gesehen, gar nicht so schlecht gelaufen sei, könne man gut und gerne noch ein bisschen so weiterwurschteln, die menschliche Sündhaftigkeit mit Nachsicht sehen und nicht wegen jedes kleinen Skandals gleich das ganze System in Frage stellen – so wie man ja auch besser beraten ist, nicht wegen eines Seitensprungs gleich die ganze Ehe für gescheitert zu erklären.

Auch hierin war die Wahl Trumps eine Zäsur. Er ist ein rechter Populist, ohne Scheu, eschatologische Töne anzuschlagen. Manchmal denke ich noch zurück an seine Inaugurationsrede, in der er verkündete, bisher sei man an diesem Tag zusammengekommen, um die Macht von der einen Regierung an die nächste zu übergeben, diesmal aber werde er, Trump, die Macht Washington wegnehmen und dem Volk zurückgeben. Er sprach, als wäre die Zeit erfüllet.

So lau es bisweilen aussehen mag, es sorgt für Stabilität, sich vor hochfliegenden Hoffnungen und den Enttäuschungen, die ihnen in der Regel folgen, grundsätzlich zu schützen. Funktion demokratischer Wahlen: ein Verfahren des Machtwechsels sicherzustellen, das von allen Beteiligten als fair empfunden wird. Im Wahlergebnis kommt keine höhere Einsicht, keine tiefere Wahrheit zum Ausdruck, man könnte auch losen – und einige Politologen haben zuletzt sehr ernsthaft ein solches Modell durchdacht, aber eines der Argumente, die sie anführen, ist die Überwindung des Parteienwesens, und das gefällt mir nicht, weil ich Parteienverachtung für eine der allergrößten Dummheiten halte.

Wenn man Demokratie als ein Verfahren des geregelten Machtwechsels betrachtet, dann liegt ihre Würde in der Wiederholung. Es ist jedes Mal ein Gänsehautmoment, wenn nach einer verlorenen Wahl der alte Machthaber das

Zepter an den neuen übergibt. Carl Schmitt spricht einmal von der «Prämie auf den legalen Machtbesitz». Diese Prämie ist unvermeidlich, wer die Macht hat, wird sie und ihre Apparate immer nutzen, um sie abzustützen, aber nach der verlorenen Wahl wird die Prämie dann wieder kassiert. Und nur, von daher rührt die Gänsehaut, weil alle das Verfahren anerkennen.

Immer hin und her: Mal gewinnt die eine, mal die andere Seite, aber im Vordergrund steht nicht so sehr, wer es besser kann, sondern ein ehrfurchtgebietender Vorgang: der regelgeleitete Wechsel, die Anerkennung der Regel. Wie anders Trump! Seine Feier der Diskontinuität gegen die Würde dieser Ordnung.

Fast so stark wie mein Misstrauen gegen eschatologische Politik ist mein Misstrauen gegen alles, was mit dem heißen Atem der Unmittelbarkeit daherkommt. Zentrale charakterliche Voreinstellung: Das Unmittelbare ist das Rohe, das erst in den Prozessen der Vermittlung abgeschliffen wird. Einer der Vorwürfe gegen die repräsentative Demokratie in Zeiten der Politikverdrossenheit ist eben ja genau dies: dass der Wille des Volkes abgeschliffen, dass er in den Mühlen der parlamentarischen Kompromissfindung zu Staub zermahlen wird. Ja, stimmt, doch genau das finde ich beruhigend. Dass im Parlamentarismus nichts so heiß gegessen wird, wie es gekocht worden ist. Dass Vermittlung immer einen Verlust an Ursprünglichkeit bedeutet, denn was ist diese schon? Meistens nur ein Affekt, und mein politisches Temperament vertraut eher auf Verfahren als auf Wahrheiten. Und seien diese noch so stark empfunden.

Montag, der 20. Januar

Greta wird dieses Jahr als offizieller Gast Davos beehren. Die CEOs wollen in ihrem Licht leuchten. Vielleicht ist es ja eine List der Vernunft: Manchmal braucht es einfach eine Jungfrau, um alte weiße Männer auf Trab zu bringen.

Ich glaube trotzdem mehr an Christian Lindners vielgeschmähte Aussage: Lass mal die Profis ran. Wenn der Klimawandel so krass ist, wie gesagt wird (und es gibt keinen Grund, daran zu zweifeln), dann kriegen wir die Sache nicht durch moralisch motivierten Konsumverzicht gedreht. Nur der innovationsgetriebene Kapitalismus, der uns den hohen Ressourcenverbrauch überhaupt erst eingebrockt hat, wird es wieder richten. Die Wunde heilt der Speer nur, der sie schlug. Das wollen die engagierten Klimaaktivisten verständlicherweise nicht hören. Sie wollen, dass die Guten gewinnen, nicht die Effizienten, denn dann müssten die Bösen die Suppe am Ende gar nicht auslöffeln, die sie uns eingebrockt haben. Oder, anders gefasst: Sonst steigen die am Ende noch in ihren ökoneutralen Tesla-SUV und brettern weiter vergnügt mit 230 über die Autobahn!

Dienstag, der 21. Januar

Der Begriff *body positivity* fasziniert mich. Liebe alles an dir, so wie es ist. Der Begriff verdichtet noch einmal, was ohnehin die Dauerbotschaft auf allen Kanälen ist: dass du dich nicht schämen musst für das, was du bist. Dass es voll okay ist, wie auch immer du es gern besorgt kriegst. Dass es keinen Grund gibt, sich für die eigenen Perversionen zu schämen. Dass du, wenn dir Austern mit Ketchup schmecken, bitte Austern mit Ketchup essen mögest. Dass man kein schlechtes Gewissen zu haben braucht, wenn man sich von seinem Partner getrennt hat. Dass es okay ist, wenn man erst mit dreißig den ersten Sex hatte, okay auch, wenn man es mit achtzig gerne noch a tergo macht. Dass man nicht von allen gemocht werden muss. Und vor allem, dass man endlich aufhören soll, sein Scheitern zu verstecken, weil Scheitern nämlich zum Leben gehört und «normal und gesund» ist. Sex ist übrigens auch gesund, aber es ist auch voll okay, wenn man mal keinen Bock auf Sex hat, nur weil man mal nicht will, ist man noch lange nicht frigide. Aber natürlich auch: Steh zu deiner Lust!

An sämtlichen Fronten wird Druck herausgenommen, es soll keine legitimen Konformitätserwartungen mehr geben. Jeder soll machen können, was er will. Zugleich wird das Regiment, wie man sich moralisch korrekt verhalten soll, immer stärker. Das Ideal der empathischen, *woken* Gesellschaft: Versetze dich in die Lage der Betroffenen und richte dein Handeln danach aus. Den Ton gibt an, wer am ungeniertesten im Namen *der Betroffenen* spricht, weil er jederzeit weiß, was dieses imaginäre Kollektiv als verletzend empfindet und was nicht. Die Gesellschaft wird gleichzeitig permissiver und präskriptiver.

Nichts muss, alles kann. Auf ZEITonline lese ich: Menschen, die mal keine sexuelle Lust verspürten, würden schnell als seltsam gelten. Dabei sei das «ganz normal». Abweichungen von der Normalerwartung sollen von den Betroffenen nicht mehr als Last, sondern als Ausdruck ihrer Individualität gefeiert werden; gleichzeitig reagiert man auf

Abweichungen von dieser Moral umso empfindlicher. Man soll sich für nichts mehr schämen müssen, während man gleichzeitig lautstark verkündet, was man mal wieder «zum Fremdschämen» fand.

Die Summe aus Schließung und Öffnung der Gesellschaft bleibt konstant.

Mittwoch, der 22. Januar

Niemand möge Bernie Sanders, lässt Hillary Clinton wissen. So wie sich die Demokraten streiten und spalten, scheint es mit der Dringlichkeit von Trumps Abwahl nicht so weit her zu sein.

Doch, erwidert Sanders trocken, seine Frau möge ihn – an einem guten Tag ...

2016 stimmten bekanntlich die reiche Ostküste und die Goldküste Kaliforniens (dessen Wirtschaftskraft stärker ist als die des Vereinigten Königreichs) für Clinton, während Trump in den ärmlichen *Fly-over-States* abräumte. Würde man in den USA ein Klassen- oder Zensuswahlrecht einführen, wonach die Stimmen der Besitzenden mehr wiegen als die der Habenichtse, wären den Demokraten die nächsten Präsidentschaftswahlen sicher, und die Ungerechtigkeit, dass Hillary Clinton gegen Trump verlor, obwohl sie deutlich mehr Spenden-Dollars eingesammelt hatte als ihr Gegenspieler, würde sich nicht noch einmal wiederholen.

Donnerstag, der 23. Januar

Zur Abwechslung ein Gleichnis: Nur der Hauch eines Juckens im Gehörgang, schon greift man zum Q-Tip, und zwar mit der geradezu eschatologischen Erwartung, einen gewaltigen Ohrenschmalzpfropfen aus sich herauszumanövrieren, sodass man endlich von allen Blockierungen befreit wäre, ein reiner Gehörgang, durch den wieder, wie einst, der volle Klang der Welt zu vernehmen wäre.

Die Enttäuschung folgt auf dem Fuß: So brutal man auch das Q-Tip in den Gehörgang schiebt, man befördert allenfalls Spurenelemente von Dreck ans Tageslicht. Die große Befreiung bleibt aus, alles bleibt beim Alten, für den finalen Durchbruch hat es wieder nicht gereicht. Dabei hatte man die Sphärenmusik schon fast die Ohrmuschel kitzeln gefühlt, zum Greifen nah war sie gewesen ...

Freitag, der 24. Januar

Einfach schwer vorstellbar: dass andere eine andere Meinung haben als man selbst. Warum nur? Was ist bloß los mit denen? Früher sagte man: «So ein Arsch!» Aber dass die anderen böse, man selber hingegen gut ist, kann man, so plausibel es sich auch zunächst anfühlt, nicht allzu oft sagen. Also erklärt man das Problem auf andere Weise: «Sein IQ kommt eben kaum über Raumtemperatur!» Aber dass es nicht sehr intelligent ist, anderen Intelligenz abzusprechen, auch diese Einsicht dämmert einem bald. Deswegen sagt man heute, und das passt zum Zeitalter der Sozialen

Medien: «Der hat null Fähigkeit, sich selbst zu reflektieren.»

Würden alle sich selbst nur so reflektieren wie ich, wär das Problem gelöst und alle meiner Meinung!

Samstag, der 25. Januar

Helenas Lieblingsthema: Polyamorie. Einmal trafen wir die Filmemacherin und Schriftstellerin Lola Randl, die in ihrem Buch ‹Der große Garten› von ihrem Leben in Gerswalde in der Uckermark erzählt und wie sie, man müsse ja irgendwie Struktur in sein Leben bringen, den Donnerstag zum «Liebhabertag» ernannt habe. Lolas Liebhaber lebt auch in Gerswalde wie Lolas Familie. Immer am Donnerstag lief sie über die Straße rüber ins «Liebhaberhaus» und traf ihren Liebhaber. Helena war ganz begierig, alle Details von Lola zu hören und wie das Konzept funktioniert. Aber Lola war nicht mehr überzeugt. Wenn man erst einen festen Liebhabertag eingerichtet habe, dann fühle sich das gar nicht mehr nach Liebhaber an. Sie sei der Sache deshalb inzwischen überdrüssig geworden und wolle sich künftig mehr ihrem Garten widmen.

Helena war enttäuscht. Sie wartet immer auf gute Nachrichten aus der Welt neuer Lebensformen.

Ich glaube ja nicht an neue Lebensformen, jedenfalls nicht, dass man da durch Nachdenken *out of the box* weiterkommt. Es muss nicht alles immer gleich ein Konzept sein.

Als Helena noch ein Mädchen war, hat ihre Mutter zu ihr gesagt: «Ohne Mann bist du kein ganzer Mensch!» Sie habe das dann konsequent zu Ende gedacht: Wenn erst ein Mann einen zu einem ganzen Menschen macht, dann wird man mit mehreren Männern logischerweise noch vollständiger. Und das habe auch wieder gut zu einer anderen Kindheitserinnerung gepasst. Ihre Mutter habe sie immer ihren «Lieblingsengel» genannt, was sie stolz gemacht habe. Bis sie realisierte, dass ihre Schwester von der Mutter ebenfalls «Lieblingsengel» genannt wurde. Da musste sie lernen, dass man mehrere Kinder lieben kann. Warum dann nicht auch mehrere Männer?

Ich: «Vielleicht weil Mutterliebe doch was anderes ist?»

Helena: «Vielleicht sind sich die Menschen gar nicht ihres gesamten Liebespotenzials bewusst?»

Sonntag, der 26. Januar

Zur Politik gehört auch der Überdruss, der Ekel vor ihr. Der Mensch schüttelt sich vor der Politik, als wäre sie etwas Garstiges, das seine Seele beschmutzt. Thomas Mann schrieb die ‹Betrachtungen eines Unpolitischen›, indem er so tat, als könnte er eine Perspektive einnehmen, die über den Interessen des Politischen steht.

In der Schule habe ich gelernt, dass das keine Option ist. Man müsse politisch sein, denn die deutsche Geschichte habe auch deshalb im 20. Jahrhundert eine so fatale Wendung genommen, weil das Bürgertum unpolitisch gewesen sei.

Auch meiner Generation wurde ausdrücklich vorgeworfen, unpolitisch zu sein. Das galt als eine Charakterschwäche wie Fettleibigkeit aufgrund selbstverschuldeter Bewegungsfaulheit. Erst die *FFF-Jugend* rette die Welt wieder vor der Stagnation der Generation Golf.

Dabei hielt ich selber mich tatsächlich nie für unpolitisch. Ich vertrat halt nur liberale Positionen, die im herrschenden Paradigma als unpolitisch oder karrieristisch galten. Nur Egoisten wählten die FDP, wem es ums Gemeinwohl ging, machte sein Kreuz bei der SPD oder den Grünen. Als politisch galt man, wenn man gegen die Startbahn West demonstrierte, wenn man eine Bürgerbewegung initiierte, wenn man bei den Jusos war. War man bei der Jungen Union, war man nicht politisch, sondern opportunistisch (ich war *nicht* bei der JU und *erst recht nicht* bei den Jungen Liberalen).

NGO, Zivilgesellschaft, bürgerschaftliches Engagement, das alles waren Sehnsuchtsvokabeln. Seit es allerdings Pegida gibt, ist die Freude an zivilgesellschaftlichem Engagement nicht mehr ungetrübt.

Aber ich gebe zu: Von Zeit zu Zeit kenne auch ich den Wunsch, mir die Ohren mit Wachs zuzustopfen, um nichts mehr von der Parteien Streit hören zu müssen. Aber warum? Und was ist konkret gemeint, wenn man die Politik für ein schmutziges Geschäft hält?

Ich glaube, mehr als das offensichtliche Faktum, dass in der Politik krumme Dinger gedreht werden, dass mit Intrigen und Verleumdungen gearbeitet wird, dass Opportunismus und Heuchelei regieren. Ich glaube, dass der Schmutz, von dem sich der Bürger abgestoßen fühlte, etwas war, das er in sich selbst spürte, etwas Hässlich-Aggressives, das in seinem Inneren lauerte und von dem er nicht wollte, dass es noch mehr Macht über ihn gewann: dass man nämlich plötzlich Partei ist und von Leuten schlecht denken muss, nur weil sie auf der anderen Seite stehen.

Ich erinnere mich aus meiner Kindheit noch gut an Erwachsene, die sich aus der Politik heraushielten, einfach weil sie nicht den Stab brechen wollten über einen anderen, der sein Kreuz in der Wahlkabine an einer anderen Stelle machte. Oft waren es Ehepaare, bei denen der eine Teil sich als hochpolitisch verstand (und deshalb ständig mit dem Herabwürdigen anderer beschäftigt war) und der Ehepartner, auf die Rolle des Politikfernen zurückgezogen, von totaler Gemütsruhe träumte. Während der Politisierer die geballte Faust schüttelte und erklärte, was für ein Wahnsinn Brüssel sei, zeigte der um Balance bemühte Ehepartner statt Widerspruch ein schmerzverklärtes, buddhistisches Lächeln. Soll doch meine Frau / mein Mann denken, was sie / er will, solange ich eine Position der Neutralität einnehme, wird die Gesamt-Affekte-Bilanz dieses Haushalts noch im Rahmen der üblichen Emissionswerte bleiben ...

Montag, der 27. Januar

Mit wenig hadert einer mehr als mit der sich allgemein durchgesetzt habenden Annahme, dass es kein Jüngstes Gericht gibt. Man kann die furchtbarsten Verbrechen begehen, man kommt durch damit. Dabei hat die Sehnsucht nach dem Jüngsten Gericht eine frappante Ähnlichkeit mit unserem Wunsch, recht zu behalten, denn uns selbst sehen wir allenfalls im Fegefeuer für lässliche Sünden, unsere Feinde hingegen – aber sie wollen es ja auch einfach nicht begreifen! –, wenn alles mit rechten Dingen zugeht, im untersten Höllenkreis.

Der Feind: immer der Verstockte, der nicht auf uns hören will, der *null reflektiert.*

Dienstag, der 28. Januar

Seit ich denken kann, wurde vor dem Rechtsruck gewarnt. Der erste angebliche Rechtsruck meines Lebens: die Wende von 1982 (ja, so hieß sie damals, bevor ihr Name von einem historisch bedeutenderen Ereignis gekapert wurde), als die FDP mit der CDU ins Bett ging – Verrat! All die Jahre war immer wer da, der in schrillem Ton vor einem Rechtsruck warnte, aber wenn man zu oft den Feueralarm auslöst, rückt die Feuerwehr irgendwann bekanntlich nicht mehr aus.

Und jetzt? Jetzt haben wir seit einem halben Jahrzehnt wirklich einen Rechtsruck, und zwar weltweit. Gibt diese Tatsache den früheren Warnern recht, denjenigen also, die eine Rückkehr nationaler Gefühle und deutscher Selbstglorifizierung befürchteten? Werfen wir einen Blick ins Taufregister. Genau in jenem linksliberalen, bildungsbürgerlichen Milieu, das die AfD für Verräter an der nationalen Sache hält, gibt es eine eindeutige Vornamen-Konjunktur: Erst waren die Namen lateinisch (Marcus, Cornelius, Julia), dann wurden sie alttestamentlich-jüdisch (Esther und Daniel), dann – ab den frühen nuller Jahren – preußisch (Luise, Charlotte und Friedrich), um heute mit Otto, Karl und Konrad bei den Saliern, Sachsen und Karolingern angekommen zu sein. Ein

Kind in meinem Bekanntenkreis hört sogar schon wieder auf den Namen Hans.

Anders gesagt: Wer wie viele Linke 1990 der Meinung war, nun beginne eine Periode der nationalen Restauration, hat, zumindest mit Blick auf die Namensgebung, recht bekommen. Von deutschem Selbsthass kann keine Rede mehr sein. (Auch das Marketing entdeckt das Kernig-Herzhafte des Deutschen wieder: Wo der Bäcker eben noch ein Mortadella-Panino anbot, hat er jetzt eine Käse-Stulle im Angebot.)

Mittwoch, der 29. Januar

Ich muss sieben Jahre alt gewesen sein, als ich in einer Handballmannschaft spielte. Vielleicht war es das Jahr 1978, zwei Jahre zuvor war die Anschnallpflicht eingeführt worden. Mein Handballtrainer wirkte einschüchternd auf mich, er war fast zwei Meter groß. Männer beeindruckten mich, denn ich wuchs nur mit meiner Mutter auf. Außerdem sprach er stark Dialekt, das schien mir seine Autorität noch einmal zu erhöhen, denn wenn man so sprach wie alle anderen, dann hatte man offensichtlich alles richtig gemacht. Bewunderung und Ekel allerdings mischten sich, denn er hatte einen großen Adamsapfel, der sich wie ein gewaltiger Kolben auf und ab bewegte und die Haut seines Halses auswölbte, wenn er sprach. Er war Hobbyfunker, CB-Funker, so hieß das. Also stürzte er oft zu seinem orangen Opel Ascona, beugte sich von seiner Leuchtturmhöhe herunter, um durchs offene Autofenster nach dem Funk-Mikro zu greifen und etwas hineinzuschreien: «QRG, QRG!» Der Adamsapfel wanderte hoch und runter, während er den Sprechknopf des Mikros drückte. Am Ende hieß es immer: «Roger!»

Mein Handballtrainer war mir nicht sympathisch, aber er beeindruckte mich. Offensichtlich war er auf der Höhe der Technik. Auch war er in jeder Runde nicht nur der Größte, sondern auch der Lauteste, und auch das schien mir ein Hinweis auf seine besondere Stellung in der Welt. Die Klappe aufreißen konnte sich nicht jeder erlauben. Und die Klappe aufreißen, um dann auch noch in ein CB-Funkgerät zu sprechen – da war man wirklich ganz weit vorn.

Ich fand alles lustig, was er sagte. Als es einmal regnete, sagte er: «Bloß kein Regen, sonst wachs ich noch mehr.» Ich brauchte ein paar Sekunden, bis ich begriff, dass das ein Witz war. Dann war ich aber umso beeindruckter: Er hatte sich selbst auf den Arm genommen, er hatte einen Witz über seine Größe, die auf mich so einschüchternd wirkte, gemacht.

Als er mich einmal nach dem Training nach Hause brachte, schnallte er sich nicht an. Er schnallte sich nicht nur nicht an, sondern erklärte mir, seinem jungen Bewunderer, auch gleich, warum er sich grundsätzlich nicht anschnalle. Damit er sich im Falle eines Unfalls schneller befreien könne und nicht hilflos im Gurt gefangen bleibe. «Ich brauch Bewegungsfreiheit.»

Er war einer, der sich nichts sagen ließ, weil er alles, sogar Unfälle, im Griff haben würde, solange ihn nur keine hirnrissigen Gesetze fesselten. Es klang ein bisschen so wie später Boris Johnson: «Taking back control.»

Weil von ihm auch etwas Abstoßendes, heute würde ich sagen: extrem Vulgäres ausging, hat sich das Bild meines Handballtrainers tief eingeprägt. Jahre später musste ich noch daran denken, wie er den kleinen Jungen, der ich damals war, mit so einem Schwachsinn beeindruckte.

Im Zivildienst 1991 in München hatte ich einen Kollegen, ein etwas schmieriger Popper, der immer im Park-Café abhing und mir prahlerisch anbot, mich mit dem Besitzer bekannt zu machen. Als wir auf einen Fortbildungslehrgang des Roten Kreuzes in den Bayerischen Wald mussten, nahm er mich in seinem Fiat Ritmo mit. Kaum hatten wir die Stadt verlassen und waren auf der Autobahn, löste er seinen Gurt und wiederholte doch tatsächlich die Worte meines Handballtrainers: Er wolle nicht nach einem Unfall in einem geschrotteten Auto eingesperrt sein und verbluten, nur weil er nicht aus dem Gurt rauskomme.

Freitag, der 31. Januar

Der ‹Guardian› hat eine aufschlussreiche Untersuchung über Trumps Social-Media-Aktivitäten angestellt. Danach hat Trump von allen Politikern die größte Summe aufgewendet, um auf Facebook und Twitter durch Anzeigen präsent zu sein: 19,4 Millionen Dollar soll er 2019 für Facebook-Anzeigen ausgegeben haben. Hauptthema seiner PR-Interventionen: die Inkriminierung von *fake news*. Eine hübschere Allegorie kann man sich nicht ausdenken: Die privat finanzierte PR-Kampagne erklärt alles, was ihm nicht in den Kram passt, für *fake news*, während die Wirklichkeit bitte das sein möge, was Trumps Tweets vermitteln.

Sonntag, der 2. Februar

Auf Facebook findet sich zurzeit öfter ein Zitat von Hannah Arendt, wonach der ideale Untertan totalitärer Herrschaft nicht der überzeugte Nazi oder der Kommunist sei, sondern derjenige, für den der Unterschied zwischen Fakten und Fiktionen nicht länger existiere.

Gewiss, möchte man sagen, aber zugleich Hannah Arendt um Nachsicht bitten, weil auch für den, der alles andere als ein bequemer Untertan totalitärer Herrschaft sein will, die Unterscheidung zwischen Fakten und Fiktionen beim besten Willen nicht so einfach ist, wie ihre Forderung in der Theorie.

Fake news ist vielleicht einfach ein zu prägnantes Schlagwort: Mein Eindruck ist jedenfalls nicht, dass tatsächlich viel gelogen wird, sondern dass die Darstellung der Wirklichkeit immer schon in hohem Maß strukturiert ist; die Wirklichkeit wird zumeist nicht durch Unwahrheiten verfälscht, sondern dadurch, dass man einen Sachverhalt so lange aus einer bestimmten Perspektive betrachtet, bis keinem mehr auffällt, dass dieser Sachverhalt auch eine Rückseite hat, die eine ganz andere Geschichte erzählt.

Und vielleicht stürzen wir uns auch deshalb so gern auf Trump, weil wir daran leiden, dass die Unterscheidung zwischen Wahrheit und Fiktion nicht so offensichtlich ist, wie sie klingt, nur bei Trump ist es einmal anders, da haben wir also endlich die Chance, Hannah Arendt zu zeigen, dass wir ihrem Diktum gerecht werden und nicht bereit sind, die Fiktion für die Wahrheit zu nehmen.

Dienstag, der 4. Februar

Seltsamer Prädestinationsglaube: dass immer die anderen schuld sind, während man selber zu den Auserwählten mit dem Durchblick gehört. Das aber ist rein statistisch extrem unwahrscheinlich. Deshalb gehört es zu den Eigenschaften der Reife, über ein Minimum an Selbstrelativierung zu verfügen.

Trump, auch hierin ein *game changer*, dürfte der erste Politiker seit den großen Totalitarismen des 20. Jahrhunderts sein, der die Frage, ob er *immer* recht und die anderen *immer* unrecht haben, ganz ungeniert mit Ja beantworten würde.

Mittwoch, der 5. Februar

Auszählungsdebakel bei den Vorwahlen der Demokraten in Iowa, das Impeachment, das auch ich für richtig hielt, verpufft, vielleicht geht Trump sogar gestärkt daraus hervor. Nach der State-of-the-Union-Rede nimmt Nancy Pelosi das Manuskript der Präsidentenrede und zerreißt es im Rücken des Präsidenten mit drei ruhigen, ernsten Handbewegungen.

Man muss es so sagen: Für uns, die wir Trump für ein Unheil halten, gab es seit seiner Wahl nicht eine gute Nachricht.

Donnerstag, der 6. Februar

Spitzbübisch wie nach einem Schulhofstreich grinst Höcke in die Kamera: Es ist ihm gelungen, die AfD in Thüringen zum Königsmacher zu befördern.

Eine Partei, die es nur gerade so noch in den Landtag geschafft hat, stellt nun den Ministerpräsidenten. Götz Kubitschek auf seiner ‹Sezession›-Seite: Mit Thomas Kemmerich müsse die AfD keine Gespräche über Politikinhalte führen, er sei bloß eine Figur in einem Schachspiel gewesen, in dem es darum gegangen sei, den König Ramelow matt zu setzen. Und er fügt hinzu: Wie alle Figuren in diesem Spiel habe er seine Züge nicht selbst gemacht, er habe sich noch nicht einmal selber aufs Spielfeld gesetzt.

Und über die erschütterte Öffentlichkeit: «Man möchte das Gefühl haben, auswandern zu müssen.» Mephistophelische Zweideutigkeit: Einerseits verspottet Kubitschek diesen Alarmismus, andererseits möchte er ihn auch auf keinen Fall zerstreuen. Ist doch perfekt, wenn die Gegner einer Angst ausgeliefert sind, die man zu schüren vermag, indem man sich zugleich über sie lustig macht.

Samstag, der 8. Februar

So hat es diese Woche, was selten ist, zwei Momente politischer Theatralik gegeben: Nancy Pelosi zerreißt das Redemanuskript von Trump, und die Fraktionsvorsitzende der Thüringer Linkspartei, Susanne Hennig-Wellsow, lässt den Blumenstrauß zu Füßen des mit den Stimmen der AfD frisch gewählten thüringischen Ministerpräsidenten fallen (und macht danach nun nicht regelrecht einen Knicks, aber eine kleine, altmodische Verbeugung – vermutlich ein reiner Reflex, aber ein sympathischer, als wollte sie ihren symbolischen Eklat durch die Bewahrung einer altmodischen Form rahmen, um so zu einer Balance zwischen Empörung und Würde des Parlaments zu finden).

Die theatralische Seite solcher Augenblicke vergisst man nicht so schnell, aber ob sie im Rückblick groß oder lächerlich wirken, hängt ganz von der realen Machtentwicklung ab. Das Pathos von Pelosis dreiaktigem Manuskript-Zerriss fühlt sich jetzt schon schal an, weil es weniger Trump kommentiert als die Unfähigkeit der Demokraten, etwas gegen ihn auszurichten; eigentlich zerreißt Pelosi damit eher das eigene Strategie-Papier als Trumps Rede. Umgekehrt gewinnt Hennig-Wellsows Blumenstraußabwurf durch den Rücktritt des Ministerpräsidenten nur einen Tag später bereits an Aussagekraft. Die symbolische Geste wird durch die Wirklichkeit gedeckt.

Sonntag, der 9. Februar

Mit Moritz Rinke, der Sportskanone, Tennis gespielt. Natürlich ohne jede Chance. Selbst meine Lauffreudigkeit rettet mich nicht. Und doch fluche ich bei jedem Ball, den ich nicht kriege, laut: «Fuck!» Dabei ist zu fluchen doch bloß sinnvoll, wenn man den Ball eigentlich hätte bekommen können, sich aber zu wenig angestrengt hat und deshalb auf sich selbst wütend ist, im Sinne von: «Reiß dich am Riemen!» Oder weil man Pech gehabt und der Gegner den Ball eben noch so übers Netz gewürgt hat.

Beides ist aber gegen Moritz nicht der Fall, ich kriege die Bälle nicht, weil ich seinen Schlägen nicht gewachsen bin. Und immer wieder: «Fuck!»

Ich bin ein Reflexbündel, das die eigenen Worte nicht kontrollieren kann. Ich will mir auf die Lippen beißen, reagiere aber jedes Mal zu spät, das *Fuck* hallt schon durch den Raum. Die am Nebenplatz sind gewiss endgenervt. Zur Wut über den verlorenen Punkt kommt noch die Scham über mein Tourette-Syndrom.

Mein Fluchen: ach, lächerlich. Ich sage es mir, während ich hinter der Grundlinie stehe und auf Moritz starre. Moritz spielt einen kurzen Stoppball. Ich hechte nach vorn, zu spät, ich kriege ihn nicht. Und gleich höre ich mich wieder *Fuck* schreien, als hätte ich mit allem gerechnet, nur nicht damit, diesen Ball zu verfehlen.

Montag, der 10. Februar

Was mich bei meinem Studium der Literaturwissenschaft immer ganz wuschig gemacht hat: Egal, um welchen Autor es ging, immer hieß es von ihm, er habe in einer Zeit großer Unsicherheit, in einer Epoche der Krise und des Umbruchs gelebt. Ob Gryphius, Schiller, Kleist, Fontane, Kafka, Hofmannsthal oder Hermann Broch: Ihr aller Werk war geprägt von Krisenerfahrungen.

Ein Begriff büßt seine unterscheidende Wirkung ein, wenn er auf jedes Ereignis plausibel angewendet werden kann. Deswegen habe ich mir den Satz immer so übersetzt: Kleist, Büchner oder Nietzsche lebten in einer Zeit wie alle anderen Menschen auch, nämlich in einer geschichtlichen, in der Altes abstirbt und Neues entsteht. *Lean back, relax,* mehr ist es wirklich nicht!

Dienstag, der 11. Februar

Helenas Freundin Caro kennengelernt, die beiden sind Freunde, seit sie zusammen Operngesang in Augsburg studiert haben. Caro Mezzosopran, Helena Sopran. Vor dem Abendessen gab's ein Duett: die Barcarole aus Offenbachs ‹Hoffmanns Erzählungen›.

Caros Exfreund ist der GFK-Anhänger, von dem Helena mir im September erzählt hatte. Durch dessen sanftmütige Redeweise sie sich immer wie ausgebremst gefühlt habe.

Helena gleich: «Frag Caro aus zu GFK!»

Natürlich, erzählte Caro freimütig, könne man diese Rede-Rituale der Gewaltfreien Kommunikation mit ihrer Hyper-Achtsamkeit erst einmal lächerlich finden, aber man solle sie als Instrumente betrachten, deren man sich für bestimmte Zwecke bediene, ohne sie zu verabsolutieren. Ihr habe GFK zum Beispiel geholfen, in der Beziehung überhaupt das zu sagen, was sie auf dem Herzen hatte. Wie oft beiße man sich auf die Lippen aus Furcht vor den emotionalen Folgen, die die eigenen Worte möglicherweise auslösen: «Wenn ich jetzt was sage, ist er wieder eine Woche lang verletzt.» Wenn man aber gemeinsam eine Sprache eingeübt habe, der keiner Mikroaggressionen unterstellt, werde plötzlich viel mehr aussprechbar.

So hatte ich es noch gar nicht gesehen. Man sollte sich nie zu früh über etwas lustig machen, von dem man das erste Mal hört.

Beim Essen erzählte Caro, dass ihr Vater Nachfahre von Jenischen sei. Ich muss zugeben, noch nie etwas von den Jenischen gehört zu haben. Sie zählten zum fahrenden Volk, obwohl sie kein Volk im ethnischen Sinne seien, sondern, vermutlich seit der Zeit des Dreißigjährigen Krieges, ein ausgegrenzter Teil der Bevölkerung. Die meisten hätten sehr wohl einen festen Wohnsitz gehabt und seien meist nur «Reisende» im Sinne fahrender Händler gewesen. Für die konservative Mehrheitsbevölkerung hätten sie jedoch immer unter Delinquenzverdacht gestanden. Tatsächlich werde ihre Sprache, das Jenische, als eine Varietät des Rotwelsch eingeordnet, als eine Art Zusatzdialekt zum Deutschen, den die Jenischen untereinander als Geheimsprache nutzten, wenn es hilfreich war ...

Noch heute, erzählt Caro, seien die Jenischen verhältnismäßig stark vertreten im Schausteller-Gewerbe, und viele würden traditionell mit Schrott oder Antiquitäten handeln. Die meisten von ihnen lebten in der Schweiz, im Elsass und im Schwäbischen, aber nur in der Schweiz seien sie als Minderheit anerkannt.

Sie selber spreche kein Jenisch. Der Vater habe sich von seiner Herkunftsgeschichte größtenteils distanziert und wenig darüber erzählt, auch nichts über die Verfolgung, die die Jenischen im Dritten Reich zu erleiden hatten. Sie galten als Diebe und Betrüger, mit der damit verbundenen Ausgrenzung wollte der Vater nichts mehr zu tun haben.

Aber trotz allem Schwierigen des Themas bedeute das «Jenische» für sie auch einen eindrücklichen Schatz an Familien-Anekdoten: «Ich weiß noch, wie meine Oma mir erzählte, wie sie früher Angora-Unterwäsche an der Haustür verkauft hat: ‹Die können Sie bei 60 Grad waschen!› Konnte man auch, denn es war nicht Angora, sondern 100 Prozent Polyester.»

Als Caros Großvater starb, sie selber war elf Jahre alt, sei ihr die Beerdigung wie ein Staatsbegräbnis vorgekommen, Hunderte Jenische hätten ihm die letzte Ehre erwiesen.

Obwohl ihr Vater nichts mit den Jenischen zu tun haben wollte, habe er doch so ein bestimmtes Naturell oder Temperament. Als Caros Bruder einmal über Stress mit dem Chef klagte, so wie man das als Angestellter eben tut, habe der Vater sofort gesagt: «Mach dich selbständig!»

Der Freiheitsfunken sei noch nicht erloschen. Dass sie selber als Sängerin eine freie Künstlerin sei, die von Engagement zu Engagement lebt, sei für ihn nie Grund zur Sorge gewesen, im Gegenteil. Mit Stolz erkläre ihr Vater: «Meine Tochter ist Opernsängerin, toll!»

Bei den Russlanddeutschen, sagt Helena, sei es anders, das wichtigste Ziel sei die Sicherheit einer Festanstellung. «Trotzdem hat mein Beruf meine Eltern auch immer mit Stolz erfüllt. Die Russlanddeutschen ehren die Künstler, aber meiden die Selbständigkeit.»

Manchmal klingt Helenas Deutsch wie aus dem Lateinischen übersetzt.

Dann wechseln wir das Thema, jetzt geht es um die Ausbildung an der Musikhochschule.

Caro: «Man geht von der Hochschule weg und ist erst einmal traumatisiert.»

Helena: «Die Versuchung für einen Gesangslehrer, seine Schüler in ein Abhängigkeitsverhältnis zu bringen, ist sehr groß.»

Caro: «Gesangslehrer lieben es, deine Vergangenheit zu analysieren. Sie wissen alles über dich.»

Helena: «Die haben dich voll in der Zange.»

Caro: «Im Studium und überhaupt im Gesangsunterricht bist du im Kind-Status.»

Besonders gruselige Erinnerungen haben beide an eine private Lehrerin, zu der sie nach dem Studium gegangen sind.

Caro: «Für sie waren die Gesangsstunden keine Dienstleistung, für die wir bezahlten, sondern sie übernahm die Verantwortung für unser Leben.»

Helena: «Sie war Mutter, Lehrerin, Tante und Herrin.»

Caro: «Sie machte uns klar: Sie weiß, wie es geht, und du weißt gar nichts.»

Helena: «Als ich beschloss, nicht mehr zu ihr zu gehen, schrie sie: ‹Du bist furchtbar undankbar!› Ich war vier Jahre bei ihr. Wie dumm ich war!»

Wir scherzen: Vielleicht könnte es ein Geschäftsmodell sein, GFK an Musikhochschulen einzuführen?

Mittwoch, der 12. Februar

Desaster von Thüringen, das einem immer noch in den Knochen sitzt – aber dieses Desaster ist vielfältiger als nur die Tatsache, dass ein FDP-Ministerpräsident mit den Stimmen der AfD und CDU gewählt worden ist. Zum Desaster gehört ebenso, dass ein Bubenstreich («wir wählen jetzt einfach mal nicht unseren eigenen Kandidaten, sondern den, der uns während des Wahlkampfes fortwährend beleidigt hat») eines rechtsextremistischen Landesverbands genügt, um ein ganzes politisches System zerbröseln zu lassen. Es gehört dazu, dass zu den Sätzen, die von Merkel bleiben, leider auch der zählen wird, das müsse rückgängig gemacht werden.

Charakteristikum von Umbruchszeiten: dass plötzlich kleinste Manöver, die sonst von den Strukturen aufgefangen werden, nun zu einem Kollaps führen können. Die FDP hat ihren eigenen Kandidaten gewählt, wen sonst? Die CDU wollte Ramelow absetzen, was erst einmal ihrer Parteiräson folgt. Und die AfD wollte alle vorführen – auch das ist ihr gutes Recht, wofür sie in einer vernünftig geordneten Welt allerdings einen Preis bezahlen müsste, den Preis, dass sich die Wähler von ihr abwenden, weil man von nun an nicht mehr weiß, zu welchem Zweck sie das Wählervertrauen das nächste Mal missbraucht. Tatsächlich dürfte sich jeder AfD-Wähler in Thüringen durch das Manöver natürlich beglückt fühlen, weil er mit seinem Wahlkreuz noch nie eine solche Wirkung ausgelöst hat.

Wenn nun in immer mehr Parlamenten bis zu einem Viertel Abgeordnete sitzen, um die alle anderen einen weiten Bogen machen, entsteht unweigerlich ein labiles System – wie ein Stuhl, dem sein viertes Bein fehlt. Dass der kippt, wenn man sich darauf setzt, ist unvermeidlich und gewissermaßen niemandes Schuld.

Donnerstag, der 13. Februar

Zwei Touristen mit Rollkoffern auf dem Radweg bremsen mich aus. Ich kann nicht auf die Autospur ausweichen, zu viel Verkehr, zu eng, wütend zerre ich an meiner Klingel. Die zwei Frauen winken erschrocken, verdattert, entschuldigend, vermutlich kennen sie in dem Land, aus dem sie kommen, die Radler-Herrenrasse nicht. Doch während ich noch an meiner Klingel reiße, hasse ich mich bereits dafür. *Wie kleinlich bist du eigentlich?* Doch der Reflex ist auch diesmal schneller als die Scham.

Freitag, der 14. Februar

Lebenslüge der Linken: in den Rechten immer nur Opfer eigener Ängste zu sehen, die mit den komplexen Anforderungen der globalisierten Moderne nicht zurechtkommen und deshalb hilflos-ohnmächtig sich nach einem Deutschland der fünfziger Jahre sehnen (das Deutschland der fünfziger Jahre, die Adenauer-BRD, als Sehnsuchtsort des rechten Ostens?), während sie selber cool die Nerven behalten, die Neuigkeiten der Gegenwart analysieren und vor ihren Komplexitäten nicht einknicken.

Sonntag, der 16. Februar

Grundlegend: Man möchte jemand sein, der sich durch Argumente umstimmen lässt. Wenn wer zu laut zu oft «klare Kante» oder «innerer Wertekompass» sagt, zieht man sich lieber ins Schneckenhaus der Menschenscheu zurück – was soll man zu solchen Phrasen schon sagen?

Haltung ist ein Euphemismus für all dies Starre und Ängstliche in uns, das so um seine Identitätsstabilisierung bemüht ist, dass es nichts Neues mehr erfasst. Haltung ist der weiße Zucker unter den Sinnstiftern: geht schnell ins Blut, fühlt sich gut an, führt zur Verfettung. Schön sind Momente, in denen man gegen seine Haltung handelt, spannender als Haltung ist Häutung.

Das Gegenteil zum Menschen mit Haltung: der Konvertit.

Der Konvertit verfügt über einige bewunderungswürdige Tugenden: Er hat sich von einem Welterklärungssystem, von dem er einst überzeugt war, lösen können. Er kann auf sich selbst als auf einen einst Verblendeten schauen. Er kann sich als Irrenden sehen, er kann Fehler einräumen.

Erstaunlicherweise führt aber dieser Akt, sich früher als Irrenden gesehen zu haben, selten dazu, dass man in Streitfragen der Gegenwart nachsichtiger und geschmeidiger wäre. Eher im Gegenteil. Aus seinem Irrtum erwacht, sieht der Konvertit nun alle anderen jener Verblendung ausgesetzt, die er um ein Haar nicht überlebt hätte. Er hat einen neuen Glaubensinhalt, aber noch immer die alte Unbeirrbarkeit.

Dienstag, der 18. Februar

Helena berichtet, sie sei als Zuschauerin in der Bar jeder Vernunft gewesen, nach der Vorstellung habe sie der schwule Lichttechniker angemacht mit den Worten: «Hey, gib's zu, du bist doch ein Typ!»

Ich: «Wie, was hat er damit gemeint?»

Helena: «Dass ich halt keine Frau sein könne, weil ich zu groß und zu weiblich aufgestylt aussah.»

Ich: «Wie warst du denn aufgestylt?»

Helena: «Ein bisschen im Stil der Conférencière, die ein Transvestit ist.»

Ich: «Dieser Lichttechniker hielt dich für einen Transvestiten?»

Helena: «... für einen sehr gut aussehenden Transvestiten!»

Ich: «Meinte er das ironisch, oder hat er das wirklich geglaubt?»

Helena: «Schwer zu sagen. Ich bin vom Typ her das, was die eigentlich feiern, aber nur, wenn ich ein Mann wär.»

Ich: «Helena, du bist *trans by nature,* was willst du mehr!»

Helena: «Ich bin so froh über die Emanzipation, ich kann sein, was ich will. Ich würde am liebsten sagen, ich bin Sänger, nicht Sängerin. Wir kämpfen doch um die Gleichberechtigung, warum also so ein Suffix!»

Und dann sagt sie: «Ich nehme es mit der Freiheit sehr genau. Ich hole die Emanzipation im Quantensprung nach, die der Westen schon hatte, aber meine Omis nicht.»

Mittwoch, der 19. Februar

Jetzt hat sich noch ein Vierter in den Wettbewerb um den CDU-Vorsitz eingeschaltet, Norbert Röttgen, und meine augenblickliche Begeisterung zeigt, wie sehr meine politischen Reaktionen von Fragen des Redestils abhängen: Je mehr ein Politiker im weitesten Sinne einen ähnlichen Habitus pflegt wie ich selbst, desto mehr vertraue ich ihm, habe ich die Zuversicht, dass seine Sätze sinnvolle Gedanken ausdrücken.

Ich drücke ihm die Daumen, aber gleichzeitig denke ich mir: «Der hat ja eh keine Chance, zu klug, zu feinsinnig!» Was wenig anderes als schlecht getarnte Selbstbeweihräucherung ist: nämlich sich selbst und die eigenen Vorstellungen für zu gut für diese Welt zu halten.

Donnerstag, der 20. Februar

Die Mordanschläge von Hanau. Entsetzen. Anders als in Halle aber nun endlich ein Bewusstsein dafür, dass migrantische Deutsche potenzielle Anschlagsopfer sind. Wie wird die Reaktion sein? Anders als vor einem halben Jahr in Halle. Auch anders als die unbegreifliche Indolenz, mit der die CDU die Ermordung eines der Ihren hingenommen hatte.

Freitag, der 21. Februar

Der Schreck, der von einer solchen Terrortat wie der von Hanau ausgeht, ist immer auch ein Verstärker von Rechthaberei.

Gestern Abend die Eröffnungsgala der Berlinale. Bedrückt betrat ich den Berlinale-Palast, man spürte sofort, der Gedanke an Hanau hatte alle fest im Griff. Von Anfang an war klar, dass sich die Eröffnungsgala in irgendeiner Weise dazu verhalten würde. Der Moderator, der Schauspieler Samuel Finzi, hatte indes gerade begonnen zu reden, als eine Frau mit schriller Stimme in den Saal schrie: «Schweigeminute für Hanau!» Überrumpelt murmelte Finzi, dazu komme er ja gleich. Das beruhigte die Frau nicht. Noch einmal kreischte sie: «Schweigeminute für Hanau!» Als wäre jedes weitere Wort eine unerträgliche Gedankenlosigkeit gegenüber dem furchtbaren Anschlag.

Erstaunlich. Gibt es Menschen, die es im Ernst für einen Ausdruck ihrer moralischen Sensibilität halten, wenn sie in einem Saal, in dem es ohnehin alle nach einer Schweigeminute für Hanau verlangt, vorschnell und laut nach einer Schweigeminute für Hanau rufen? Es waren höchstens zehn Minuten vergangen, das Ende der Veranstaltung war noch lange nicht erreicht, keiner musste befürchten, das Berlinale-Protokoll könnte die Ereignisse des Vortages tatsächlich übergehen, um sich beim Feiern nicht stören zu lassen. Ist das die Sensibilität, aus der sich die psychologischen Feinheiten des deutschen Films speisen? Je höher das kulturelle Niveau, desto unverfrorener die Selbstbeweihräucherung.

Wenig später kam es dann protokollgemäß zur Schweigeminute, und das Gemeinschaftsritual, in dem sich Trauer und Entsetzen bündelten, hatte tatsächlich etwas Wohltuendes.

Die Kulturstaatsministerin Monika Grütters sprach in ihrer Rede ebenfalls von Hanau und erklärte die AfD für mitverantwortlich, eine Zusammenarbeit mit einer solchen Partei sei völlig ausgeschlossen. Dafür bekam sie, wie nicht anders zu erwarten, *standing ovations.*

Später traf ich auf Moritz Rinke und einen bekannten Theaterregisseur, nennen wir ihn Heinrich, mit dem ich mich in der Regel sehr gut verstehe. Diesmal jedoch war klar: heute nicht. Schon als ich mich mit meinem Weinglas zu ihnen stellte und sah, wie Heinrichs Blicke hin und her tigerten, als stünde er unter Druck, war mir klar, dass es anstrengend werden würde. Ich hatte absolut keine Lust auf politische Proklamationen und wollte mich in Smalltalk flüchten, und Heinrich hatte seinerseits absolut keine Lust darauf, mir das durchgehen zu lassen. Er musste sich Luft verschaffen – und zwar so, dass alle, die sich der Lautstärke seiner Empörung nicht anschlossen, sich gefälligst so fühlen sollten, als wären sie käufliche Duckmäuser, die den Sekt der Kulturstaatsministerin tranken und sich deshalb nicht getrauten, die Klappe aufzureißen. Enttäuschend sei Grütters' Rede gewesen, polterte er los, nichts anderes als feige! Ihre Abgrenzung von der AfD sei wohlfeil, mutig wäre es gewesen zu erklären, wie sehr ihre eigene Partei mit zu diesem Sumpf gehöre. Sie hätte sich von ihren eigenen Leuten, die bekanntermaßen mit der AfD liebäugeln, abgrenzen müssen. Was er mit «liebäugeln» meine, wollte ich wissen: «Die überweisen Geld an die AfD!» Tatsächlich war gerade herausgekommen, dass der Vorsitzende der Werte-Union im Jahr 2016 eine Spende an die AfD überwiesen hatte.

Jetzt schlug auch mein Puls höher: Ob er im Ernst fordere, dass Unionspolitiker öffentlich in Sack und Asche gehen sollten? Sich für mitschuldig erklären an Hanau? Was für eine eigenartige Tribunal-Phantasie das doch sei! Es sei doch logisch, dass eine Politikerin einer Partei, die er, Heinrich, vermutlich sowieso nie wähle, etwas anderes sage als er selbst. In einem Versuch von Sarkasmus: Man bräuchte ihn, Heinrich, ja gar nicht mehr, wenn Grütters und er immer dasselbe sagten! Sollten jetzt alle Unionspolitiker der CDU abschwören? Sei das das Klassenziel?

Heinrich schaute mich an, als wäre mir ein Eimer voll Kraut und Rüben umgefallen und ihm über die Schuhe gekullert. Wie man eine unverständliche Bemerkung übergeht, fuhr er fort: «Die sind doch selber mitverantwortlich», es sei die CDU gewesen, die in den frühen Neunzigern den Asylparagraphen geändert habe!

Moritz Rinke schaute währenddessen immer melancholischer auf seine Beck's-Flasche. Es war klar: Lieber wäre er bereit, an Melancholie zu sterben, als für diesen Schlagabtausch auch nur eine Kalorie Energie aufzubringen.

In Konfliktsituationen soll man nach Gemeinsamkeiten suchen. Also sagte ich zu Heinrich, wir seien ja neuerdings beide Uckermärker. Ein versöhnlicher Themenwechsel schwebte mir vor, Smalltalk von Datsche zu Datsche, aber er roch den Braten. Da könnten wir ja, entgegnete er, eine Antifa Uckermark gründen, um uns gegenseitig zu schützen. Verquält sagte ich, dass ich nicht so recht überzeugt sei, ob es wirklich viel bringe, uns auf diese Weise unseren neuen Nachbarn vorzustellen, indem man sie erst mal mit einer Berliner Antifa-Abordnung konfrontiert. «Doch, das bringt's», sagte Heinrich, fügte hinzu, er sei todmüde, so wie

man sagt, *ich geh mal lieber, bevor ich hier gleich zum ganz
großen Schlag aushole,* und zog genervt davon.[*]

Samstag, der 22. Februar

Immer gegen Vereinfachung gewesen, nur wenn ich selbst
nicht verstehe, was einer sagt, finde ich plötzlich: *Der könnte
das auch mal einfacher ausdrücken, immer diese Spezialisten,
das ist doch viel zu akademisch!*

Montag, der 24. Februar

Hamburg. Endlich wieder eine Wahl, die einen nicht in
Verzweiflung stürzt. Aber komisch ist es schon: Offensichtlich hat man bereits alle seine Präferenzen klaglos zurück-
gestellt gegenüber der einen, einzig entscheidenden Frage
nach dem Machtzuwachs der AfD: Wenn der wie jetzt in
Hamburg gestoppt ist, ist man derart erleichtert, dass für
die Sorge, dass die drei Parteien Mitte bis sehr links zusammen auf fast 75 Prozent kommen, keine Kraft mehr übrig
bleibt.

---

[*] Ich habe mit «Heinrich» über diese Szene telefoniert, es war ein langes Ringen,
er ist ja schon ein toller Kämpfer. Er könne die Ernsthaftigkeit seiner politischen
Sorge in meiner Schilderung nicht wiedererkennen, es sähe so aus, als sei es ihm
nur um den Theaterdonner gegangen, während er aufrichtig bestürzt gewesen sei
über meine Indolenz. Wir haben dann beschlossen, die Szene zu lassen, aber sie
zu anonymisieren.

Muss bei dieser Gelegenheit an den Spruch denken: «In Hamburg sagt man Tschüss», auf den ich immer allergisch reagiere, er kommt mir so übergriffig vor, so konformistisch, regionale Leitkultur, ich will da nicht rein-integriert werden. Ich denke dann immer: «Ihr nervt! Leben und leben lassen!» Sagt in Oberbayern hingegen einer: «Das heißt ‹Grüß Gott!›», denke ich: «Eben!» Der Unterschied: Ich mag Hamburg halt nicht so sehr, während ich mich in München immer heimisch gefühlt habe.

Der Mensch und seine Identitätsgefühle – es gibt nichts Lächerlicheres. Und doch muss man sie, wenn man irgendwas vorhat mit einem anderen, einkalkulieren, so wie man, wenn man eine Fernsehsendung produziert, besser in Rechnung stellt, dass der Mensch es gern sieht, wenn sich am Ende die Liebenden an exotischen Gestaden trotz leichter Standesunterschiede das Ja-Wort geben. Kitsch, aber wir brauchen ihn.

Dienstag, der 25. Februar

Dass Friedrich Merz die Union aus der Krise führen könnte – unvorstellbar. Ich habe nichts gegen ihn, er lässt mich nur gleichgültig. Ich habe nicht das Gefühl, dass er überhaupt sehr viel Wirklichkeit wahrnimmt. Er hat ein Starrheitsproblem. Sicher, wir alle kämpfen mit dem Starren in uns, Merz indes kämpft eben nicht, ihm ist nicht einmal bewusst, dass es so etwas wie ein Starrheitsproblem geben kann. Der, der einem starr wie kein anderer erscheint, kennt das Wort nicht.

Mein Ideal eines konservativen Politikers bleibt Wolfgang Schäuble. Seine schnelle Intelligenz, sein sardonisches Lachen, seine Unsentimentalität, die nichts mit Unsensibilität zu tun hat, seine Arroganz, für die er sich manchmal selber ohrfeigen möchte, seine Nachsicht mit der menschlichen Schwachheit – na ja, und sein badischer Akzent, da fühle ich mich sofort zu Hause. Am Ende sind es auch hier Dialekte, Zungenschläge, die Vertrauen schaffen.

Freitag, der 28. Februar

So wie es ist, kann es nicht weitergehen. Der größtmögliche Konsenssatz.

Samstag, der 29. Februar

Zum Corona-Virus fällt mir nichts ein. Von diesem Umstand geht etwas eigentümlich Zufriedenstellendes aus. Endlich mal keine Meinung haben müssen wegen erwiesener Unzuständigkeit.

Sonntag, der 1. März

Es hat ja immer auch etwas Ordinäres, eine Meinung zu haben.

Montag, der 2. März

Im Zen-Buddhismus gibt es ein *koan*, das lautet: «Der Mensch geht über die Brücke. Unter der Brücke fließt der Fluss. / Der Mensch geht nicht über die Brücke. Unter der Brücke fließt kein Fluss.»
Näher wird man der Wahrheit nicht kommen.

Dienstag, der 3. März

Ein Freund, der Rom liebt, überlegt, kurzfristig für das kommende Wochenende einen Flug zu buchen. So leer werde man die Stadt nie wieder sehen! Außerdem eröffne die Raffael-Ausstellung. Fabelhafte Idee, finde ich.

Diese Woche wegen der Produktion der Literaturbeilage die ganze Zeit in Hamburg. Anruf von meinem Chefredakteur Giovanni di Lorenzo. Der SPD-Politiker Freimut Duve, in den siebziger Jahren Herausgeber der Buchreihe rororo aktuell, sei gestorben, ob ich einen Nachruf schreiben könne. Beim Plaudern kommt er dann schnell auf Corona. Seit Wochen treibt das Thema ihn um.

Was gerade geschehe, sei wirklich gruselig, sagt er. Seine

Stimme wird leise. Die Pandemie mache ihm allergrößte Sorgen. Die Bilder aus Italien seien erschütternd. Dem Chef widerspricht man ja nicht, aber so richtig einsteigen kann ich nicht bei diesem Thema. Ich sage irgendetwas, was in seinen Augen dem Ernst der Lage nicht angemessen ist: «Ich glaube, das schätzen Sie falsch ein.» Ich merke, wie er dann schnell das Interesse an unserem Gespräch verliert, weil ich nicht so richtig anspringe auf das Corona-Thema.

Mittwoch, der 4. März

Plötzlich das Gefühl, als rede niemand mehr über irgendetwas anderes als Corona. Am nervigsten: diese ganzen unwitzigen Corona-Witzchen.

Leben wir wirklich in einer extrem polarisierten Gesellschaft? Haben unsere Gesellschaften nicht vielmehr ein historisch einzigartiges Maß an Homogenität erreicht? Gesellschaften werden durch geteilte Themen zu Kommunikationsgemeinschaften. Der Umstand, dass die einen die Dinge so, die anderen hingegen so sehen, tritt zurück gegenüber dem Faktum, dass alle dieselben Dinge «erleben». Niemand, der in diesen Tagen nicht über Corona nachdenkt. Weltweit. Auch niemand, der hinter den sieben Bergen wohnte und von allem nichts mitbekäme. Unsere Bewusstseine sind – von der Yoga-Stunde abgesehen, in der wir darum ringen, für einen kostbaren Augenblick an nichts zu denken – thematisch vergemeinschaftet.

Donnerstag, der 5. März

Das Wohltuende an Corona: dass das, was jetzt geschieht, als virologischer Vorgang erst einmal nicht politisierbar ist. Deshalb fühlt es sich absurd an, dazu eine Meinung zu haben, wenn man nicht gerade Epidemiologe ist.

Aber statt diesen Urlaub vom Bewusstseinsstress zu genießen, versetzt die Öffentlichkeit das Phänomen auf eine Ebene, auf der dann doch wieder jeder eine Meinung haben muss: Jetzt wird darüber gestritten, wer schlimmer ist, die Corona-Hysteriker oder die Corona-Verharmloser.

Vielleicht sind Streit und Schuldzuweisung einfach die basale Art, wie der Homo sapiens Sachverhalte zur Kenntnis nimmt.

Sonntag, der 8. März

Okay, ich muss mich ehrlich machen. Als Apokalypse-Skeptiker habe ich Corona in den vergangenen Tagen auf die leichte Schulter genommen, ich habe die Seuche unterschätzt. In diesem Fall waren die Hypochonder im Vorteil: Wer sich auch sonst im Leben vor Infektionen fürchtet, hat Corona frühzeitig ernst genommen. Wer hingegen wie ich grundsätzlich der Meinung ist, dass nichts so heiß gegessen wird, wie es gekocht wird, hat ein paar Wochen länger gebraucht, um auf die Höhe des Problembewusstseins zu kommen.

Gestern Abend Besuch bei Elke und Enrico. Wir wollten zu Ehren von Fellinis 100. Geburtstag mal wieder ‹Achteinhalb› anschauen. Die neunjährige Tochter öffnete mir die

Wohnungstür und umarmte mich zur Begrüßung, aber Elke, die Nephrologin und Epidemiologin an der Charité ist, hielt Distanz. Kein Küsschen-rechts-Küsschen-links. Ich sagte: «Wie, jetzt im Ernst?», und versuchte auf unkonfrontative Weise mit den Augen zu rollen, aber Elke blieb streng und meinte, man müsse das Virus sehr ernst nehmen. Im Krankenhaus seien alle auf das Schlimmste gefasst.

Ich sage, dass ich das Thema schon nicht mehr hören könne, am meisten nervten mich die stereotypen Corona-Witzchen, persönliche Sorgen würde ich mir nicht machen. Dazu hampel ich mit meinen Armen ein bisschen herum, um für eine mehr flapsige Stimmung zu sorgen. Elke geht nicht darauf ein. Jetzt gibt sie mir auch noch Hausaufgaben! Ein Kollege von ihr an der Charité, Christian Drosten, erkläre das Virus und seinen pandemischen Verlauf ziemlich gut, das sei ein Podcast vom NDR, da könne ich ja mal reinhören. Es sei jedenfalls alles andere als Panikmache.

«Das wollte ich auch gar nicht behaupten, um Gottes willen», beschwichtige ich, es sei nur einfach so, dass es mich nicht so sehr bedrücke wie viele andere, außerdem sei es mir auch als Thema, wie soll ich sagen, zu naturwissenschaftlich. Sie gab mir einen *Das-musst-du-selber-wissen*-Blick, und ich konnte mich nicht so recht entscheiden, ob ich jetzt ein schlechtes Gewissen für meine Unbekümmertheit oder doch das Recht haben sollte, ob des leisen Tadels in ihrer Stimme verschnupft zu sein. Immerhin war ich ja der Gast.

Okay, sagte ich mir, lies jetzt mal all die Artikel zu Corona, die du bisher immer zur Seite gelegt hast, weil man sich ja nicht für alles interessieren kann.

Anschließend schauten wir ‹Achteinhalb› und waren verblüfft, was früher so ging: Marcello Mastroianni, der mit der

Peitsche in der Hand die Frauen bändigt. Noch vor zehn Jahren haben wir das unter selbstironisch gebrochene Männerphantasie eines künstlerischen Jahrhundertgenies verbucht, inzwischen denken wir: Triggeralarm! Toxische Männlichkeit!

Heute erreichte mich dann der Anruf eines anderen Freundes, dessen Lebensgefährtin seit Tagen hohes Fieber hat. Es sei ihnen nicht möglich, einen Arzt zu bekommen, alles sei außer Rand und Band, ich machte mir von der Lage überhaupt keinen angemessenen Begriff, es sei unmöglich, einen Corona-Test zu bekommen, während es gleichzeitig zu riskant sei, unter diesen Umständen ein Krankenhaus aufzusuchen. Ob ich niedergelassene Ärzte in Berlin kennen würde?

Mir fiel Catharina ein, sie ist Augenärztin in Bonn, aber ihre Mutter und ihre Schwester haben eine HNO-Praxis in Berlin. Ich sprach ihr auf die Mailbox und schilderte die Lage.

Zwei Stunden später rief sie zurück. Ihre Mutter gehöre altersbedingt zur Risikogruppe, aber meine Freunde könnten morgen früh zu ihrer Schwester in die Praxis kommen.

Nachdem das geregelt war, wusch sie mir den Kopf. Ich solle nicht *rumwitzeln*. Catharina, die mich immer wieder durch ihre Klarheit beeindruckt, sprach auch über das pandemische Potenzial von Corona in einem unaufgeregten Ton, dessen Wirkung auf mich aber umso eindringlicher war. Um sich selbst mache sie sich keine Sorgen, um ihre Eltern aber schon. Außerdem solle ich mir den Podcast von Christian Drosten anhören, dann sei ich informiert und auf der Höhe des Problems. Reden jetzt alle nur noch von diesem Christian Drosten?

Montag, der 9. März

Am Nachmittag Besuch von meinem Lektor. Er komme gerade von Joachim Schädlich, dem Schriftsteller. Sie hatten sich zum Frühstück verabredet, aber Schädlich habe ihm nicht die Hand gegeben. Und als er zu ihm gesagt habe: «Sie werden ja dieses Jahr 85!», habe Schädlich geantwortet: «Das ist nicht richtig. Richtig ist, ich *möchte* dieses Jahr gern noch 85 werden ...»

Habe sodann Elkes und Catharinas Anweisung befolgt und einige der bisherigen Folgen des Podcasts ‹Corona Update› mit Professor Drosten gehört. Bin elektrisiert. *Binge-watching* bei Netflix ist nix dagegen.

Drosten spricht weder gestelzt noch prätentiös, und doch verwendet er viele Wörter, die ich vorher nie gehört habe («Durchseuchung», «falsch-negative Tests», «kreuzreagieren», «U-Infektionskurve» und «W-Infektionskurve» – das müssen Sie jetzt bitte selber googeln, lieber Leser) und die im Grunde ohne Ausnahme anschaulich und überraschend sind und sogleich ein ganzes gedankliches Konzept entfalten. In Drostens Stimme, ich muss es zugeben, bin ich beinahe vernarrt. Er hat eine vernuschelte Beiläufigkeit in seiner Artikulation, die ihn ungeheuer vertrauenswürdig macht.

Als Vernarrter liest man ja alles Mögliche zwischen den Zeilen. So meine ich zum Beispiel aus Randbemerkungen herauszuhören, dass Drosten Schützenfeste und überhaupt das Vereinswesen mit Wohlwollen betrachtet, und das ist doch wirklich was Extravagantes: Wo in der Klasse urbaner Kosmopoliten begegnen einem noch Leute, die durchblicken lassen, dass sie Schützenfeste mögen?

Und dann diese unheimlichen Momente, wenn Drosten

sinngemäß sagt: Die Covid-Toten verschwinden in der Statistik.

Dank Drosten habe ich nun doch noch ein Verhältnis zur Corona-Thematik gewonnen, und plötzlich finde ich nichts spannender als epidemiologische Fragen. Auch weil mein Lieblingsthema, das Nicht-Wissen, hier eine so große Rolle spielt. Wir wissen mangels Tests einfach sehr wenig über das Virus, müssen aber doch Entscheidungen fällen; Drosten wiederum markiert jederzeit, wo sein Wissen aufhört und die Spekulation beginnt. Er kommuniziert den Geltungsbereich seiner Aussagen immer mit, und es ist genau diese Relativierung des eigenen Wissens, die Vertrauen schafft.

Weshalb mir der Art, in der Drosten sich an die Öffentlichkeit wendet, ein Politikbegriff zugrunde zu liegen scheint, den ich teile: dass nämlich Politik mehr ist als das Umsetzen von Expertenwissen. Politik, das ist eben ihr Geschäft, muss sich dort zu Entscheidungen durchringen, wo Expertenwissen sie nur noch beraten, aber nicht mehr anleiten kann. Wäre es anders, lebten wir in Platons Philosophenstaat, in dem die, die am meisten wissen, dann eben auch ganz genau wissen, was für die Menschen das Beste ist. Platons Philosophenstaat ist ein unpolitischer Staat.

Und noch etwas gefällt mir an Drosten: nicht nur, dass er das Nicht-Wissen immer so schön betont – sondern er ermahnt seine Zuhörer auch immer wieder wie ein strenger Pfarrer seine Gemeinde, dass es nicht um Schuld gehe, wenn er jetzt darüber spreche, was nicht funktioniere oder was falsch gelaufen sei.

Dieses Gefühl, als sei man gleich auf einem höheren Niveau, wenn einer mal für einen Moment mit der ewigen Schuldzuweisung aufhört.

Dienstag, der 10. März

Die Börsen gehen auf Talfahrt, der Crash ist da, und zwar wie aus dem Bilderbuch. Eigentlich der Moment, auf den alle verzagten Kleinanleger, denen die Bewertungen der Unternehmen in den vergangenen Jahren zu hoch waren, gewartet haben. Noch idealer kann man den Aktienmarkt nicht präsentiert bekommen. Doch jetzt sitzt allen der Schreck in den Knochen.

Mittwoch, der 11. März

Während ich gestern im Zug nach München saß, erreichte mich die Aufforderung meiner Zeitung, keine Dienstreisen mehr zu unternehmen. Die Zugfahrt selber stellte indes kaum eine Infektionsgefahr dar, weil die Wagen bereits so leer waren, dass quasi jeder Fahrgast einen für sich allein hatte.

Auch abends im Restaurant: Alles wie verwandelt. Ich traf eine alte Freundin, wir waren fast allein. Eine Traulichkeitsatmosphäre kam auf. Man sagte pathetischere Sätze als sonst. Man genoss die Herabgedimmtheit der Stadt. Wenn alles etwas leiser und langsamer ist, versteht man sein Gegenüber auch gleich besser. Eigentlich die beste Zeit, sich an Boccaccios ‹Decamerone› ein Beispiel zu nehmen: Da begibt sich eine Schar junger Adliger, weil in Florenz die Pest wütet, auf ein Landhaus in die Toskana, und sie erzählen sich reihum vergnügliche Geschichten, in denen es in erster Linie um Sex geht.

Donnerstag, der 12. März

Wirtschaftsnobelpreisträger Robert J. Shiller: Die Pandemie sei «ein Jahrhundertereignis». Offenbar brauchen wir diese Art Einordnung. Um mit einem Sachverhalt umzugehen, müssen wir wissen, ob er schlimm, sehr schlimm oder ganz außergewöhnlich schlimm ist, und «Jahrhundertereignis» ist schon ziemlich schlimm, andererseits aber hat natürlich jedes Jahrhundert sein Ereignis. So schlimm dann also auch nicht. Wir sind halt ein bisschen früh im Jahrhundert dran mit diesem Jahrhundertereignis – und leider spricht nichts dafür, dass wir es damit dann auch schon hinter uns hätten.

Erstaunlich dagegen, wie ein solches Jahrhundertereignis ins eigene Denken eingebaut wird. Einerseits soll es ein absolut unerhörtes Geschehen sein, andererseits dient es hauptsächlich zur Bestätigung dessen, was man sowieso schon gedacht hat: dass die Kanzlerin – *natürlich!* – versagt habe, weil sie nicht zum Volk spreche. Dass der Berliner Bürgermeister Michael Müller der unfähigste Bürgermeister der Welt sei. Dass der Ausnahmezustand ein Gottesgeschenk sei, weil wir uns auf diese Weise eingewöhnen können in etwas, was auch sonst unvermeidlich ist: nämlich Wachstum zu drosseln, Dynamik aus der Globalisierung zu nehmen. Dass sich *Gaia*, die Erde, einmal kräftig geschüttelt habe, weil die Menschen maßlos geworden sind. Dass das von der vielen Rumfliegerei komme. Dass mit der Globalisierung jetzt endlich Schluss sein müsse. Dass der Stillstand unseren Blick für das Wesentliche im Leben schärfe.

Auch ich selber, ich kann es nicht anders sagen, gebe mich schon ein bisschen dem Verlangsamungskitsch hin und genieße es, dass die viel zu vielen Termine im Kalender plötzlich hinfällig werden.

Freitag, der 13. März

Die Zeitung hat erfolgreich auf *home office* umgeschaltet. Weil man viel weniger durch Kollegentratsch abgelenkt wird, arbeitet man mehr – das kann's ja wohl nicht sein! Ist die Pandemie auch wieder nur so ein Trick des Neoliberalismus, unsere Produktivität zu steigern?

Insgesamt aber ist die Stimmung gut. Endlich etwas, das einen aus den Routinen reißt; jetzt, im Angesicht der Pandemie, denken alle gerührt zurück an jene Normalität, die noch vor kurzem unseren Überdruss hervorrief.

Auch die Twitter-Empörungskultur ist wohltuend verstummt. Corona *kürzt raus*, erlöst uns von der Meinungssoße.

Manchmal stockt einem der Atem, und wenn man die Bilder aus Italien sieht, wird man panisch, aber dass das noch nicht der Weltuntergang ist, ist irgendwie auch klar. Ja, es gibt Pandemien. Das war noch nie anders.

Samstag, der 14. März

Wechselnde Stimmungen: vom Heiteren übers Gleichmütige ins Düstere und zurück zum Ausgeruhten. Und wieder von vorne.

Heute brauche ich, um mich zu beruhigen, einen Vergleichswert: Wie war das damals, am 11. September 2001? Da dachtest du doch original, alles würde nie wieder gut. Hat sich nicht bewahrheitet. So wird es auch mit Corona sein.

Und ich erinnere mich noch, wie schnell damals die Angst verflog. Am Abend des 11. Septembers saß ich mit einer Freundin aus Schulzeiten im 103 in der Kastanienallee, eine kollektive Bedrückung lag in der Luft, ich war mir sicher: Nie wieder würden wir glücklich werden.

Wenige Tage später zog ich von Berlin nach München, weil ich ein Angebot der ‹Süddeutschen Zeitung› bekommen hatte. Ich lieh mir bei Sixt in der Leipziger Straße einen Kombi, um das Nötigste mitzunehmen, und fuhr aus der Stadt hinaus. Auf der Autobahn flossen die Tränen. Die Jahre in Berlin waren so schön gewesen! Ich war untröstlich.

An den ganzen September 2001 erinnere ich mich noch sehr gut: goldene Tage, die nicht zu meiner Stimmung passten. Ich schlich durch München und beklagte mein Schicksal, nicht mehr in Berlin zu sein.

Mit dem 11. September, der nur wenige Tage zurücklag, hatte mein Kummer indes rein gar nichts zu tun.

Sonntag, der 15. März

Auf Twitter heißt es mit Blick auf Christian Drosten: Schon wieder werde ein weißer Cis-Mann angehimmelt.

Irgendwie funktioniert ein solcher Tweet nicht mehr so gut, wie er es noch vor vier Wochen getan hätte. Der neue Ernst hat auch etwas von einem reinigenden Gewitter.

Montag, der 16. März

Die kommunikative Bearbeitung der Wirklichkeit hat jetzt ein so hohes Maß an gleichzeitiger gesellschaftlicher Durchdringung erreicht, dass es annähernd unmöglich ist, einen Gedanken zu haben, den andere nicht auch schon hatten. Eben dachte ich noch: Die Stadt – so leer, fühlt sich an wie am 25. Dezember. Schon lese ich auf Twitter: Wenn man durch die Stadt fahre, fühle sich das an wie am 25. Dezember.

Weil aber alle weiter nach Distinktion streben, müssen sie partout irgendetwas finden, was sie von den anderen absetzt. Irgendwie sind die anderen in jedem Fall die Deppen: weil sie den Schuss wohl noch nicht gehört haben, weil sie hamstern, weil sie von Egoismus getrieben sind, weil sie sich im Exponentialrechnen nicht auskennen, weil sie ich weiß nicht was machen – Hauptsache, es ist sichergestellt, dass es da draußen Menschen gibt, auf die man herabschauen kann.

Schrecklicher Verdacht: Sind wir doch alle gleich?

Dienstag, der 17. März

Gabor Steingart spricht von der «Regierung der Kinderlosen» und führt Merkel, Scholz, Altmaier, Spahn, Klöckner, Schulze an. Plötzlich die Erkenntnis: Die eigene Kinderlosigkeit ist gar nicht Resultat eines irgendwie individuellen Lebenswegs, eigener Entscheidungen oder wenigstens eigenen Unglücks, man verkörpert einfach nur den allgemeinen Sozialtypus der Gegenwart.

Die gleiche Erfahrung, abgewandelt, auch gestern bei Dussmann vor dem Regal mit den Klassikern. Bei B steht schon ein Mann, der etwas zur Seite rückt, als er sieht, dass ich auch einen Autor mit B suche. Dann sagt er: «Keine Chance, ist ausverkauft.» Ich: «Wie? Was ist ausverkauft?» Er: «Das ‹Decamerone›, Boccaccio.»

Als ich noch Student war, sagte der Vater einer Freundin, dem ich alles glaubte, weil er uns in die Welt des Weins einführte: «Die Menschen meinen, sie seien Individuen, sie sind aber bloß Typen.»

Mittwoch, der 18. März

Die Kanzlerin hat zum Volk gesprochen. Für ihre Verhältnisse mit reichlich Pathos. Ich bin gerührt, fast ist mir feierlich zumute. Plötzlich fühlt man sich als Bürger, auf dessen Kooperation und Loyalität es ankommt. «Sie können auf mich zählen, Frau Bundeskanzlerin!», möchte man Richtung Laptop rufen.

Dabei ist Merkel nicht der Mensch, der gut gebuttert Gefolgschaft einfordert. Spricht es nicht für die Grundrationalität unseres Landes, dass wir einer so nüchtern-klugen Frau ohne Selbstdarstellungsdrang die Macht anvertraut haben?

Donnerstag, der 19. März

Jetzt fällt mir doch langsam die Decke auf den Kopf.

Von einigen Lebenslügen muss ich wohl Abschied nehmen: Zuletzt hatte ich öfter behauptet, aus dem Partyalter raus zu sein. Das stimmt nicht, das war voreilig. Nichts wünsche ich mir gerade so innig wie eine gute Party.

Freitag, der 20. März

Im Moment glaube ich nicht, dass die Gesellschaft diesen *shut down* länger als vier Wochen durchhält. Die ökonomischen Folgen sind zu verheerend. Irgendwann wird man sich fragen, ob der Preis nicht zu hoch sei für ein Virus, das, wenn man nicht zu den Risikogruppen gehört, zwar hochinfektiös, aber nicht extrem gefährlich (wie etwa Ebola) ist.

Und die, die jetzt sagen, das Ökonomische dürfe nicht wichtiger sein als das Leben, leben in einer naiven Zweiteilung, denn das Ökonomische, das sind eben nicht irgendwelche raffgierigen Konzerne, der böse Kapitalismus, das Ökonomische ist das konkrete Erwirtschaften dessen, was man verbraucht. Die Existenz. Und inzwischen haben viele Freunde buchstäblich nichts mehr auf dem Konto. Eine Freundin arbeitet als Übersetzerin auf Messen. Die Branche liegt auf Eis. Für Rücklagen hat es bei ihr nie gereicht. Jetzt bricht ihr die Grundlage weg. Es ist erschütternd.

Die gesellschaftliche Distanzierung ist ein unnatürlicher Zustand, lässt er sich durchhalten, bis irgendwann ein Impfstoff gefunden oder Herdenimmunität erreicht ist? Zu ferne

Zeithorizonte für vereinsamendes Stillhalten. Anders als im Krieg, wo man aufs Land flüchtet, wird hier der drohende Zusammenbruch der eigenen Existenz auch noch mit der Auflage des Stillhaltens verbunden. Man darf gewissermaßen in der Not noch nicht mal um sein Leben rennen. Zur Tatenlosigkeit verdammt, während einem alles unter den Füßen wegbricht.

Das Abflachen der Kurve, das jetzt alle im Munde führen, ist Zeitgewinn, besiegt aber das Virus nicht. So wie die menschliche Psyche geschaffen ist, wird man sich, vermute ich, spätestens im Mai sagen: Lieber ein Ende mit Schrecken als ein Schrecken ohne Ende.

Meine eigene Stimmung: nun wieder ganz heiter. Langsam habe ich mich in die neuen Zustände reingegroovt, ich genieße die Ruhe und Konzentration. (Na ja, sehe gerade, dass ich noch gestern rumgejammert habe ...)

Samstag, der 21. März

Mit Bernd telefoniert, der nicht gut klang. Dies seien die falschen Zeiten für ihn, er habe schon immer große Angst vor Krankheitserregern gehabt, er könne mit der Situation schlecht umgehen.

Schlangen im Kinderzimmer, aber Angst vor Viren – was es für Kombinationen gibt!

Bei mir ist es umgekehrt. Schon der Gedanke an eine Schlange macht mich hysterisch. Viren hingegen? Wenn ich ehrlich bin, weiß ich überhaupt erst seit drei Wochen, dass man sich vor ihnen hüten muss, und erst seitdem ist mir auch klar, dass, was ich früher für mich selber Grippe nannte, in Wahrheit immer nur Erkältungen waren. Entsprechend harmlos klang das Wort Grippe in meinen Ohren. Dass mit der Vogelgrippe nicht zu spaßen sei, das hatte ich gehört, aber deswegen hieß sie ja auch Vogelgrippe und nicht Grippe. Und dann hatte es mal die Spanische Grippe gegeben, richtig, aber wann das eigentlich war, hätte ich nicht zu sagen gewusst, jedenfalls in jener Vorzeit, als die Menschen noch starben.

Bei ihnen, sagt Bernd, sei er der Fragile, seine Frau gehe viel gelassener mit solchen Situationen um. Bernd um sein Familienglück beneidend, sage ich: Aber so was schweiße doch auch zusammen, sie seien ja mit den Kindern jetzt eine Schicksalsgemeinschaft, und irgendwann würden sie sich Geschichten erzählen, wie es damals war, als sie zu Hause in «Quarantäne» waren. Meine Aufmunterung fruchtet nicht. Nein, sagt er, das glaube er nicht, dass das alles irgendwann im goldenen Licht der Erinnerung erstrahle.

Dann erzählt er, dass auch in der Kanzlei sich alle die Frage stellen, was das nun bedeuten wird für das Geschäft. So etwas hat naturgemäß noch keiner erlebt. Droht ein Einbruch? Er mache *home office* und habe gut zu tun, aber die E-Mails trudelten gerade seltener als sonst rein. Für den Bereich *Mergers and Acquisitions* sei es besonders merkwürdig. In einem solchen Moment könne man über das Geschäftsmodell einer Firma oft überhaupt nichts mehr sagen – wie kommt man dann zu einer Bewertung?

Wir reden über die Reaktionen der Politik. Plötzlich wird seine Stimme fester: Es sei eine «Frechheit», den Politikern jetzt vorzuwerfen, sie hätten zu spät gehandelt. In gewisser Weise handle man immer zu spät. Das nerve ihn auch am

Journalismus so sehr: Vor fünf Minuten noch von Tuten und Blasen keine Ahnung gehabt, aber jetzt den Politikern unter die Nase reiben, warum sie nicht schon vor Wochen gehandelt hätten!

Dass Bernd in diesem Zusammenhang das altertümliche Wort «Frechheit» gebraucht, rührt mich irgendwie.

Sonntag, der 22. März

Zum Glück habe ich einen Park in der Nachbarschaft, in dem ich joggen kann. Sonnenschein, blauer Himmel, knospende Sträucher, und ich sehe einen Hoffnungsschimmer. Wolken über Berlin, Regen, der durch die Straßen fegt, und schon sehe ich düster für die Welt. Und natürlich denke ich mir: Mit dir stimmt doch was nicht, dass angesichts einer Pandemie deine Laune mehr von meteorologischen als virologischen Faktoren bestimmt wird!

Montag, der 23. März

Nach Jahren mal wieder in Martin Walsers ‹Finks Krieg› gelesen, einem Schlüsselroman, den die FAZ 1996 vorveröffentlichte. Es geht darin um einen Ministerialbeamten, der für die Verbindung zu den Kirchen zuständig ist. Als man ihm diese Aufgabe entzieht, mit haltlosen Gründen, wie Fink findet, verwandelt er sich in einen Michael Kohlhaas, der Gerechtigkeit für sich sehen will, und sollte auch die Welt darüber zugrunde gehen. Immer isolierter und einsamer wird Fink in seinem hoffnungslosen Krieg. Sein Gegenspieler, ein gewisser Tronkenburg, Chef der Hessischen Staatskanzlei im Kabinett Wallmann, ist in der Wirklichkeit, die diesem Schlüsselroman zugrunde liegt, niemand anderes als Alexander Gauland.

Die FAZ hatte damals ganz galant Gauland gebeten, Walsers Roman zu rezensieren – und in gewisser Weise damit auch sich selbst als Romanfigur. Jetzt habe ich diese Rezension noch einmal gelesen. Gauland ist darin nicht nur ein eleganter Stilist und höchst umsichtiger Literaturkritiker, er verfügt auch über eine alles andere als selbstverständliche Befähigung zur Selbstdistanz, zur Außenperspektive auf die eigene Person.

Aber das eigentlich Sensationelle der Rezension Gaulands aus dem Jahr 1996 ist die vollständige politisch-ideologische Achsenverschiebung: Walser beschreibt Tronkenburg als «Anglokavalier», während er Finks letzten, hoffnungslosen Versuch, die verlorene Sache noch einmal zu drehen und durch die neue Landesregierung rehabilitiert zu werden, mit dem Endkampf der Armee Wenck vor Berlin vergleicht. Gauland schreibt mit gewissermaßen erstaunt hochgezogenen Augenbrauen: «Der Hass Finks auf Tronkenburg macht sich auch an seinem Konservativismus fest, den Walser als rationale Feinkörnigkeit mit einem keine Sekunde lang ermüdenden Misstrauen gegen Deutschland beschreibt.» Das Misstrauen gegen Deutschland, damit es hier zu keiner Verwechslung kommt, ist ein Charakterzug des konservativen und anglophilen Tronkenburg, alias Gauland.

An dieser Stelle, wie ein Jagdhund, der Witterung aufnimmt, merkt Gauland, dass er da was Größeres am Wickel hat, denn tatsächlich, fährt er fort, parallelisiere Walser Tronkenburgs Triumph über Fink mit dem Sieg der Alliierten über Deutschland, weil in beiden Fällen die Sieger den Besiegten ihre Ehre und damit ihre Identität geraubt hätten, sodass diese auf ewig angreifbar und erpressbar seien.

Der Gauland, der heute einer Partei vorsteht, die die «re-education» am liebsten als den Anfang vom Gender-Gaga diffamiert und stramm an Putins Seite steht, stellt 1996 entgeistert fest: Wenn man diese literarische Konstruktion ernst nähme, könne sich Tronkenburg in seinem Kampf gegen Fink auf der Seite von Churchill und Montgomery wähnen. Diese ungewollte literarische Ehrenrettung (gewissermaßen gegen den Willen des Autors) lässt er sich gern gefallen und schreibt weiter: «Hat Walsers Held denn vergessen, dass die Generation der heute Sechzigjährigen sowie die Nachgeborenen Leben und Freiheit, also eine zivilisierte Identität, den Alliierten verdanken?»

Was ist mit diesem Mann seither passiert? Man begreift es nicht. Vermutlich aber schüttelt er über all jene, die ihn nicht begreifen, genauso den Kopf wie wir über ihn. Doch selbst dann bleibt eine Differenz bestehen, die er auch selber nicht bestreiten können wird: Damals hatte er Delikatesse, heute hat er alle Freude an der ästhetischen Mehrdeutigkeit, am Talleyrand'schen Schillern zugunsten schnaufender Enthemmtheit und Eindeutigkeit geopfert.

Dienstag, der 24. März

Meine Nachbarin lebte bis zu ihrem neunten Lebensjahr mit ihren Großeltern in der Türkei, während Vater und Mutter schon in Deutschland waren. Als die Tochter dann schließlich nachziehen sollte, erzählte ihr Onkel, der auf Besuch aus Berlin in der Türkei war, seiner Nichte, in was für ein Land sie da ziehen werde. Er sagte ihr mit Nachdruck: «In Deutschland darfst du keine Bäume fällen!» «Wie», entgegnete die Nichte ungläubig, «warum soll man denn keine Bäume fällen?» Der Onkel wiederholte mit gewichtiger Stimme: «Bäume fällen ist verboten in Deutschland!»

Wir sitzen in der Sonne, und meine Nachbarin lacht, während sie mir ihre Erinnerungen erzählt. Das ist jetzt über vierzig Jahre her, aber immer wieder müsse sie daran denken, dass das Erste, was sie über dieses Land, das längst ihre Heimat geworden ist, erfahren hat, dieser komische Umstand war, dass man keine Bäume fällen dürfe. Im Rückblick muss sie sagen: «Stimmt, meine Onkel hatte recht: Beim Bäumefällen verstehen die Deutschen keinen Spaß!»

Mittwoch, der 25. März

Trump erklärt, er wolle schon Ostern die Corona-Schutzmaßnahmen aufheben. Wenigstens dafür muss die Seuche gut sein: dass sie dem Trump-Spuk ein Ende bereitet. An Corona, denke ich fast beschwörend, muss die Politik der Realitätsverleugnung endlich zerschellen.

Donnerstag, der 26. März

Ausnahmezeiten erkennt man auch an neuem Mediennut-
zungsverhalten, zum Beispiel: Bundespressekonferenz auf
Phoenix schauen, während man sich ein Käsebrot schmiert.
Heute «Andi» Scheuer. Er werde es «nimmer» hinnehmen,
sagt der Minister in seinem CSU-Boutiquenbayerisch,
dass Brummi-Fahrer in Logistik-Zentren schlecht behandelt würden, nur weil es zack-zack gehen müsse. Und die
WCs bräuchten schon «eine gewisse Aufenthaltsqualität».
Plötzliche Erkenntnis: *So* konkret funktioniert Politik. Ich
stelle mir vor: Die Leute in den Logistik-Zentren haben das
auch geguckt und wissen jetzt, der Minister grollt, also werden sie an den nächsten Brummi-Fahrer ein freundliches
Wort richten, während sie ihm den Schlüssel zu den frisch
geputzten Klos aushändigen.

Freitag, der 27. März

Man muss sich auch mal wieder über etwas anderes Gedanken machen als Corona. Was ich schon lange loswerden
wollte: wie lächerlich es ist, in einer Kneipe, wenn man einen
Wein bestellt, zu sagen: «Bitte einen trockenen.» Als gäbe es
in Kneipen irgendeine Chance, etwas anderes als trockenen
Wein zu bekommen. Der traditionelle deutsche Kabinettstil
mit seiner Spannung aus Süße und Säure ist leider völlig verschwunden (was den Weinfreund andererseits freut, denn
es hält die Preise niedrig), und die Auskunft, dass man auf
trockene Weine stehe, hat etwas derart Ranziges, als lebten

wir noch in den frühen achtziger Jahren, als die Regale mit Liebfrauenmilch gefüllt waren, bis schließlich die Toskana-Fraktion im Triumph aus Italien zurückkehrte und erklärte, dass guter Wein trocken zu sein habe. Über dreißig Jahre ist das her, aber noch immer sagen Restaurantbesucher mit Leidensstimme: «Bitte trocken!», als läge ihre letzte Zuckerattacke nur wenige Tage zurück.

Es sind dieselben Leute, die beim Metzger mit geweiteten Pupillen flehen, der Schinken möge bitte «hauchdünn» aufgeschnitten werden. Als würden sie sonst einen Nervenzusammenbruch erleiden, weil ihr Betriebssystem einfach so empfindlich ist: «Bitte hauchdünn!» Es hat mich nicht wenig befriedigt, als der Pata negra in Mode kam und die Hauchdünn-Fraktion plötzlich blamiert dastand.

(Ich bin nicht bereit, nur weil draußen eine Pandemie tobt, nicht über Luxusprobleme zu reden.)

Samstag, der 28. März

Ob Laschet, Scholz oder Spahn, es sieht aus, als zeigten alle im Moment der Prüfung Substanz. Als wüchsen sie an der Herausforderung. Vermutlich sind sie aber genauso gut wie sonst auch, nur dass wir zum ersten Mal aufhören, sie mit rechthaberischen Fragen zu behelligen – zum ersten Mal haben wir Respekt vor dem, was sie tun, weil wir zugeben müssen, es selber nicht besser zu wissen, und deswegen erscheinen sie uns würdig und recht.

So gesehen ist es auch das Ende des Stammtisches, der ja der Ort rechtschaffener Besserwisserei ist. Ich will gar nichts mehr besser wissen, und wenn ein Politiker bekennt, es auch nicht wirklich zu wissen, bin ich regelrecht gerührt.

Man hört jetzt oft den Satz: Die Corona-Krise sei ein Charaktertest. Man kann jedenfalls im eigenen Freundes- und Bekanntenkreis gut beobachten, wie jeder mit der Krise gemäß seinem Charakter umgeht. Und man muss lernen, dass es da nichts zu bewerten gibt. Diese Demut lehrt die Krise tatsächlich: Der eine reagiert ängstlich, der andere zynisch, der Dritte wird depressiv, und der Vierte (ich) fühlt sich, als bekäme er endlich jenen Schweigekloster-Retreat, von dem er immer nur geträumt hat, frei Haus ...

Die Corona-Krise ist ein Stresstest, durch den man etwas über das eigene Naturell erfährt. Ich beobachte zum Beispiel an mir einen Charakterzug, den ich auch vorher schon irgendwie ahnte, der sich jetzt aber viel deutlicher zeigt: Ich werde nicht leicht zornig – jedenfalls nicht auf (Gesundheits-)Systeme, Politiker oder die Wirtschaft; dass irgendwer «versagt» hat, ist nie mein erster Gedanke.

Das hat nichts mit Charakterstärke zu tun, aber meine Art, auf Notsituationen zu reagieren, ist nun mal nicht Panik, sondern Gelassenheit. Die ist mir aber nur möglich, weil ich auf Indolenz umschalte. Natürlich sehe ich die Katastrophe, die auf uns zurollt, aber ich sage mir: Was kommt, das kommt. Katastrophen gehören zur Weltgeschichte.

Vermutlich ist meine Angst gar nicht geringer als die anderer Leute, ich verdränge sie bloß erfolgreicher. Ach, was weiß ich!

Jedem seine Art, mit Krisen umzugehen – wir sollten das nicht benoten.

Manchen wird meine Unfähigkeit, zornig zu werden, auch mit guten Gründen wie Gleichgültigkeit vorkommen.

Mit mir ist jedenfalls schlecht eine Revolution zu machen, weil ich, bevor man mich auffordert, die Bastille zu erstürmen oder den König zu guillotinieren, wahrscheinlich sagen würde: So schlimm sind die Verhältnisse doch gar nicht, Moment mal!

Vielleicht verdränge ich, um glücklich bleiben zu können.

Ein Kollege, gestern: «Ganz ohne Ironie, deine Ruhe ist erstaunlich, aber ich bin mir nicht sicher, ob dir richtig klar ist, was die Leute gerade umtreibt und wie schlimm die Situation ist.»

Sonntag, der 29. März

Langsam doch so ein mulmiges Gefühl: Was, wenn wir alle falschgelegen haben? Wenn die Welt ins Wachkoma versetzt wurde, obwohl ihr Organismus gar nicht ernstlich bedroht war?

Man will es ja nicht besser wissen, aber auch unter den Experten gibt es mittlerweile eine gewisse Bandbreite an Einschätzungen. Spricht nicht vieles dafür, dass die Letalitätsrate viel niedriger ist als bisher angenommen? Noch immer sind wir in Deutschland Welten entfernt von den Todesfallzahlen der Influenza 2017/18. Die schrecklichen Bilder aus Italien haben womöglich mehr mit einem kaputten Gesundheitssystem zu tun als mit Corona. Ich verlange keine Extrawurst, ich möchte mich gern wohlaufgehoben fühlen in der allgemeinen Meinungslage, will aber auch nicht als Verschwörungstheoretiker und Wirklichkeitsverleugner gelten, wenn meine Gedanken neuerdings in diese Richtung gehen. Es kann sich doch nicht darum handeln, dass wir gedanklich jetzt alle in Reih und Glied stehen.

Im nächsten Moment finde ich es wieder ganz und gar lächerlich, dass ich überhaupt das Recht zu einer Meinung zu haben glaube in einer Sache, von der ich absolut keine Ahnung habe. Und dann falle ich mir selber ins Wort, ich sage mir: Doch, das bedeutet es doch gerade, ein engagierter Bürger zu sein, dass man zu allem und jedem eine Meinung hat. Das Gegenteil wäre Fühllosigkeit und Stumpfsinn.

Kommt noch hinzu, dass ich den Eindruck habe, dass die Leute mittlerweile von epidemiologischen Fragen weit mehr verstehen als von den Angelegenheiten, zu denen sie sonst gewohnt sind, eine Haltung einzunehmen. Ja: Ich weiß wenig über Viren, aber mittlerweile doch mehr, als ich über Geldtheorie weiß, und doch würde niemand den Kopf schütteln, wenn ich meine Meinung zur Niedrigzinspolitik der EZB äußern würde. (Finde ich übrigens nicht so problematisch, wie Sie, verehrter Leser, jetzt vielleicht denken.) Anders gesagt, die Klappe nur aufzureißen, wenn man von der Sache etwas versteht, das ist ganz und gar nicht die Grundlage unserer Demokratie.

Und außerdem will ich auch gar nicht die Klappe aufreißen, ich finde es nur unangenehm, wie auf Facebook Leute geblockt und abgestraft werden, die anderes tun, als das Mantra zu wiederholen, wonach es bei Exponentialkurven nicht um Meinungen geht, sondern um bloßes Rechnen. Und wenn jemand sagt, dass er einen Shutdown von einem Jahr für unrealistisch halte, wird er nicht behandelt, als habe er in einer Abwägungsfrage eine Meinung vorgetragen, sondern als litte er unter einer Rechenschwäche.

Aber genauso wenig möchte ich zum Lager der notorischen Dissenter gehören, das sich um den Öko-Arzt Wodarg versammelt. «Nicht, dass man mich missversteht», würde man jetzt in einer Talkshow sagen, «aber ...»

Ich habe gerade einfach ein leichtes Panikflackern: Was wäre, wenn sich alles als Fehlalarm herausstellte? Ich bin doch ein treuer Staatsbürger. Ich will weiter zum Drosten-Team gehören, ich möchte den Institutionen vertrauen. Aber deswegen mein Zittern: Wenn sich die Politik hier geirrt haben sollte, die Folgen der Delegitimation wären verheerend. Dabei freue ich mich doch gerade so, dass sich keiner für die AfD mehr interessiert, wo es ums Überleben geht.

Wie oft, wenn ich unsicher bin und spüre, dass ich auf Abwege geraten könnte, rufe ich den Kollegen S. an. Er ist Hypochonder. Bei Viren versteht er keinen Spaß.

Ich hingegen bin gerade in einer Phase der Widerspenstigkeit, weil ich beobachte, dass man sofort zum Virusleugner erklärt wird, wenn man darauf hinweist, dass die Zahlen, die wir über die Pandemie haben, noch sehr wenig aussagekräftig sind, dass die gezählten Corona-Toten zum Beispiel Menschen sein könnten, die mit Corona, keineswegs zwingend an Corona verstorben sind. Dass die Letalitätsrate möglicherweise niedriger ist als noch vor drei Wochen angenommen. Jedenfalls möchte ich auch hier Meinungspluralismus, denn obwohl es um harte wissenschaftliche Fragen geht, gibt es in jedem Fall mehr als nur eine Wirklichkeitsbeschreibung.

Ich lege S. auf möglichst zurückhaltende Art meine Überlegungen dar, verzichte auf auftrumpfende Zuspitzungen, überhaupt auf Thesen, im Wesentlichen, sage ich, wolle ich nur wissen, was er zu meinem Unbehagen sage. S., der sonst zu Reden von ciceronianischer Virtuosität neigt, bleibt einsilbig. Ihm gefällt nicht, worauf ich hinauswill. Ein Satz des Verständnisses für mein «Unbehagen» kommt ihm nicht über die Lippen.

Oje, es ist einfach sehr schwierig, miteinander zu reden, wenn man nicht einer Meinung ist. Wir beide spüren das in diesem Moment. «Vielleicht geht es mir im Wesentlichen auch nur darum, dass so ein Gespräch doch möglich sein muss», versuche ich es, aber selbst auf diesen Kompromiss will sich S. nicht einlassen. Wir schleichen ein wenig umeinander herum, jeder mit angezogener Handbremse, aber es ist klar, dass S. nicht bereit ist, sich meinem Begriff von Meinungspluralismus anzuschließen.

Ich: «Ich will doch nur sagen, dass die Zahlen nicht so eindeutig sind!»

Er: «Kommen Sie mir jetzt nicht mit Wodarg!»

Ich: «Das ist nicht fair! Genau das meine ich: Man kann doch nicht gleich zu den Wodargs gezählt werden, nur weil man die Vorstellung nicht beruhigend findet, dass der Shutdown ein ganzes Jahr dauert.»

Was die Alternative wäre? Ob ich etwa auch für Herdenimmunität sei und Isolierung der Risikogruppen? Er sei sechzig, er gehöre selber zur Risikogruppe.

Huch. Tatsächlich hatte ich mir das so konkret noch gar nicht vorgestellt. Natürlich wolle ich ihn nicht in Quarantäne stecken!

Je länger wir reden, desto mehr nähern wir uns an. Unsere Stimmen verlieren ihre Schärfe. Wir liegen nicht mehr auf der Lauer. Das ist immer ein schönes Gefühl. Man wird entspannter, lässt mehr zu und stellt schließlich fest, dass man sich zwar nicht in der Mitte, aber gewissermaßen im

Maß beiderseitiger Ungewissheit trifft. Ungewissheit kann ein verbindender gemeinsamer Nenner sein.

Ich spüre Erleichterung. Ich wäre untröstlich gewesen, wenn dieses Telefonat in Verhärtung geendet wäre.

S. und ich einigen uns: Zwischen «Es ist nur eine Grippewelle» und «Virus-Leugner!» muss es einen Raum der Deutungen geben. Und ich verspreche, dass ich mich künftig gegen Grippe impfen lassen werde, denn dies sei, so S., ein Akt der Solidarität mit all jenen, deren Immunsystem wackle. Da ich bisher noch nie über Grippeimpfung nachgedacht hatte, komme ich also als ein besserer Mensch aus unserem Gespräch raus.

Montag, der 30. März

Beim Grübeln über meiner Frühstücksschale ging mir ein Licht auf. Jetzt hatte ich die Corona-Verhaltensformel gefunden: den Anordnungen des Staates zu neunzig Prozent Folge leisten (jedes robuste System braucht eine Fehlertoleranz), weil man es eh nicht besser weiß, des Weiteren aber dem Staat dankbar sein für seine Funktionstüchtigkeit. Und ansonsten darf man durchaus immer mal wieder rummeckern, denn darin beweist sich des Staates Funktionstüchtigkeit ja gerade: dass er das aushält.

Dienstag, der 31. März

Fürs Stammbuch: Prof. Drosten, befragt, ob es Analogien zwischen Corona und Influenza gebe, warum manche ständig eine Grippe bekämen, andere im selben Haushalt nie: «Abgesehen von Binsenweisheiten gibt es dazu keine wissenschaftlichen Erkenntnisse.»

Wenn ich mich an solche Seriositätsstandards halten würde, könnte ich mir morgen einen neuen Job suchen.

Mittwoch, der 1. April

Immer wieder meine Verblüffung, wenn sich Leute über Fehler der Wettervorhersage aufregen. Weil ich es grundsätzlich für sehr unwahrscheinlich halte, dass man die Zukunft kennen kann, bin ich eher überrascht, wie oft die Meteorologen richtigliegen. Oder sind meine Ansprüche zu niedrig? Verlange ich den Meteorologen zu wenig ab, damit ich mich nicht über sie ärgern muss?

Das wäre keine schöne Eigenschaft. Man hält ja auch nicht viel von Eltern, die ihr Kind für jeden Pups überschwänglich loben.

Ein Kollege erzählt mir, er habe in den letzten Jahren zwei Bücher über Pandemien besprochen, eines über die Pest, das andere über die Spanische Grippe. Hätte man ihn gefragt, ob er eine Pandemie auch für eine reale Gefahr der Gegenwart halte, hätte er, «alter Katastrophenfreund», der er sei, unbedingt «Ja!» gesagt. «Doch als das Corona-Virus auf uns zurückte», fährt er fort, «habe ich nicht aufmerksamer reagiert als andere, obwohl ich doch hätte vorbereitet sein sollen.»

Donnerstag, der 2. April

Langsam führt das Herunterfahren aller Systeme auch bei mir zu Vitalitätsmangelerscheinungen. Heute Nacht geträumt, ich führe mit meinem Freund aus Grundschultagen, Marcus, nach Brasilien. Und zwar mit dem Schiff. Bei der Ankunft brauche ich mal wieder viel länger als er, um meine Sachen zu packen (so war das früher immer beim Abtrocknen nach dem Schwimmunterricht), inzwischen hat Marcus bereits mit der Reiseleitung gesprochen und überrascht mich jetzt mit der Nachricht, dass wir quasi die ganze Zeit im Auto sitzen müssten, wenn wir, wie geplant, die vier (?!) berühmten Städte Brasiliens sehen wollten. Er hat extrem schlechte Laune, irgendwie haben wir das mit dem Urlaub falsch eingetütet. Ich finde es schon auch blöd, die ganze Zeit im Auto zu sitzen, aber so ist es nun mal, davon darf man sich jetzt nicht alles kaputt machen lassen; und während Marcus schlecht gelaunt ist, weil wir immerzu im Auto sitzen werden, bin ich schlecht gelaunt, weil Marcus' schlechte Laune unseren Urlaub vermiesen wird.

Dann wache ich auf. Keine Verfolgungsjagd, kein Sturz in nicht endende Tiefe. Selbst meine Träume sind bereits am Nullpunkt der Handlungslosigkeit angekommen. Alles reinster Buddhismus.

Langsam würde ich doch gerne mal wieder ein bisschen was erleben.

Freitag, der 3. April

Als ich heute Morgen nach einem Blick auf eine internationale Vergleichstabelle begriff, dass Deutschland als Land, was die Infektionsfälle betrifft, weltweit an vierter Stelle steht, war ich dann doch verdutzt: Das war etwas Neues. Bisher gab es Leid und Not auf der Welt, aber immer graduell abstrakt, weil weit weg. Von Tschernobyl über Bosnien bis New York am 11. September und Sierra Leone. Selbst Italien war noch vor fünf Wochen eben nicht Deutschland. Deutschland: Land, dem es so gutgeht, dass es große Ressourcen Mitleid zur Verfügung hat, weil ihm nie was passiert, weil es so wenig Leid einstecken muss. Katastrophen kennen wir nur vom Hörensagen. Hier ist es nun fürwahr einmal anders. Und fast befriedigt sagte ich mir: Jetzt hat es uns also endlich auch erwischt! Wir müssen uns nicht mehr für unser Verschontsein schämen. Und dafür, dass es uns erwischt hat, fühlt es sich so schlimm nun auch nicht an. Wenn diese Pandemie, wie Merkel sagt, überhaupt nur mit dem Zweiten Weltkrieg zu vergleichen ist, dann kann der Zweite Weltkrieg kaum so schlimm gewesen sein, wie ich ihn mir bisher vorgestellt habe. Im Essenhorten jedenfalls knüpfen wir schon jetzt zwanglos an die Großmütter-Generation an. Und in zehn Jahren könnten wir dann dem Nachwuchs, ganz so wie einst unsere Großeltern uns, erzählen: Ihr schätzt zu wenig, was ihr habt, weil ihr den Mangel nicht kennt! Im April 2020, da hatte es eine ganz ungeheure Wirkung, wenn einmal – verbotenerweise, das müsst ihr euch vorstellen! – der Nachbar anklopfte für einen kurzen Plausch.

Samstag, der 4. April

Helena schaut vorbei. Sie liebt ja das Verbotene. Leider ist, was wir tun, gar nicht verboten, denn *eine* haushaltsfremde Person darf man in Berlin, anders als in Bayern, treffen. Trotzdem mache ich «Psst!» mit dem Finger auf dem Mund, und Helena schlüpft leise und flink, den Kopf zwischen die Schultern eingezogen, durch die geöffnete Tür, als dürften die Nachbarn uns nicht sehen. Ein bisschen verspielte Theatralik, vielleicht ist es das, was einem in der Zeit der sozialen Distanzierung am meisten fehlt. Das Alberne. O ja, das Alberne!

Ich muss an F. denken, der in seinem Leben von Erfolg zu Erfolg geflogen ist und über viele Begabungen und Kenntnisse verfügt. Einmal sagte er mir, und das war ganz ohne Koketterie gemeint: «Spontane Albernheiten sind eigentlich meine einzige wirkliche Leidenschaft.»

Und Albernheit ist ja auch eine echte moralische Begabung, denn sie zeugt von der Weisheit, nicht alles für einen Abgrund zu halten, dessen Boden man nicht sieht.

Und von der Seelenstärke, die Dinge aus dem Ruder laufen lassen zu können, ohne die Sorge zu haben, dass das Boot deswegen gleich manövrierunfähig wird.

Helena sieht frohgemut aus. Keinerlei Panik-Stimmung. Natürlich sind ihr viele Konzerte weggebrochen, aber dafür hat sie schon ihren Corona-Zuschuss für Soloselbständige beantragt. Sie beobachtet die Dinge interessiert, ohne Bangigkeit und Selbstmitleid. Schreibt neue Texte und Lieder und hat überhaupt viele Ideen.

«Wenn ich ehrlich sein soll, kann ich der Situation sogar etwas abgewinnen. Alles wird gerade neu gemacht, die Gesetze neu geschrieben, das versetzt mich in hohe Zustände. Jetzt ist die Welt für alle anderen auch so, wie sie für mich ohnehin immer ist: Nichts ist sicher, alles offen und alles kann passieren.»

Und außerdem könne man hin und wieder etwas Verbotenes tun, die Gelegenheit habe man auch nicht alle Tage.

Helena hat einen ausgezeichneten Büffel-Mozzarella mitgebracht. Sie sagt «eine Mozzarella», aber ich sage nichts, obwohl ich es affig finde, die italienische Endung im deutschen Artikel nachzuvollziehen.

Während ich uns etwas koche, summt Helena eine Melodie. Die Melodie fühlt sich so selbstverständlich an, als hätte man sie schon einmal gehört.

Ich: «Ist die von dir?»

Helena: «Gefällt sie dir? Soll eine Hymne für die Russlanddeutschen werden.»

Ich: «Eine schöne Melodie!»

Helena: «Aber sie klingt ein bisschen irisch, findest du nicht?»

Ich: «Ich finde, sie klingt durchaus nach den Weiten der russischen Steppe. Wobei, den Ritt durch die Prärie in einem Western könnte man damit auch unterlegen.»

Sonntag, der 5. April

Ein Tag wie der andere. Starke Monotonieerfahrung. Überraschenderweise geht sie nicht mit einer Verlangsamung der Zeit einher.

Auch komisch: Man weiß, man lebt in einer historischen Zeit, aber alles, was passiert, ist, dass nichts passiert. Nachfolgende Generationen werden uns fragen: «Wie war das damals?», und wir werden davon erzählen, dass die Stadt plötzlich so ruhig war, dass man morgens nicht mehr vom Autolärm geweckt wurde. Und man sich fragte: Wo sind all die Menschen hin?

Mit T. telefoniert. Während mir sonst alle Freunde mit Kindern berichten, *home schooling* sei der reine Horror, vor allem weil sie gegenüber ihren Kindern in der Rolle des Lehrers keine Autorität genössen, ist T. der Einzige, der vom *home schooling* schwärmt. Vielleicht liegt es an einem theatralischen Trick, den er anwendet. Um eine klare Rollentrennung zwischen Papa und Lehrer hinzukriegen, spielt er Lehrerrollen: den Schluffi-Deutschlehrer, der sich von den Schülern duzen lässt und *high five* gibt, wenn er den Klassenraum betritt (T.: «Den spiele ich natürlich als vollen Unsympath»), den migrantischen Erdkundelehrer mit polnischem Akzent, den superstrengen Sportlehrer, der seine Schüler quält, die ihn genau dafür aber lieben ...

T., auch so ein Albernheitskünstler.

Montag, der 6. April

Ein Foto von Bodo Ramelow mit improvisiertem Mundschutz und einem T-Shirt, auf dem steht: «Babbel mich ned voll und wasch die Händ.»

Ein warmes Gefühl, weil Hessisch und mein Heimatdialekt, das Kurpfälzische, sich so nah sind. Weil meine Kindheit und Jugend geradezu im Zeichen dieses Satzes standen. Immer sagte irgendein Erwachsener erschöpft zu mir: «Babbel misch net voll!» (Im Kurpfälzischen können wir auf das s vor dem ch nicht verzichten.) Die Erschöpfung wollte ich damals, in kindlich-jugendlicher Erbarmungslosigkeit, noch nicht wahrnehmen, dauernd war ich damit beschäftigt, die Erwachsenen in Widersprüche zu verwickeln, von meiner Mutter über die Lehrer bis zu meinem Leichtathletik-Trainer. Wenn sie mich dann «Labertasche» nannten, fühlte ich mich verletzt und doch bestätigt: Offensichtlich hatten sie mir sonst nichts mehr entgegenzusetzen, *ich hatte recht.* Ein Gefühl dafür, dass man rumbabbeln kann, bis allen der Kopf schwirrt und man auf irgendeiner korinthenkackerischen Ebene auch recht behalten hat, das Ganze aber eben gar nichts mit der Wirklichkeit zu tun hat, dass vielmehr der argumentationsfreie Rekurs auf banale Alltagserfahrung in der Regel näher am «Leben» und seinen Problemen dran ist, dass man sich also besser die «Händ» wäscht, statt rumzubabbeln – dieses Bewusstsein war damals bei mir noch nicht ausgebildet.

Manchmal sagte mein Leichtathletik-Trainer, der im bürgerlichen Beruf Polizist war: «Hör uff, Volksrede zu halte!»

Da fühlte ich mich schon fast darin bestätigt, mein Gelabere für eine höhere Mission zu halten. In einer Gesellschaft, in der brave Bürger die Klappe zu halten hatten, war Labern ein rebellischer Akt. In der Erwachsenenwelt der Kultur, so schien es mir in der Pubertät, nannte man solche Leute «Unruhestifter», und die bekamen Preise für ihr «Querdenkertum». Ich war also auf dem richtigen Weg.

Das ist heute alles anders. Wir leben nicht mehr in einer auf diese Weise normierten Gesellschaft, in der die herrschende Klasse in ihren Vertretern vom Pfarrer bis zum Landrat Reden schwingt und erklärt, wo es langgeht, und die Gemeinde das schluckt – und wenn wer Widerworte gibt, dann wird ihm der Kopf gewaschen. Heute ist jeder aufgerufen, den Politikern auf die Füße zu treten und seine Geschichte zu erzählen und sich in den sozialen Medien durch eigene Standpunkte ein Persönlichkeitsprofil zu erstellen. Dass es erste und einzige Bürgerpflicht ist, «sei Händ zu wasche», klingt wie ein Echo aus vergangener Zeit.

Der Geist des Rumbabbelns ist aus der Flasche, und man wird ihn da nie wieder hineinbringen. Es wäre auch nicht wünschenswert. Mit dem autoritären Charakter, es ist oft genug angemerkt worden, ist in der Gesellschaft der Singularitäten und im Erlebniskapitalismus kein Staat, zumindest keine Wirtschaft mehr zu machen. Überall dröhnt es: «Be yourself!», «Mach dein Ding!»

Nur mein Tennislehrer ruft manchmal: «Hör ich da etwa Widerworte?» Eine warme Welle der Geborgenheit läuft mir dann den Rücken runter, und ich fühle mich selig zurückversetzt in die siebziger und achtziger Jahre.

Dienstag, der 7. April

Heiter und klar, voll innerer Ruhe und Konzentration sind diese Tage, es gibt die Sorgen um die Zukunft, aber sie rangieren nicht an erster Stelle, das Einzige, was meine Gemütsruhe eintrübt, ist mein schlechtes Gewissen, dass mir eine Lage so guttut, die viele andere betrübt, beängstigt, buchstäblich in ihrer wirtschaftlichen Existenz bedroht. Nun, zum Glück häufen sich die Hinweise, dass das Land nach Ostern schrittweise in die Normalität zurückfinden wird, ich aber werde immer an diese Wochen zurückdenken können als an eine Zeit energetischer Konzentration. Nur dass ich jetzt fast wie der große Entschleunigungskitschier Hartmut Rosa klinge, ist mir ein bisschen peinlich.

Seit einigen Tagen haben auch die Baumärkte wieder offen. Gestern Einkauf von Stauden, und als ich frohgemut ans Einpflanzen gehen wollte, kam mein Nachbar, ein kauziger Niederländer, Lebensfreude ausstrahlend, dessen Aussagen und Urteile aber häufig so maßlos ausfallen, dass man sich von ihnen entweder zerschmettern lässt oder sie komplett ignoriert. Was ich da mache, sagte er jetzt, sei völlig aussichtslos: «So viel kannst du gar nicht gießen, wie hier verdunstet. Das Wasser dringt gar nicht erst ein, da ist es schon verdampft. In Brandenburg herrscht Brandstufe vier, obwohl wir erst April haben. Du musst das ganze Erdreich mit irgendwas abdecken, am besten mit Rinde, sonst hast du keine Chance. Wobei – Erde kann man das nicht nennen, das ist Schotter, Geröll, wie soll denn da was wachsen? Junge, du brauchst Blumenerde, richtige Blumenerde, sonst wächst da gar nichts!»

Weil ich mich nicht zerschmettern lassen wollte, es aber auch nicht für vernünftig hielt, seine Lageeinschätzung, für die manches sprach, komplett zu ignorieren, fuhr ich erneut zum Baumarkt und kaufte Blumenerde. Die Sonne schien, der kleine Kasimir aus dem zweiten Stock bewarf mich auf meiner Terrasse mit einem kleinen Hartgummi-Elefanten, der mich nur knapp verfehlte (rührende Kommunikationsversuche eines Zweijährigen), und nichts konnte meiner Heiterkeit etwas antun. Stimmt was nicht mit mir?

Am Wochenende mit Deborah Feldman telefoniert. Die Verfilmung ihres Memoirs ‹Unorthodox› läuft gerade weltweit auf Netflix mit hervorragenden Einschaltquoten. Der Buchverkauf, erzählt Deborah, profitiere nicht davon, denn in den USA bedient Amazon die Warengruppe Bücher nicht mehr, man hat mit der Auslieferung von Produkten des täglichen Bedarfs genug zu tun.

Obwohl ich als Literaturkritiker eigentlich so etwas wie ein Profi in der Unterscheidung von Kunst und Wirklichkeit sein müsste, hatte ich zum Telefon gegriffen aus dem Bedürfnis heraus, Deborah zu sagen, wie toll sie ist – was sie fraglos ist, aber natürlich nicht wegen der Erlebnisse und Erfahrungen der Protagonistin der Netflix-Verfilmung, die nur die Ausgangssituation von Deborahs Buch, den Ausbruch aus der ultraorthodoxen Herkunftswelt der Satmarer Juden in Williamsburg, übernommen hat, um dann eine eigene Berlin-Geschichte zu erzählen. Und doch hatte ich, während ich die Serie schaute, sämtliche Gefühle, die die wunderbare Schauspielerin Shira Haas in mir hervorrief, unmittelbar auf Deborah projiziert.

Kaum hatte ich sie an der Strippe, rückte sich natürlich wieder alles zurecht, schon weil sie ihrerseits über die Schauspielkunst der Shira Haas wie über eine erstaunliche Leistung sprach (und nicht wie über ihr eigenes Leben). Und mir wurde wieder klar: Den Gefühlen ist es egal, ob sie durch etwas Reales oder etwas Fiktives hervorgerufen werden, erst der Verstand muss, später, die Ebenen wieder klar sortiert kriegen.

Wir sprachen über die Quarantänezeit. Sie sei, sagte sie, nicht so angstfrei wie ich, die Situation mache ihr Sorgen, vermutlich sei sie ein ängstlicher Mensch. «Du und ängstlich?!», entgegnete ich, «du bist viel mutiger als wir alle zusammen: Wie viel Mut gehört dazu, die eigene Herkunftswelt mit einem so tiefen Schnitt hinter sich zu lassen?» So etwas zu tun, meinte Deborah, habe nichts mit Angstfreiheit zu tun, im Gegenteil. Es sei die Angst, die einen dazu treibe. Nur wer wirklich einmal in Gefahr gewesen sei, kenne das überhaupt, Angst. Und sie fügte vorsichtig hinzu: «Du bist so angstfrei, weil du immer von allem verschont geblieben bist.»

Mittwoch, der 8. April

In Demokratien setzt der Wettbewerb um die Macht Parteiung voraus. Die einen müssen behaupten, dass sie allein die Dinge geregelt kriegen und die anderen quasi Finsterlinge sind. Wenn sie die Wahl dann aber – meistens knapp – gewonnen haben, müssen sie die Dämonisierung des politischen Gegners, die im Wahlkampf ihren natürlichen Platz hatte, fahrenlassen und im Gegenteil beteuern, dass sie keine Parteien mehr kennen, nur die Einheit des Gemeinwesens: «Nur zusammen werden wir es schaffen!» Der gewählte Machthaber möchte und muss auch die repräsentieren, die ihn nicht gewählt haben.

Eine Idee von der Einheit der Nation, die für Trumps Amerika nicht mehr gilt. Der Präsident übt auch das höchste Amt im Geist der Polarisierung aus. Es ist der einzige Modus, den er beherrscht. Und er reißt die ganze Wirklichkeit mit hinein, sodass selbst die Wahrnehmung der Pandemie als Frage des Parteienstandpunkts behandelt wird.

Und während ich, der notorische Trump-Verkenner, vor wenigen Wochen noch triumphierte, dass Corona Trump die Grenzen seines Fiktionalismus aufweisen werde, weil die Pandemie jenes unerbittliche Realitätsprinzip sei, an dem Trumps Narzissmus zerschellen müsse, scheint die katastrophale Lage der USA seinen Umfragewerten im Moment eher gutzutun.

Versteh einer die Welt.

Donnerstag, der 9. April

Ministerpräsident Laschet stellt seine «Expertenkommission Heinsberg» und ihre vorläufigen Ergebnisse auf einer Pressekonferenz vor. Jetzt, in der Ausnahmesituation, sieht man sehr klar, wie Politik funktioniert. Das gewissermaßen Handgemachte von Politik springt gerade auf anrührende Weise ins Auge. Notfall Heinsberg: Der Ministerpräsident ruft eine Expertenkommission zusammen, der Landrat sorgt dafür, dass die Behörden vor Ort, vor allem das Gesundheitsamt, kooperieren. Die Bevölkerung von Heinsberg muss eingebunden werden, ohne ihren guten Willen läuft nichts. Gruppenfotos aller Mitarbeiter müssen gemacht werden, wozu man in Zeiten von *social distancing* ein ziemlich starkes Weitwinkelobjektiv braucht. Ein ehrgeiziger junger Wissenschaftler muss zum Gesicht der Kommission werden, damit der Vorgang an das größere Narrativ «Es gibt nicht nur Christian Drosten» angeschlossen werden kann. Dann die Pressekonferenz, in der der Ministerpräsident alle Leute, mit denen er zu tun hatte, lobt; der Wissenschaftler trägt die Zwischenergebnisse vor, während der Ministerpräsident mit bedächtigem Stirnrunzeln erklärt, man werde extrem verantwortungsvoll aus diesen Zahlen zu gegebener Zeit seine Schlüsse ziehen.

Dass man schon vorher ahnen konnte, worauf die Veranstaltung hinauslaufen würde, in diesem Fall darauf, dass eine Kommission mit dem Bonner Virologen Hendrik Streeck eher einer schrittweisen Rückkehr aus dem *lock down* das Wort reden dürfte, das gilt vermutlich für alle Kommissionen, die von der Politik je eingesetzt worden sind. Aber das ist nicht Ausdruck von Korruptheit, sondern

Teil des Verfahrens: Es gibt keine Neutralität, keine Tabula rasa, keine unbestechliche Objektivität. Jedenfalls lässt sich Objektivität immer lediglich annäherungsweise herstellen. Was trotzdem mehr als nichts ist.

Freitag, der 10. April

Erstmals im popkulturellen Jahrhundert sind wir Amerika voraus. Während wir sonst jede diskursive Mode mit etwa vier Jahren Verspätung aus den USA übernehmen, ist es dieses Mal andersherum: Weil wir früher als die USA die Quarantäneerfahrung gemacht haben, haben wir auch früher darüber geschrieben – über den Horror des *home schooling*, über die Tiefenentspanntheit eines Lebens ohne Termine, über die Monotonie der neuen Häuslichkeit, über die Zerstörung der Privatsphäre, weil die eigene Wohnungseinrichtung während der Videokonferenz ins Kamerabild rückt. Die Amerikaner müssen uns nachfolgen, aber weil sie, natürlich, nichts Deutsches lesen, schreiben sie uns leider nicht so hinterher, wie wir das umgekehrt bei ihnen zu tun pflegen.

Samstag, der 11. April

Voraussetzung einer funktionierenden Demokratie seien wohlinformierte Bürger. Mein Eindruck: Noch nie haben sich die Bürger so gut informiert wie in der Corona-Krise. Man will es wirklich wissen, man arbeitet sich in die Materie ein, man versorgt sich mit allen möglichen Zahlen, keine Expertenmeinung, die man nicht auf Facebook teilt und diskutiert. Der Wissensstand ist beachtlich. Noch mehr Sachkenntnis ist schwer denkbar. Und doch führt dieses Sachwissen nicht zu einem Konsens, sondern, im Gegenteil, zu noch mehr kalter Wut. Die, denen der *lock down* gar nicht hart genug sein kann, und die, die der Meinung sind, dass wir um eine kontrollierte Durchseuchung nicht herumkommen und die Zahlen auch ganz andere Interpretationen zulassen, bekriegen sich mit einer Unerbittlichkeit von Religionskriegern. Sachkenntnis und Zivilität verhalten sich nicht zwingend proportional zueinander.

Sonntag, der 12. April

Während ich sonst meine Freunde immer mit explizit religiösen Glückwünschen nerve («Gesegnete Weihnachten!», «Der Herr ist auferstanden, er ist wahrhaftig auferstanden!» und, falls mir jemand bereits an Gründonnerstag «Frohe Ostern» wünscht: «Erst kommt die Passion!»), setze ich meine nigerianische Schwester Ijeure, die ohnehin in jedem dritten Satz an *Christi amazing grace* erinnert, normalerweise religiös auf Diät. Grundimpuls meines Lebens: Wenn auf einem Schiff, so hat mir das mal jemand erklärt, alle nach Steuerbord rennen, renne ich nach Backbord, um die Krängung auszubalancieren.

Weil aber natürlich auch ich davon träume, aus meinen Verhaltensmustern auszubrechen, bin ich heute ein bisschen stolz, dass ich Ijeure zur Feier des Osterfestes doch tatsächlich geschrieben habe, dass dieses Jahr alles «quite different» sein werde angesichts der Isolation, aber die Auferstehung des Herrn gerade in diesen Zeiten andererseits fraglos ein starkes Symbol sei. Ich weiß, Ijeure, die sehr um mein Seelenheil besorgt ist, wird das lieben. Sie wird sich sagen: Mein Bruder hat nur ein bisschen länger gebraucht, am Ende hat auch er die Wahrheit erkannt!

Gleichzeitig komme ich mir auch wieder abgefeimt vor: als würde ich mich über meine Schwester lustig machen, indem ich feierlich einen Satz hinschreibe, den ich nicht ganz ernst meine. Aber erstens: Ein bisschen ernst meine ich den Satz schon und bin Ijeure eigentlich dankbar, dass sie mir die Möglichkeit gibt, einmal in meinem Leben etwas so Salbungsvolles niederzuschreiben – und außerdem wird Ijeure das leicht Histrionische an diesem Satz, da bin ich sicher, nicht merken. Aus ihrer Sicht gibt es keinen Anlass zu Misstrauen, gilt doch für religiöse Rituale: Ob man dran glaubt, ist nicht wichtig, Hauptsache, man führt sie aus.

In diesem Sinne habe ich heute dem Segen «Urbi et Orbi» gelauscht – aus der leeren Peterskirche. Ungewohnt, aber nicht ohne symbolische Kraft. Während man sonst vor den Fernsehgeräten das Gefühl hat, doch nur in der zweiten Reihe zu sitzen, während das eigentliche Segensgeschehen auf dem Petersplatz stattfindet (obwohl Kardinal Angelo Comastri, der sogenannte Erzpriester des Petersdoms, stets betont, dass der Segen auch von jenen empfangen werde, die «vor dem Radio, dem Fernseher oder den neuen Kommunikationsmedien» säßen), war Kirche heute tatsächlich irgendwie identisch mit diesen «neuen Kommunikationsmedien», die ja mit der Idee des Heiligen Geistes sowieso ganz gut korrespondieren.

Zur Feier des Tages werde ich heute die strenge Regel des *social distancing* ein bisschen lockern und Marcella und Sebastian und ihre zwei Kinder besuchen. Ostermahl. Nach Wochen der Ungeselligkeit, die auch Wochen ohne große Ausgaben waren, haben wir gestern im Frischeparadies eingekauft, als gäbe es kein Morgen, als ginge es um den endgültigen Potlatsch.

Montag, der 13. April

Heute ziemlich verkatert und doch glücklich über den gestrigen Rederausch: Es war wie ein Dammbruch: Wir redeten und redeten – Themen völlig zweitrangig. Der innere Stammtisch, der mich mindestens dreißig Jahre durchs Leben begleitet hatte: durch die Corona-Quarantäne ganz, ganz fern. Die schönste Sache der Welt: Man saß mal wieder um einen Tisch, aß, trank und redete.

Am Nachmittag Anruf von Helena. Sie ist vor lauter guter Laune ganz aus dem Häuschen. Sie habe sich eben mit Caro zusammen die YouTube-Clips von Nancy Holten angeguckt.

Ich: «Wer, bitte, ist denn jetzt schon wieder Nancy Holten?»

Helena: «Ein Channel-Medium!»

Ich: «Ein was?»

Helena: «Die channelt mit höheren Instanzen. Das musst du dir anschauen, die hat Kontakt zum Universum.»

Laut Nancy setze die Erde dank Corona gerade zu einem Dimensionssprung an. Nancy sei ganz aufgeregt, erzählt Helena, weil es das noch nie gegeben habe, dass die Erde einen Dimensionssprung mache, während so viele Menschen auf ihr lebten. Wir gingen jetzt in die fünfte Dimension, habe Nancy erklärt, und Caro habe lachend kommentiert: «Ach so, dann ist ja alles gut.»

Und es sei dann tatsächlich alles gut gewesen.

Dank

Ich möchte Alexander Fest, meinem Lektor, danken, der mit einer frühen Fassung dieses Buchs unglücklich war und sagte: «Versuch es doch mal als Tagebuch!»

Und Helena Goldt für ihre Bereitschaft, nicht nur in meinem Leben, sondern auch in meinem Buch aufzutauchen.